Une tasse de réconfort pour les professeurs

Des histoires réconfortantes de gens
qui accompagnent, motivent et inspirent

 Publication sous la direction de
COLLEEN SELL

Traduit de l'américain par
Renée Thivierge

À la mémoire de M. Robert Andes, et en reconnaissance à
M. William Brady qui a cru en moi malgré mes doutes.

Éditeur : François Doucet
Traduction : Renée Thivierge
Révision linguistique : Véronique Vézina
Révision : Nancy Coulombe, Suzanne Turcotte
Graphisme : Sébastien Rougeau
Illustration de la couverture : Eulala Conner
ISBN 2-89565-348-8
Première impression : 2006
Dépôt légal : 2006
Bibliothèque et Archives nationales du Québec
Bibliothèque Nationale du Canada

Éditions AdA Inc.
1385, boul. Lionel-Boulet
Varennes, Québec, Canada, J3X 1P7
Téléphone : 450-929-0296
Télécopieur : 450-929-0220
www.ada-inc.com
info@ada-inc.com

Diffusion
Canada :   Éditions AdA Inc.
France :   D.G. Diffusion
              Rue Max Planck, B. P. 734
              31683 Labege Cedex
              Téléphone : 05.61.00.09.99
Suisse :   Transat - 23.42.77.40
Belgique :   D.G. Diffusion - 05.61.00.09.99

Imprimé au Canada

Participation de la SODEC.
Nous reconnaissons l'aide financière du gouvernement du Canada par l'entremise du Programme d'aide au développement de l'industrie de l'édition (PADIÉ) pour nos activités d'édition.
Gouvernement du Québec - Programme de crédit d'impôt pour l'édition de livres - Gestion SODEC.

Catalogage avant publication de Bibliothèque et Archives Canada

Vedette principale au titre :

Une tasse de réconfort pour les professeurs
Traduction de : A cup of comfort for teachers.
ISBN 2-89565-348-8

1. Enseignants - Anecdotes. 2. Enseignement - Anecdotes. I. Sell, Colleen.

LB1775.A2214 2006   371.1   C2005-941913-X

 # Remerciements

Il est impossible de nommer tous ceux qui ont rendu possible la publication de ce livre, car si nous le faisions, il faudrait non seulement inclure tous ceux qui ont directement participé à la création de ce livre, mais en même temps tous nos professeurs.

C'est ainsi que je remercie plutôt les auteurs qui ont contribué à cette collection par leurs merveilleuses histoires, de même que le personnel dévoué d'Adams Media/F+W Publications, tout spécialement mes bras droits Kate Epstein, Beth Gissinger, Gary Krebs, Kate McBride, Laura MacLaughlin et Gene Molter, pour leur exceptionnelle contribution à *Une tasse de réconfort*. Et j'ai confiance que chacune de ces belles personnes trouvera un moyen de remercier personnellement ses propres professeurs.

Je suis encore plus reconnaissante à tous les professeurs qui m'ont à la fois donné une excellente formation et transmis leur inspiration. Même s'ils sont trop nombreux pour les nommer, je dois au moins reconnaître ceux qui m'ont marquée et qui ont tellement contribué à transformer ma vie. Mme Justice, mon professeur de deuxième année, qui m'a enseigné à aimer apprendre ; M. Burgess, mon professeur de cinquième année, qui a stimulé à la fois la curiosité de la scientifique et la créativité de l'artiste en moi. Mes professeurs au secondaire, M. Hurd, qui m'a aidée à vaincre ma timidité de sorte que je puisse chanter à pleins poumons ; Mme Fitz, qui m'a dit que je serais un jour une écrivaine et qui m'a aidée à y croire ; M. Andes et M. Brady, dont l'incroyable soutien et les conseils m'ont aidée à prendre un virage très difficile sans perdre mon équilibre. Bill Franklin, mon professeur de danse pendant plus d'une décennie, qui m'a inspirée à danser et à vivre « à ma manière ». Ma collègue professeur en journalisme, Lynn Milner, qui m'a enseigné que les histoires vraies pouvaient être aussi créatives et fascinantes que les œuvres de fiction. Chuck Smith, mon professeur d'anthropologie et d'archéologie, dont l'intelligence et l'enthousiasme m'ont fait revenir aux études, simplement pour la joie d'apprendre. Et mon bien-aimé mentor et mon inspiration, le brillant Richard Krevolin.

Mon appréciation du fond du cœur va à mon mari, et à ma famille et mes amis, pour leur amour et leur soutien qui m'ont aidée à traverser les longues heures passées loin d'eux et seule à mon bureau, à lire, à écrire et à publier.

Merci, chers lecteurs, à vous qui nous permettez de vous communiquer ces histoires réconfortantes.

Table des matières

 # Introduction

Les professeurs produisent des miracles de la plus haute importance... chaque jour.

— Meryl Streep

Je n'ai jamais voulu devenir professeur. Non que je n'aimais pas l'école ou les enfants ; j'adore l'école et je crois que les enfants sont ce qu'il y a de plus précieux sur la planète. J'aime même les adolescents et les jeunes adultes. Et je n'ai jamais éprouvé de l'aversion ou de manque de respect envers l'éducation ou les enseignants. J'ai toujours cru que l'enseignement était l'une des professions les plus honorables, et la plupart de mes professeurs ont été d'inestimables joyaux. Mais étant la deuxième dans une lignée de six enfants — avec quatre frères et sœurs plus jeunes à qui enseigner des leçons aussi importantes que nouer des lacets, conduire un vélo, sauter à la corde, jouer l'innocent, avoir l'air cool et ne pas embêter les adultes —, j'ai rapidement pris conscience que les professeurs vivent beaucoup de contrariété et bien peu de gloire. Et même si j'avais hâte de commencer l'école, dès la troisième semaine de ma première année — après que mon professeur s'est rendu compte que je pouvais déjà lire et écrire (ce que j'avais appris aux côtés de ma sœur aînée professeur, Nita) et qu'il m'a confié la tâche d'aider mes camarades de classe à lire « La petite fille dans la lune » et à écrire les lettres de l'alphabet —, j'ai expérimenté de première main à quel point la tâche d'enseigner pouvait être frustrante et ingrate. Alors que certains élèves semblaient ne pas « l'avoir », malgré mes efforts et mes tentatives, d'autres étaient plutôt habiles, mais semblaient indifférents. Aucun de mes élèves désignés n'était enthousiaste à l'idée de recevoir du tutorat de la part de l'abrutie de chouchou du professeur — et c'est dans la cour de l'école que j'ai dû payer pour leur déplaisir. Déjà, à l'âge de six ans, j'ai pris conscience que je n'étais pas faite pour enseigner... et j'ai plutôt décidé de devenir une danseuse.

Mais il s'est avéré que je n'étais pas faite pour être une danseuse étoile non plus, comme mon professeur de danse de toutes ces années, Bill Franklin, me l'a gentiment fait remarquer quand j'étais adolescente. J'aimerais souligner que j'ai accepté avec grâce son amical conseil d'enseignant. Mais dans mon ignorance et mon indignité adolescentes, je lui ai dit... bien, disons que je ne l'ai pas remercié. Et j'aurais dû. Parce qu'il était un bon professeur. Et il avait raison : je n'étais pas assez bonne pour me lancer dans la danse professionnelle. Il a eu raison aussi plusieurs années plus tard, lorsqu'il m'a demandé pourquoi j'avais cessé de danser, et je lui ai alors rappelé sa phrase célèbre à quoi il a répondu : « Alors c'est que vous ne le désiriez pas assez. Autrement, vous ne m'auriez pas permis, ni à moi ni à personne d'autre, de vous arrêter. » Par ces mots, il m'a donné une dernière leçon qui m'a longtemps servie après que j'ai eu perdu l'habileté de danser *en pointe*[1].

Bill n'est pas le seul professeur que je dois remercier. Je suis aussi reconnaissante à mon professeur de deuxième année, Mme Justice, qui n'y allait pas par quatre chemins, de m'avoir donné du travail qui m'a mise au défi, de m'avoir relevée du rôle producteur d'anxiété que représentait le tutorat auprès de mes camarades, et de m'avoir enseigné à aimer apprendre. Ma joie d'apprendre a persisté tout le long de mes études primaires jusqu'à l'université — grâce à de nombreux professeurs exceptionnels dont l'habileté, le dévouement et l'ingéniosité ont alimenté mon intérêt et mise au défi d'aller toujours plus loin.

À mesure que mes trois enfants ont avancé sur le chemin de l'école, j'ai découvert un autre côté à l'enseignement : ses riches récompenses. J'ai vu des professeurs dont les yeux brillaient de satisfaction de voir des élèves s'épanouir, autant sur le plan scolaire que personnel, dans la classe elle-même comme dans leur vie. Je me suis rendu compte que la rémunération dans l'enseignement va bien au-delà d'un chèque de paie : elle réside plutôt dans l'accomplissement d'un travail que vous aimez, qui vous met au défi et qui compte réellement, non seulement dans l'ici et maintenant avec les élèves de l'année courante, mais aussi à long terme dans ce que ces élèves feront avec leur vie et en

---

1. En français dans le texte.

ce monde. Le fait d'avoir des petits-enfants d'âge scolaire m'a permis de mieux comprendre l'attrait et la valeur de l'enseignement. Je demeure impressionnée et je salue les millions de personnes qui choisissent cette honorable et gratifiante profession, et qui continuent à aider leurs élèves à prendre leur vie en mains au moyen de l'éducation et à leur insuffler la joie de l'apprentissage.

Une tasse de réconfort pour les professeurs célèbre des professeurs inspirants ainsi que les élèves et les mentors qui les ont eux-mêmes inspirés. Je souhaite que vous aimiez leurs histoires instructives et dynamisantes. Et j'espère qu'elles inspireront aussi d'autres personnes à embrasser la profession.

— *Colleen Sell*

 # Pourquoi
j'enseigne ?

J e connais bien mes étudiants. Des masses d'élèves plutôt gauches de septième année fourmillent chaque jour dans les corridors de mon école secondaire rurale. Sacs à dos sur l'épaule, ils bavardent et marchent d'une classe à l'autre en se traînant les pieds sur le carrelage du couloir. De mon poste d'observation (la porte de ma classe), je les regarde et je souris à la pensée que je peux tous les nommer par leur nom.

Je connais leurs secrets, leurs histoires. Dora se tient le dos voûté et est timide ; je sais que c'est parce que, à la maison, elle passe son temps à essayer de ne pas se faire remarquer pour ne pas faire les frais de la main déchaînée de son beau-père. Jay peut lancer la balle comme un élève de dixième année, et toutes les filles se pâment quand il se pavane avec sa chevelure blonde, mais je sais qu'il n'aime pas le baseball tant que ça (il joue parce que c'est son père qui y tient). Et il est trop craintif pour demander aux filles qu'il aime de sortir avec lui. Les enfants croient que Keith n'est que le clown de la classe, mais je suis au courant de son rêve de devenir astronaute (et je l'ai recommandé pour le camp spatial). Je connais mes élèves parce que je leur enseigne l'écriture. Ils me font confiance avec leurs histoires, ce qui m'octroie le privilège d'entretenir un lien secret avec chacun d'eux.

J'enseigne à mes élèves le pouvoir des mots, et j'essaie de leur apprendre à se libérer et à s'exprimer à travers l'écriture. Nous apprenons à nous faire mutuellement confiance, parce que nous savons à quel point il est difficile d'écrire librement et honnêtement, et nous apprenons qu'il faut du courage pour communiquer nos écrits. Ce courage, je le vois chaque jour dans ma classe et je suis toujours étonnée de leurs mots provenant du cœur.

J'ai vécu un de ces exemples de courage durant « la tribune de l'auteur », une séance de mise en commun à la fin de notre atelier d'écriture où les élèves acceptent de lire leurs textes devant les autres élèves. Nous avions un nouvel élève à l'école dénommé Al. Al était petit et, avec ses joues potelées et son visage de bébé, il paraissait plus jeune que ses camarades de classe.

De fait, quand Al a été présenté pour la première fois à la classe, deux semaines plus tôt, un élève lui a dit : « Tu n'es pas en septième année. Tu es un bébé. »

Sur ce, Al a rapidement rétorqué : « Je suis Al Billslington et je *suis* en septième année. »

Malgré son courage évident, Al n'était avec nous que depuis quelque temps et il essayait encore de s'intégrer au groupe. J'ai donc été un peu surprise quand il s'est porté volontaire pour lire lors de la chaise de l'auteur. J'ai alors vécu l'un de ces moments comme en vivent tous les professeurs. Je souriais et je lui faisais signe de commencer, tout en murmurant au-dedans de moi une prière silencieuse pour que les autres élèves n'agacent pas le nouvel enfant après sa lecture. Toute la pièce est devenue silencieuse, et Al a commencé à lire.

« Si je devais faire un seul vœu, ce serait de rencontrer mon père... » Il a commencé sa lecture d'une voix très forte et très claire et il a retenu l'attention de mes élèves de septième année habituellement agités, alors qu'il continuait à lire ce qui a semblé durer quinze minutes. Il a raconté qu'il n'avait jamais connu son père, celui-ci ayant quitté sa famille quand Al n'était encore qu'un bébé. Il a fait part des détails intimes de ses efforts en tant que seul homme de la maison à un si jeune âge, du fait qu'il soit obligé de tondre la pelouse et de réparer les tuyaux brisés. Il nous a confié les pensées qui s'agitaient constamment dans sa tête au sujet de l'endroit où pouvait se trouver son père et des raisons susceptibles d'expliquer son départ.

Mes yeux ont balayé la pièce pour chercher les visages ricanants des enfants de septième année que je savais enclins à sauter sur une faiblesse et à tenter de lancer une quelconque pitrerie, mais il n'y avait aucun plaisantin. Pas d'yeux qui roulaient, aucun geste qui aurait signifié qu'ils étaient lassés ou même prêts à attaquer. Tous mes élèves de septième année écoutaient, écoutaient vraiment. Leurs yeux fixaient Al et ils buvaient ses paroles comme des éponges. J'avais le cœur rempli de bonheur.

Al a continué, racontant ses cauchemars nocturnes, du fait qu'il ne pourrait jamais connaître cet homme aussi important pour lui, et pourtant si irréel. Je pouvais entendre sa voix qui commençait à perdre de son assurance, alors qu'il lisait des paroles aussi passionnées et aussi sincères, et j'ai vu une larme rouler sur l'une de ses joues potelées. J'ai regardé l'assistance. Il y avait des larmes sur le visage de Jessica et sur ceux de quelques autres élèves assis silencieusement, écoutant attentivement.

Ils le laissent faire, ai-je pensé. *Ils lui permettent de communiquer quelque chose qu'il a peut-être toujours gardé pour lui jusqu'à présent, et ils ne le jugent pas, ils ne l'agacent pas.* J'ai senti une boule se serrer dans ma propre gorge.

Al terminait, faisant maintenant des efforts pour lire sa dernière phrase. « Si j'avais un seul vœu à faire, ce serait de rencontrer mon père, pour que je ne sois plus… » Ses larmes coulaient maintenant, tout comme les nôtres. « …pour que je ne sois plus obligé de fermer les yeux dans mon lit chaque soir simplement pour me demander à qui il ressemble. »

Sans aucun signe de ma part, la classe s'est levée et a applaudi. Al a souri jusqu'aux oreilles comme ils se précipitaient vers lui pour le serrer très fort dans leurs bras. Je n'en revenais pas.

C'est pour cette raison que j'enseigne. J'enseigne parce que j'ai la chance de pouvoir connaître les histoires derrière les visages. J'enseigne parce que je peux observer les enfants qui grandissent, rient, apprennent et aiment. J'enseigne parce qu'il y a des élèves comme Al.

— *Whitney L. Grady*

Une paire de riens

J'ai retenu mon souffle pendant que j'observais le doigt de mon frère en train de retracer dans le journal la liste des professeurs assignés aux élèves de troisième année. J'ai fermé mes paupières très fort. *S'il vous plaît, s'il vous plaît, il ne faut pas que ce soit Mlle Ball.*

« Mlle Ball. »

Les mots de mon frère m'ont fait l'effet d'un coup de poing à l'estomac. N'était-il pas déjà assez terrible que les élèves de troisième année doivent apprendre leurs tables de multiplication avant de pouvoir passer en quatrième année ? Personne ne voulait être dans la classe de Mlle Ball pour les apprendre. Elle faisait peur.

D'après mon père, Mlle Ball avait eu la variole dans sa jeunesse, ce qui lui avait laissé des marques cruelles sur le visage. Cette explication ne diminuait toutefois pas l'effet qu'elle produisait. Grande et élancée, avec des yeux aussi noirs et brillants que l'onyx et des doigts effilés qui pouvaient craquer comme un coup de fusil, elle était le personnage le plus intimidant de tout le deuxième étage.

Ce mois de septembre, complètement démoralisée par la classe qu'on m'avait assignée, j'y suis entrée en traînant mes pieds munis de souliers neufs. Avec une allure aussi sévère, nul doute que Mlle Ball aurait un sens de l'humour encore moins aiguisé que mes professeurs précédents. Dans sa classe, il n'y aurait pas de place pour l'imagination. Je me suis donc préparée à détester chaque minute des neuf prochains mois.

La première classe était celle de la lecture. Un jeu d'enfant pour moi, car mon frère aîné Doug m'avait appris à lire lorsque j'avais quatre ans. La géographie, c'était aussi du gâteau. Même chose pour l'histoire. Lorsque nous sommes revenus dans la classe après la pause du lunch, elle était là, écrite sur le tableau noir : la première rangée de la redoutable table de multiplication. La « zéro fois ». J'ai senti le chili con carne du midi gargouiller dans mon estomac. D'ici la fin de la journée, nous répéterions les nombres dans ce style débile de prisonnier de guerre que j'avais appris à supporter depuis ma première journée en première année. J'ai déposé mon visage sur mes poings.

Zéro fois zéro, ça avait du sens. Je pouvais même accepter une fois zéro. Mais je me demandais pourquoi deux fois zéro donnaient encore zéro. J'avais grandi sur une ferme, mais je savais que lorsqu'on avait deux fois de n'importe quoi, on obtenait *quelque chose*. J'ai agité la main.

« Est-ce que ce deux ne donne pas quelque chose ? »

Mlle Ball m'a fixée, ses deux yeux noirs indéchiffrables. Mes camarades de classe m'ont regardée. J'ai retenu mon souffle jusqu'à ce que ma vision se brouille. Peut-être étais-je vraiment capable de me glisser sur le plancher et de m'enfoncer dans l'une des fissures entre ces lattes de bois dur abîmées.

Puis Mlle Ball a fait quelque chose que je n'avais pas encore expérimenté. Elle a souri. Un sourire gentil. Pas ce méchant sourire que font les professeurs lorsqu'ils sentent qu'il y a un élève-qui-sait-tout dans la classe. Je m'attendais à des reproches. J'avais la chair de poule. Il s'agissait assurément d'un nouveau terrain pour moi. Maintenant, tout le monde regardait la femme qui se trouvait à l'avant de la classe et non pas moi. Je pouvais continuer à respirer.

Elle s'est tournée vers le tableau noir et a dessiné un grand rectangle, qu'elle a divisé en deux. « Ceci, a-t-elle expliqué en pointant l'intérieur vide de la section de gauche, est un rien. Un zéro. » Puis elle a fait un geste pour inclure les deux portions du rectangle divisé. « Et ce sont deux riens. Classe, qu'est-ce que vous avez quand vous avez un rien plus un rien ? »

« Rienn, Maadeemoiselle Baaall. »

J'ai longtemps regardé ce rectangle divisé pendant que Mlle Ball et mes camarades de classe passaient à la discussion d'autres formes de zéros. Un domino blanc. Une paire de riens. Ravie, je jubilais. Enfin, un professeur qui était capable d'illustrer un concept, qui pouvait me faire visualiser une notion plutôt que de simplement dire : « C'est parce que c'est comme ça. » Même à l'époque, avant que soit popularisée l'analyse du comportement d'apprentissage, elle était assez perspicace pour comprendre que certains élèves apprenaient mieux avec des moyens visuels et des renforcements plutôt qu'à l'aide d'un enseignement magistral.

Au cours des leçons suivantes, lorsque est apparue sa collection personnelle de craies de couleur, j'ai découvert que Mlle Ball était capable de dessiner des arbres fleuris avec des nids cachés à l'intérieur, des nuages avec des oiseaux exotiques qui volaient dans le ciel, et des rayons de soleil et de l'eau ondulée avec des bosquets de lis qui avaient l'air vrais. Elle pouvait aussi écrire des poèmes. De petits poèmes avec d'excitants nouveaux mots qui élargissaient mon vocabulaire et mes horizons.

Mlle Ball était une âme sœur. Une âme créative. Une très belle âme.

Plus tard dans l'année, une boîte a fait son apparition sur la table d'activités. Elle était remplie de cartes de 7,5 x 20 centimètres. Sur chaque carte, il y avait un mot, avec sa définition au verso. Depuis que j'allais à l'école, rien n'avait fait jaillir une telle étincelle d'excitation en moi. Les mots faisaient partie de mes choses préférées dans ce monde. J'étais fascinée par eux, pas tant par les sons produits lorsqu'on les prononçait que par leur apparence, leurs significations, la façon dont on pouvait s'en servir dans une phrase pour en changer le sens. C'étaient tous de nouveaux mots, de longs mots, deux cent cinquante en fait. Cela n'avait rien à voir avec le vocabulaire qu'on apprenait à la ferme. On n'y retrouvait aucun animal domestique. La boîte incarnait le lexique des journalistes, des universitaires et des philosophes.

Les mots sont devenus mes amis, comme de nouveaux enfants arrivés dans la classe. Je les ai copiés, j'ai joué avec eux et je les ai intégrés dans ma conversation. Et, comme tous les autres enfants de huit ans, je suis certaine de les avoir maltraités à l'occasion. Je ne me suis à peine aperçue qu'aucun de mes camarades de classe ne partageait mon enthousiasme. Les mots étaient mes compagnons sur le terrain de baseball ou dans la cour de récréation aussi bien qu'à la bibliothèque et dans la classe.

Le dernier jour que j'ai passé avec Mlle Ball, les larmes me piquaient les yeux. Il me restait bien d'autres choses à apprendre de ce merveilleux professeur. Et elle avait encore tellement à enseigner. Il existait d'autres boîtes remplies de ces nouveaux mots magiques et musicaux.

Cinquante années ont passé depuis que je me suis assise derrière ce vieux pupitre de bois couvert d'entailles et d'initiales gravées par des générations d'élèves, et noirci par des décennies de vernis, d'encre et de saleté. De tous mes professeurs, c'est de Mlle Ball que je me souviens le plus, non pour son mauvais teint et son port intimidant, mais pour son habileté à faire jaillir des étincelles dans l'imagination d'une pauvre campagnarde munie de nattes. Grâce à Matilda Ball, le désir d'apprendre brûle aujourd'hui aussi intensément pour moi que ce jour où elle a dessiné à la craie blanche ce simple rectangle rempli d'une paire de riens.

— *Kathleen Ewing*

 # Des fusils

et des roses

A près avoir enseigné à trois mille cent élèves, donné soixante-trois mille notes, usé cent paires de souliers et passé vingt-six ans dans une classe, j'ai pris ma retraite. J'ai tout vu — au moins deux fois.

J'ai commencé ma carrière à l'époque où les femmes coinçaient leurs pieds dans des souliers pointus, écrivaient avec de la craie et accrochaient les décorations sur les plafonniers — il n'était pas facile de garder son équilibre sur des tiges d'acier de huit centimètres de long et de la largeur d'un ongle. Lorsque je parlais de l'accord du sujet avec le verbe et du groupe prépositionnel, le tissu infroissable venait de remplacer le coton, et le tricot double remplaçait tout. Ma veste et ma jupe vert lime Nehru reposent toujours dans un site d'enfouissement des déchets en Illinois. Quand j'enseignais Shakespeare, les couvercles transparents Tupperware étaient devenus couleur avocat, puis orange, puis mauve, puis turquoise, puis bleu marine et bleu ardoise. Durant l'exercice de mes fonctions, le premier homme a marché sur la lune, un président a démissionné, le *Challenger* a explosé et un robot a exploré Mars.

Mais il me semble parfois que le moment le plus important est celui où les femmes ont commencé à porter des pantalons. Les administrateurs nous ont agressées avec des règles pour réprimer notre laisser-aller professionnel, comme si, d'une certaine manière, le fait de recouvrir nos jambes de pantalons à pattes d'éléphant diminuait notre capacité à inspirer la pensée et à modifier les comportements. Le ciel préservait un certain partisan rebelle d'une cause de porter un ensemble non assorti des pieds à la tête. Personnellement, je crois que de telles atrocités vestimentaires sont susceptibles d'avoir nui à la mode elle-même, mais cela ne justifiait vraiment pas un renvoi à la maison pour trouver quelque chose aux couleurs mieux coordonnées.

Autrefois, je calculais la moyenne des notes au dos d'une enveloppe usagée. Je suis passée à une machine à calculer à manivelle, puis électrique, puis à une super calculatrice électronique coûteuse. À la fin de ma carrière, l'écran d'un ordinateur et un support informatique avaient remplacé mon cahier de notes.

J'ai enseigné la quatrième année dans une école élémentaire de briques. Des fissures dans les murs de plâtre formaient des motifs qui ressemblaient aux varices qui commençaient à apparaître sur mes jambes. Le plafond s'élevait à six mètres du plancher de bois. Les fenêtres qui s'étendaient en hauteur étaient plus grandes que certains écrans de cinéma. Un radiateur argenté bouillait et cliquetait au gré des saisons. La récréation de vingt minutes sous ma supervision était moins longue que le temps consacré à enfiler les vestes et les caoutchoucs. J'ai aussi enseigné dans la plus grosse école de quartier du Missouri l'année où l'ensemble de ses élèves du niveau collégial partageaient le même édifice. La moitié de la population étudiante fréquentait l'école entre 6 h 30 et 12 h 30 ; l'autre moitié arrivait pour le quart de 13 h jusqu'à 19 h. Avec cinq mille élèves grouillants dans l'allée en fer à cheval, la transition n'était pas belle à voir.

Il y a vingt ans, nous recevions des appels à la bombe — habituellement au printemps. Nous évacuions l'immeuble, mais nous n'étions pas vraiment effrayés. Nous traînions sur le trottoir situé juste à l'extérieur de l'édifice qui était censé exploser, un temps passé à parler, à rire et à nous raconter des blagues. Les cours de géométrie ou sur la guerre civile ont été les seules victimes de ces après-midi au soleil.

C'est peu après cette époque que j'ai envisagé de quitter l'enseignement. Je n'aimais pas me retrouver sur la ligne de feu, alors que le public en général, les politiciens, les parents et les élèves en étaient venus à se demander si deux diplômes universitaires et deux décennies en classe me qualifiaient pour enseigner. Leur dédain a pulvérisé mon enthousiasme à coup de crosse. Abasourdie par ce manque de respect, comme beaucoup d'enseignants, j'ai été forcée de me barricader derrière des plans de cours en deux exemplaires, des listes d'appels téléphoniques effectués et des copies de rapports d'étape envoyés. Tous ces papiers remplissaient deux classeurs gris dans ma maison, simplement parce que ma parole et mon travail ne suffisaient plus.

Puis l'éducation s'est quantifiée elle-même sous forme de résultats de tests de rendement scolaire. L'alphabet a craché des tests comme une mitrailleuse — le BEST, le MMAT, le FAO, le SRA, le ACT et le SAT. Je supportais mal de voir ma compétence et ma réputation associées à quatre jours d'épreuves et à des enfants vivant simplement une mauvaise journée parce qu'ils avaient été témoins d'un conflit entre leurs parents ou parce qu'ils avaient oublié de prendre leur petit-déjeuner. Les enseignants ont simplement organisé la résistance et se sont tirés dans le pied. J'étais l'une des rescapées toujours marchantes.

Les codes vestimentaires me lassaient — encore une fois. Il semblait que les souliers fermés faisaient professionnel, mais pas les souliers sans talons. Une jupe munie de bretelles faisait professionnel, mais pas d'élégantes salopettes avec entrejambe. Pendant vingt-quatre jours du mois, on n'acceptait pas les jeans, mais le jour de la paie, ils devenaient soudainement convenables. Tout ce qui touchait la garde-robe ne m'importait plus. J'ai revêtu mon professionnalisme et l'ai usé à fond. Je suis devenue lasse d'esquiver les balles à pointe creuse, ces attitudes explosibles de la grosseur d'un plomb que je ne voyais pas venir.

Et puis, sont arrivés Springfield, Littleton et Jonesboro. Les balles sont devenues réalité et cette réalité s'est infiltrée dans mon école. Quelques jours avant la fin de l'année scolaire, un appel téléphonique nous a prévenus : « La dernière journée de l'école, quelqu'un va mourir. »

Les réunions du corps professoral ne concernaient plus les notes ou les codes vestimentaires. Nous avons discuté de mots codés et de procédures à suivre en cas de prise d'otages. Nous avons déterminé comment protéger nos élèves dans la classe et nous enfuir de l'immeuble. Nous avons vidé les casiers des élèves et avons renvoyé les sacs d'école à la maison. La nuit avant le dernier jour d'école, l'édifice a été fouillé et sécurisé au maximum.

Le matin suivant, la police a patrouillé toutes les heures dans les terrains avoisinant l'école. Leurs voitures reconnaissables, leurs uniformes empesés et leurs revolvers gainés ont envahi une journée qui aurait dû être vécue dans la joie et la célébration. Mes élèves de douze ans ont pénétré dans l'école par des entrées surveillées. Il ne leur était pas permis de se rassembler dans le gymnase pour un dernier moment de bavardage, et ils ont été envoyés directement dans les classes. Ils ont rapidement signé leur album de fin d'année et autographié des t-shirts dans les couloirs. Les sorties étaient verrouillées. C'était une journée sinistre.

Puis, vers la moitié de la matinée, Nick m'a donné une petite tape sur l'épaule. J'ai posé mon regard sur un sourire fendu jusqu'aux oreilles. Son plaisir illuminait toute la pièce. Sur mon bureau, il a placé un paquet, assez gros pour être une arme et assez long pour être une bombe. Sous le papier que j'ai soigneusement déplié reposait une délicate rose blanche.

Nick avait été l'un de mes élèves problèmes de sixième année. C'était un bouton de rose refermé sur lui-même, très blessé dans son propre monde. Il était résolu à terminer le premier les travaux exigés et impatient avec ses camarades qui s'éternisaient. Dans les discussions de classe, il était le plus exubérant et des plus arrogants. Il se mettait en colère et fondait en larmes lorsqu'on tentait de le responsabiliser face à son comportement.

Lui et moi avons eu de nombreuses conversations dans le couloir à ce sujet. Sa mère et moi avons discuté au téléphone et en personne, élaborant des stratégies pour l'amener à considérer les idées et les sentiments des autres élèves. Nous étions patients. Nous étions fermes. Nous étions gentils. Petit à petit, il s'est épanoui. Il a lu des livres de bibliothèque pendant que les autres travaillaient. Il a appris à ne pas laisser échapper de commentaires, à ne pas me contredire et à ne pas interrompre les autres. Ses camarades de classe l'ont élu représentant du conseil étudiant. Il a déposé sa candidature, et a été accepté comme aide-étudiant à l'administration.

Aucune note d'examen n'avait enregistré ses progrès, mais par une journée flétrie par l'inquiétude, il m'a offert une fleur magnifique. J'ai entrevu sa mère derrière la porte.

« Merci pour tout ce que vous avez fait pour Nick », m'a-t-elle dit. Puis elle m'a serrée dans ses bras. Ce contact avec un parent, je ne pouvais le classer dans un dossier. J'ai murmuré mon plaisir d'avoir reçu son cadeau. Nick et moi avons clos notre journée.

Le dernier jour d'école de Nick s'est terminé sans incident. Pas de bombe lancée. Aucun coup de fusil. Les élèves se sont entassés dans les autobus scolaires jaunes et sont partis pour leurs vacances estivales. J'ai débarrassé mon bureau, j'ai ramassé ma rose et je suis partie. Lorsque je suis arrivée à la maison, je suis allée chercher mon vase de cristal le plus dispendieux. La fleur de Nick méritait ce que j'avais de mieux. Elle est demeurée sur ma table de la salle à manger, s'épanouissant de plus en plus, aussi délicate et lumineuse qu'un morceau de lune.

Il est sans doute vrai que ces jours-ci nous vivons dans un monde *heavy métal*. L'éducation est certainement toujours vivement critiquée, autant de l'intérieur que de l'extérieur. On continue à assimiler sa valeur à une chaîne de montage, alors que l'apprentissage devrait constituer beaucoup plus que les parties d'un tout. Pourtant, quand je repense à une carrière qui a rempli la moitié de ma vie, quand les écorchures et les contusions ont fini par se cicatriser, je me souviens de mon temps passé dans la classe — pas à cause des fusils, mais à cause des roses.

— *Vicki Cox*

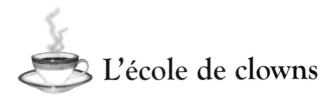 L'école de clowns

J e suis étendue dans le lit, brûlant de m'offrir un congé de santé mentale. J'appellerais la secrétaire de l'école et je lui dirais d'une voix rauque les mots « angine streptococcique ». Trente minutes plus tard, elle grésillerait dans l'interphone : « Message à l'intention des élèves en orthophonie. Pas de cours aujourd'hui. » La cruelle nouvelle ne serait pas bienvenue. À l'école primaire Thomas Jefferson, la classe d'orthophonie constituait un club exclusif comportant des exigences très rigoureuses pour ses membres. Mon absence dérangerait particulièrement James, le plus zélé des membres de ce club. James avait inventé le slogan du club : « Nous zaimons l'orofonie ! »

M'imaginant le visage découragé de James à l'annonce de mon escapade hurlée dans le système d'intercommunication, je me suis arrachée du lit à contrecœur. Mon soupir morose a répandu des flocons de Pop-Tart aux cerises à travers le miroir. Souscrivant au raisonnement que des joues roses seraient incompati-bles avec ma peur bleue, j'ai sauté le rituel du maquillage et je suis allée droit à ma penderie. J'y ai retiré des pantalons gris et une blouse grisâtre — un ensemble qui rehaussait mes racines grises longues de cinq centimètres. Même mes boucles d'oreilles en argent sterling refusaient de briller. La glace m'a confirmé que mon apparence reflétait exactement mon âme déprimée.

Peut-être qu'un foulard tape-à-l'œil camouflerait ma mélancolie. En deux minutes, un foulard rempli de systèmes solaires immenses, aux couleurs psychédé-liques rose, mauve et bleu-vert foncé, a formé une orbite autour de mon cou. Je l'ai attaché en un nœud flamboyant à la mode des années 1980. Malheureuse-ment, la ruse était inutile. J'avais un air tout aussi épouvantable et me sentais dans un état tout aussi catastrophique. D'un mouvement brusque, j'ai attrapé mon parka molletonné, mon chapeau de laine et mes mitaines doublées de fourrure ; j'ai passé dix minutes à gratter la glace de mon pare-brise ; et j'ai maudit chaque feu rouge irritant (au nombre de six) entre ma maison et l'école Jefferson.

James m'a accueillie à la porte, les joues rouges et le nez coulant.

« Où étiez-vous, Miss Smiff ? Vous êtes en etard. »

Oh, pourquoi, oh, pourquoi est-ce que je suis venue à l'école ?

« Je ne suis pas en retard, James. Tu es trop tôt. Retourne dans ta classe. »

« Non. Mlle Tim est en etard aussi. »

« James, Mlle Kim n'est pas en retard. Je ne suis pas en retard. Tu es trop tôt. Va prendre ton déjeuner. »

« Non. »

Il m'a suivie dans le couloir et dans ma classe. Les tuyaux du radiateur émettaient des claquements métalliques. J'ai jeté mon cartable à bandoulière surchargé par terre ; j'ai ouvert la porte du placard ; et j'ai enlevé mon manteau, mon chapeau et mes mitaines d'un mouvement brusque.

« James, j'ai besoin d'une tasse de café. Tu devras aller quelque part ailleurs. »

« Non. Che veux jusse êtes avec vous. »

« James... » — je me suis retournée d'un coup sec — « ...je ne suis pas d'humeur à recevoir des visiteurs tôt le matin. Tu dois... »

« Wow ! Vous êtes cholie, Mlle Smiff. »

« Quoi ? »

« Vous êtes cholie, Mlle Smiff. »

« Bien, ai-je bégayé, merci James. »

« Vous pottez un choli voulard. » Son visage s'est illuminé d'un sourire contagieux.

J'ai fait bouffer le nœud bigarré et lui ai rendu son sourire. « Vraiment James ? Je suis jolie ? »

« Ouais, trèèès cholie, Mlle Smiff. »

« Bien, merci James. » Instantanément, je me suis sentie mieux. Peut-être que je l'aurais après tout ma journée de santé mentale.

« Vous êtes vaiment cholie, Mlle Smiff. Vous avez l'air d'une *cwown*[1]. »

---

1. NDT : En anglais, le mot «crown» (signifiant reine) se prononce phonétiquement comme le mot «clown» (soit respectivement «kraün» et «klaün»). La prononciation difficile du «r» pour l'enfant en question est à l'origine du lapsus.

« Quoi ? »

« Vous avez l'air d'une *cwown*, Mlle Smiff. C'est vaiment vai ! »

Je me suis mordu la langue dans un effort pour m'empêcher de rire. Des larmes ont roulé sur mes joues. Quand je n'ai finalement plus été capable de me retenir, mon rire a explosé en un reniflement plutôt disgracieux.

James était déconcerté. « Gu'est-ce gui va pas, Mlle Smiff ? »

Je me suis agenouillée à côté de lui. « Tu m'as rendue tellement heureuse. Devine quoi, James ? J'ai agi comme un clown, aussi. » (J'aurais dû dire folle au lieu de clown. »

J'ai toujours mes jours de trouille bleue. Encore occasionnellement, je ressens le besoin de faire un appel téléphonique à la secrétaire de l'école comme si j'étais sur mon lit de mort. Je pense toujours à James, je m'arrache du lit, je regarde dans la glace et je me dis : « Vous avez l'air d'une *cwown*, Mlle Smiff. »

Pour moi, un congé de santé mentale est juste une occasion de rigoler.

— *K. Anne Smith*

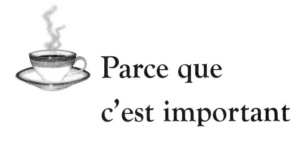 # Parce que
c'est important

Mes études collégiales m'ont semblé très faciles, et je n'étais pas le seul. Tout le monde voguait à travers le programme de spécialisation sans trop besogner. Le premier mois de la classe d'histoire américaine n'avait nullement remis en question ces prévisions. Bien sûr, le premier jour, nous avions un substitut, mais ces quatre premières semaines de mémorisation de dates et de noms étaient aussi faciles, et aussi ennuyeuses, que nous l'avions prévu.

M. King est revenu juste à temps pour nous faire passer le premier examen. Il fallait le voir ! Il avait été victime d'une sérieuse crise d'hépatite, et des mois de convalescence l'avaient laissé avec un air frêle et blafard. Sa voix était à peine plus forte qu'un soupir, mais il parlait avec dignité et précision.

Même si cela n'avait pas été le cas, nous aurions été captivés par son analyse des résultats de ce premier examen. Après tout, nous étions des étudiants de spécialité. Pourtant, nous ne nous demandions pas si nous avions reçu un A, mais bien qui avait obtenu la note la plus élevée.

Dans ce cas-ci, c'était mon ami Paul Larick. Paul était extrêmement intelligent et férocement compétitif. Il s'est permis d'esquisser un sourire lorsque M. King a commencé en disant : « M. Larick, vous avez obtenu la plus haute note de ce premier examen. » Son sourire s'est évanoui quand M. King a continué : « Vous avez obtenu un D. »

M. King a fait une pause pour scruter la classe, et pour se reposer, avant de poursuivre : « Les autres, a-t-il dit, n'ont pas fait aussi bien, et ont obtenu des D moins ou des notes plus faibles encore. »

« Mais… », a dit quelqu'un.

« Ce n'est pas juste ! » a crié un autre.

« Mais vous nous avez fait passer un examen sur des sujets que nous n'avions pas étudiés », a tenté un troisième.

Je ne me rappelle pas qui avait dit cela. Ce n'était pas moi. J'étais trop assommé pour parler.

M. King nous a regardés. « Le travail que vous avez présenté, a-t-il murmuré, n'était pas à la hauteur d'un programme de spécialisation. »

M. King n'était pas injuste. Il a lancé toutes les notes de ce premier examen. Il n'était pas méchant. C'était la dernière fois qu'il parlait de notes en public. Et il ne manquait pas de sens de l'humour. Il commençait chaque classe par une invitation : « Est-ce que quelqu'un a une bonne blague à raconter ? » et il la terminait par « Des questions ? Des commentaires ? De vagues énigmes ? » Quand quelqu'un racontait une bonne blague, il riait souvent si fort qu'il en tombait à la renverse. Quand quelqu'un lui présentait une bonne énigme, il saluait sa difficulté.

Mais, finalement, M. King a toujours été clair au sujet de ses critères et c'était un choc pour nous. Nous étions tellement habitués à obtenir systématiquement des A que nous avons essayé toutes les stratégies possibles pour influencer M. King.

« Vous avez réduit la note de mon travail à cause de la grammaire et de l'orthographe. Ce n'est pas une classe d'anglais », se plaignait l'un d'entre nous.

M. King nous regardait fixement à travers ses lunettes, ou au-dessus s'il était particulièrement irritable, et disait : « Peut-être que je devrais parler à M. Froelich au sujet de ce que vous apprenez dans ses classes d'anglais. Si vous appliquez seulement vos connaissances dans les classes où elles sont étudiées, quelle est leur utilité ? »

Je me rappelle avoir essayé de me plaindre ainsi. « Qu'est-ce que vous voulez dire en affirmant que mon sujet n'est pas appuyé ? Mon idée n'est-elle pas originale ? »

Impassibles, ses yeux m'ont fixé à travers une paire de lunettes épaisses. « Ces deux éléments ne sont pas liés, comme je crois que vous le savez. Votre idée est assez originale. Audacieuse même. Maintenant, vous devez l'étayer. »

Amer, j'ai fait une autre tentative. « Ça aurait été assez bon dans ma classe spécialisée d'anglais. »

« Bien, ici, ce ne l'est pas. » M. King parlait tout bas, pour que notre conversation demeure privée.

J'ai répondu en parlant plus fort, tentant ainsi d'en-rôler la classe entière derrière moi. « Bien, pourquoi n'est-ce pas assez bon ? »

« Parce que ma matière est importante, a-t-il répondu. Parce qu'il est désespérément important pour vous que vous connaissiez l'histoire de votre pays — pas seulement les noms et les dates, mais les lois et les débats derrière les lois, leurs conséquences économiques et les perspectives de l'époque. Parce qu'il est désespérément important pour vous tous que vous soyez capables de développer un raisonnement convaincant, bien étayé, et de communiquer dans une prose claire et correcte sur le plan grammatical. »

Il a dû faire une pause, mais il a continué quand il en a été capable. « C'est du travail scolaire, mais si ce n'est que ça, c'est sans valeur. Mes critères sont élevés parce que c'est important. »

Après cela, je l'aurais suivi n'importe où — et j'aurais tué pour avoir un A dans cette classe, mais il se serait agi d'un chemin facile. Il me fallait plutôt travailler. On se référait à quatre manuels dans notre classe — l'histoire économique, diplomatique et militaire de même que l'histoire générale usuelle des États-Unis. Nous utilisions aussi des sources de première main.

Nous avons appris que, même si un examen était minuté, cela ne signifiait pas que nous pouvions écarter une hypothèse ou une bonne organisation du contenu. Nous apprenions l'histoire, mais nous apprenions aussi à faire des recherches, à écrire et à raisonner.

Et parce que M. King n'avait pas d'élève préféré et que ses critères de notation étaient justifiés, nous avons appris deux autres choses. Nous avons appris à cesser de voir les notes comme quelque chose de personnel et à plutôt les utiliser pour mesurer notre rendement dans un travail particulier. Et nous avons appris la valeur de la rigueur au service d'un objectif important.

Ces leçons étaient accentuées par la santé fragile de M. King. Dans toutes mes autres classes où un professeur était tombé malade, les cours étaient plus faciles, permettant au professeur et aux élèves de se la couler douce. Chaque fois que M. King se levait pour expliquer quelque chose ou qu'il prenait position lorsqu'on le mettait au défi, l'effort était visible et il soulignait que la première explication à sa rigueur résidait dans l'importance de sa matière.

Ce n'est que des années plus tard que je suis devenu professeur, mais lorsqu'un élève a posé une question vers la fin du semestre, je me suis rendu compte à quel point M. King m'avait influencé.

« Hé, est-ce que vous savez que nous travaillons plus fort dans cette classe que dans les autres classes de première année d'anglais ? » m'a demandé un élève.

« Oui, ai-je répondu. Selon mes estimations, vous effectuez de trente à quarante pour cent plus de travail dans cette classe que dans les autres groupes, et vous êtes tenus à des critères plus élevés. »

« Vous saviez ça ? a-t-il demandé. Mais pourquoi ? »

Plutôt que de répondre directement, j'ai fait un signe de la main. « Indiquez-moi quelqu'un. N'importe qui. »

Mystifié et hésitant, il a pointé l'un de ses camarades de classe.

« Aimez-vous écrire ? » ai-je demandé.

« Non », a-t-il répondu.

Le premier élève a fait une grimace.

J'ai hoché la tête pour signifier mon accord. « N'oubliez jamais d'être honnête. Maintenant, la question clé : Est-ce que vous aimez maintenant écrire plus qu'avant ? Écrivez-vous mieux qu'auparavant ? »

« Oui, a-t-il répondu. Avant, je détestais écrire. Maintenant ça va, et j'aide mes copains pour leur montrer comment écrire des textes. »

J'ai fait signe de la tête. « Désignez-moi quelqu'un d'autre. »

Il l'a fait, et nous avons répété le processus. Certains adoraient écrire ; d'autres aimaient bien cet exercice ; certains le détestaient encore, mais enseignaient à leurs amis à écrire. Tous s'étaient améliorés.

J'ai retourné la question à l'élève qui l'avait posée. « Donc pourquoi êtes-vous tenus à des critères plus élevés dans cette classe ? »

« Pour que nous apprenions ce que nous avons besoin d'apprendre », a-t-il dit.

« Exactement, ai-je dit. Parce que c'est important. »

J'ai continué à expliquer pourquoi ils devaient être capables de raisonner et d'articuler leur pensée et leurs opinions, mais l'explication n'était pas de moi. Les paroles que je prononçais étaient celles de James King, émergeant de l'autre bout du pays bien des années plus tard. Et elles étaient encore vraies.

— *Greg Beatty*

Le bruit d'une porte qui s'ouvre

Comme orthophoniste dans les écoles publiques depuis vingt ans, j'ai eu l'occasion de travailler avec de nombreux jeunes enfants et leurs parents par le biais de nos programmes préscolaires d'éducation spécialisée. Certains de ces enfants sont difficiles à comprendre ; certaines de leurs habiletés langagières sont rudimentaires ; certains ne parlent pas du tout.

Une enfant en particulier se démarque dans mon esprit. Elle se nomme Diana, et elle faisait partie d'une classe de sept enfants d'âge préscolaire. Diana avait un visage large, de grands yeux, une petite taille et une démarche maladroite. Elle était née prématurément et avait connu une pléthore de problèmes de santé, incluant une chirurgie à cœur ouvert et des problèmes cardiaques persistants. Elle présentait des lacunes en matière d'habiletés motrices, d'habiletés de raisonnement et d'habiletés sociales. De plus, elle était particulièrement têtue.

Diana était l'une des élèves qui ne parlaient pas. Elle avait mis au point ses propres moyens de communication, moitié langage des signes, moitié doigt pointé. Elle avait aussi élaboré un système de grognements dont elle se servait lorsqu'elle avait faim, qu'elle voulait aller quelque part ou qu'elle ne voulait pas quelque chose. Comme de nombreux parents, les parents de Diana réussissaient généralement à interpréter ses signes, ses grognements et ses gestes avec son doigt. Mais il y avait de nombreux moments où ils ne comprenaient pas ce que voulait Diana. Ils ont aussi pris conscience que Diana était très loin derrière ses camarades sur le plan du langage et de bien d'autres habiletés.

Toute la semaine, du lundi au vendredi, la mère de Diana l'emmenait à l'école et revenait la chercher. Chaque fois, sa mère et moi — ou sa mère et le professeur — discutions des événements survenus le soir d'avant, ou des prochaines activités dans la vie de Diana. Nous étions toujours à la recherche de quelque chose de tellement excitant ou de tellement attirant pour la fillette qu'elle aurait envie de communiquer quelque chose à ce sujet.

Nous avons essayé de bouleverser l'environnement en plaçant des choses à portée de ses yeux, mais hors d'atteinte, mais Diane ne faisait simplement que regarder l'objet puis le professeur. Nous avions des gâteries spéciales, mais « oubliions » de lui en donner une. Nous peignions et lui donnions un pinceau, mais pas de peinture ; elle ne faisait qu'attendre que nous cédions. Nous avons utilisé des miroirs et des bulles. Nous nous sommes servies de nouveaux jouets. Nous avons utilisé des images créées par ordinateur. Un parent a apporté un lapin vivant et les enfants dans la classe étaient très excités. Plusieurs des enfants poussaient des cris aigus de plaisir ou pleuraient, effrayés par la grosse chose en fourrure. Pas Diana. Elle s'assoyait passivement et regardait pendant qu'un professeur prenait sa main pour caresser le lapin.

Peu après l'incident du lapin, l'enseignante est retournée à l'école avec des photographies qu'elle avait prises ce jour-là des élèves et de leurs précieuses réactions au lapin. Lorsque l'une des photos est tombée sur le sol, Diana l'a ramassée et a fixé l'enfant sur la photographie pendant un moment particulièrement long.

« C'est Bobby », a indiqué le professeur.

Pendant que nous regardions, Diana a tendu la photographie au professeur et a continué à tendre la main. On a placé une autre photographie identifiée par le professeur dans sa main, et encore une fois elle l'a regardée. Et ainsi de suite pour chaque photographie. Finalement, le professeur a saisi la photo de Diana et a murmuré à notre intention : « Voyons ce qu'elle en fera. » Elle l'a tendue à l'enfant en disant : « C'est Diana. C'est toi. » Diana a regardé la photographie, puis le professeur. « Oui, Diana, c'est toi. » Elle a encore regardé la photographie et a finalement souri. Nous étions transportés de joie. Nous avions découvert quelque chose qui intéressait Diana.

Lorsque nous avons raconté l'incident à la mère de Diana, elle était aussi excitée que nous. Je crois qu'elle est partie à la maison et que, le même jour, elle a pris plusieurs rouleaux de film de photographies de jouets, de nourriture et autres objets dans la maison, car deux jours plus tard, Diana est arrivée à l'école avec un mini-album de photographies. C'était son nouveau précieux jouet. Durant son temps libre, elle le retirait de son sac à dos et regardait chaque photographie et la pointait du doigt ; parfois elle émettait un grognement. Nous lui avons présenté des mots à l'aide du langage des signes, de dessins au trait et de sons phonétiques pour chaque photographie. Elle ne parlait pourtant toujours pas. Mais elle était intéressée.

Quand elle a apporté son album de photographies à l'école pour la première fois, elle était très possessive, et si un autre enfant s'aventurait dans sa direction pendant qu'elle regardait l'album, elle le refermait rapidement et s'étendait par terre sur l'album de manière à ce que personne ne puisse le voir. Diana attendait que l'enfant s'éloigne d'elle, puis elle s'assoyait et rouvrait son livre. Finalement, Diana a fait des progrès, d'abord en tolérant que d'autres élèves jettent un coup d'œil à son album, puis en s'assoyant à côté d'un camarade d'école avec l'album ouvert sur leurs genoux respectifs. Parfois, l'autre élève se lançait dans un bavardage, souvent de manière inintelligible, et Diana semblait écouter tous les sons et les comprendre tous.

Les photographies favorites de Diana étaient celles de sa famille — sa mère, son père, ses grands-parents, son frère Dave et le chien de la famille. Diana caressait souvent ces photographies spéciales et souriait. Combien aurions-nous aimé pénétrer dans son cerveau pour savoir ce qu'elle pensait.

Il restait deux semaines d'école, et tout le monde, élèves et professeurs, semblaient penser la même chose : « J'ai bien hâte de partir, mais il reste tant de choses à faire. » L'encadrement de la classe s'était un peu relâché, et la récréation était un peu plus longue qu'à l'accoutumée.

Un matin, Diana était étendue sur le plancher avec son album, plongée dans les photographies de famille. Les autres enfants jouaient dans différents îlots d'activités, et la pièce était assez bruyante avec le babillage de deux ou trois enfants de prématernelle. Le professeur, qui était en train de préparer le lunch, m'a regardée et m'a demandé : « Qu'est-ce que c'est que ce bruit ? »

J'ai fait une pause et j'ai jeté un coup d'œil dans la pièce, écoutant et me demandant ce qui pouvait produire ce qui semblait être un petit moteur abandonné là et faiblissant. J'ai fait le tour de la pièce, et je suis arrivée à l'endroit où Diana était étalée sur le plancher et me suis agenouillée. Mes yeux se sont agrandis, me rendant compte que Diana fredonnait quelque chose ! Je me suis rapidement étendue sur le plancher à ses côtés et aussi discrètement que possible, j'ai commencé à fredonner avec elle. Comme j'essayais de m'adapter à sa tonalité, elle m'a lentement regardée et a souri. Nous avons continué à fredonner ensemble sur ce seul ton pour un moment. Lorsque j'ai changé ma tonalité et essayé d'incorporer un air, Diana a cessé de fredonner.

Essayant une autre tactique, j'ai exagéré le « mmm » et j'ai pointé vers la photographie de la mère de Diana, puis j'ai dit à plusieurs reprises :

« Mmmmmmamman. Maman. » Diana m'a regardée, a regardé la photographie, puis m'a regardée à nouveau. *Est-ce que cela avait du sens pour elle ?* À ce moment-là, je n'en avais aucune idée. Bien que nous détestions nous arrêter, c'était le moment pour les enfants de retourner à la maison.

Excitées, nous avons raconté l'incident à la mère de Diana, et elle a promis de poursuivre l'expérience. Comme les enfants partaient tous, nous, les professeurs, nous accordions pour dire qu'il était dommage pour Diana que l'année scolaire doive se terminer pour l'été, car des progrès en communication semblaient poindre à l'horizon.

Je me rappelle de façon très nette le matin suivant. J'étais en retard pour l'école et j'ai rencontré la mère de Diana dans le couloir alors que j'entrais dans l'immeuble. Elle pleurait. *Est-ce que quelque chose était arrivé au cœur de Diana ?* Je me suis armée de courage, m'attendant au pire, et j'ai déposé mes sacs.

« Comment va Diana ? Est-ce que quelque chose ne va pas ? » ai-je dit.

« Non, non, rien de tout cela », a répondu la mère de Diana. Elle a souri et a dit : « Je voulais vous attendre. Pour vous remercier. »

« Pourquoi ? Qu'est-ce qui est arrivé ? » J'étais confuse.

« Ce matin, Diana s'est réveillée et a grimpé dans mon lit comme elle le fait habituellement. Elle a caressé ma joue, elle a souri et elle a dit : "Maman". Elle a dit : "Maman" ! Elle a dit mon nom ! »

Nous nous sommes serrées très fort et avons pleuré sans retenue dans le couloir. Nous sommes revenues dans la classe et avons pleuré encore un peu avec les professeurs. Même si nous avions travaillé tellement fort pour trouver un intérêt pour Diana, il avait toujours été présent à l'intérieur d'elle. En travaillant en collaboration, nous avions finalement découvert le pont pour pénétrer le vide du silence dans lequel Diana était isolée. C'était un seul simple mot, et seulement le début, mais cela signifiait tout pour Diana et sa maman.

— *Paula Sword*

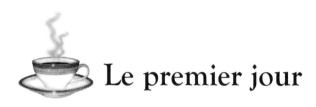 # Le premier jour

Des douzaines d'yeux m'ont regardée. Une mer de visages non familiers imposante et inhospitalière. Ma carrière de professeur prenait un départ des plus angoissants. Terrifiée, j'ai rassemblé mon courage et j'ai souri. Quelques sourires enthousiastes sont apparus et je me suis sentie rassurée. Les yeux et les sourires se sont tournés vers moi, remplis d'attente, et j'ai compris qu'il me fallait parler.

« Allo, les garçons et les filles », ai-je dit, et je me suis présentée au groupe d'enfants debout en face de moi. « Je suis tellement heureuse que vous soyez tous là aujourd'hui. »

Il me semblait que ma voix était faible et menue. *Projette ta voix*, ai-je pensé.

« C'est une journée tellement spéciale et tellement excitante — votre première journée en première année. »

Soudainement conscients de leur importance, plusieurs enfants ont redressé les épaules.

J'ai adressé mes prochains commentaires à la rangée intimidante de parents alignés à l'arrière de la salle. Rien dans mes cours universitaires en sciences de l'éducation ne m'avait préparée pour faire face à des bras croisés, à des regards candides évaluateurs et à des yeux plissés par la méfiance. J'avais vingt ans et j'en paraissais quinze. Ma voix mal assurée et mes tics nerveux m'avaient trahie. Il n'était donc pas étonnant que les parents soient moins qu'enthousiastes.

« Évidemment, les mamans et les papas sont bienvenus s'ils veulent passer la matinée avec nous, ai-je ajouté. Mais je suis certaine que certains d'entre vous ont d'autres choses à faire. »

Allez-vous-en, ai-je pensé. *S'il vous plaît, partez et laissez-moi seule. J'ignore si c'est votre cas, mais moi, j'ai l'impression d'être à la mauvaise place.*

Personne ne bougeait. Personne ne parlait.

« Je serais heureuse de répondre à toutes vos questions », ai-je dit.

Le silence s'intensifiait.

J'ai pris une profonde respiration. « Peut-être pourrions-nous commencer. »

J'ai ramassé une liste de noms d'élèves sur mon pupitre et j'ai commencé à lire. « Tommy Adams. Es-tu là ? »

Une main timide s'est levée, et j'ai aperçu une lueur de soulagement.

« Tommy, ai-je dit. Peux-tu me donner ton adresse et ton numéro de téléphone ? » Dans un moment d'inspiration optimiste plus tôt ce matin-là, j'avais décidé non seulement de faire l'appel, mais aussi de vérifier si chaque enfant connaissait les coordonnées de son domicile.

Tommy a plissé le front. « Non », a-t-il répondu.

La lueur de soulagement entrevue un moment plus tôt a vacillé et s'est évanouie. J'ai hoché la tête.

« C'est très bien », ai-je dit, comme la tête de Tommy retombait en signe de défaite.

Fantastique, ai-je pensé. *J'ai posé sa première question à ce pauvre enfant et il ne connaît pas la réponse. Oublie les numéros de téléphone et les adresses.* J'ai jeté un coup d'œil au papier froissé que je tenais fermement dans ma main moite.

« David Allen, es-tu là ? »

Une autre main s'est levée. Ses yeux brillaient d'excitation.

« Je connais mon adresse et mon numéro de téléphone », a-t-il annoncé avec un regard triomphant en direction de Tommy.

Les yeux de Tommy se sont agrandis d'indignation. « Je connais mon numéro de téléphone et mon adresse moi aussi, David. Je veux juste pas lui dire à elle, a-t-il répondu en me pointant du doigt. C'est une étrangère, et ma mère m'a dit de ne jamais donner mon numéro et mon adresse à un étranger. »

Mon Dieu, ai-je pensé, *qu'est-ce qui m'a déjà fait croire que je pourrais être professeur ?*

À l'arrière, la brigade de parents murmuraient et chuchotaient, et plusieurs mères ont quitté la pièce après avoir dit au revoir à leurs enfants.

Comme des rats qui laissent un bateau en train de couler, ai-je songé.

J'ai fait un geste vers les rangées de pupitres devant moi. « J'aimerais que chacun de vous gagne maintenant sa place. Vous trouverez votre nom collé sur le coin avant droit. Je ferai l'appel quand vous vous serez tous assis. » *Et juste avant que je ne sorte de la pièce en hurlant.*

Quelques autres mères ont embrassé leur enfant, en lui disant au revoir, jetant un coup d'œil dans ma direction comme pour dire : « Il est préférable que je retrouve mon enfant en un seul morceau à mon retour », et elles sont parties.

La pièce s'est animée avec le babillage excité et le bruit des chaises de bois déplacées sur le plancher. Puis un triste gémissement mélancolique d'enfant a rempli la pièce. Dans le coin, s'accrochant au manteau de sa mère comme un bébé orang-outan, il y avait Tommy Adams.

« Je veux aller à la maison, a-t-il sangloté. Je veux aller à la maison. »

La pièce semblait silencieuse alors que chacun s'arrêtait pour observer la scène dramatique. J'ai étendu le bras pour toucher l'épaule de Tommy, et il a tressailli.

Un regard d'excuse est apparu sur le visage de sa mère. « Il n'aime pas les nouvelles choses, mais il n'a jamais fait des histoires comme ça. »

Je me suis agenouillée. D'une voix douce et basse, j'ai essayé de le réconforter. « Ça va bien, Tommy. S'il te plaît, ne pleure pas. Tout va bien aller. »

Je suppose que je me consolais moi aussi. Ce n'est pas ainsi que j'avais imaginé ma première journée d'enseignement, et une partie de moi avait envie de hurler et de pleurer comme Tommy.

J'ai essayé de l'amadouer. « Tommy, voudrais-tu te charger de me trouver une histoire à lire à la classe ? » ai-je demandé.

Son visage s'est dissimulé dans la jambe de sa mère, et il a hoché la tête.

« Veux-tu être mon assistant et ramasser l'argent pour le lait ? »

Cette fois, il a hésité pendant un moment, mais après quelques secondes, il a de nouveau hoché la tête.

J'ai jeté un regard vers sa mère dont les yeux et la voix me suppliaient. « Je dois aller travailler. » Cette annonce a soulevé à nouveau les pleurs de Tommy, cette fois, plus forts et plus désespérés.

« Est-ce que je peux te dire un secret, Tommy ? » ai-je murmuré.

J'ai retenu mon souffle et j'ai attendu. Il a cessé de pleurer. Il écoutait.

« C'est mon premier jour, moi aussi, ai-je dit. Je suis nouvelle et je suis un peu nerveuse et effrayée. »

Il s'est retourné et m'a fixé du regard, ses yeux rouges et gonflés remplis d'incrédulité. « Vous avez peur ? »

J'ai haussé les épaules et j'ai fait signe de la tête. « Un peu, je n'ai jamais enseigné avant, mais toi, tu étais à la maternelle, n'est-ce pas ? »

« Oui, j'étais à la maternelle. J'avais l'habitude d'avoir un autocollant presque tous les jours. »

« Je peux dire juste à te voir que tu es le genre de garçon à recevoir un autocollant presque chaque jour. » J'ai tendu le bras et pris sa main. Cette fois-ci, il ne l'a pas retirée. « J'ai besoin de ton aide, ai-je dit.

J'aurais vraiment besoin d'un ami. Quelqu'un qui sait tout sur l'école. Quelqu'un comme toi. »

Un regard pensif est apparu sur son visage, et j'ai gentiment serré la minuscule main. « S'il te plaît, veux-tu rester et m'aider ? »

Il a reniflé, s'est essuyé les yeux d'une main et a fait signe que oui de la tête. J'ai adressé une prière silencieuse de gratitude, je me suis levée et j'ai conduit Tommy à son pupitre. Quand j'ai tourné mon regard vers sa mère, elle a souri et hoché la tête. J'ai donné à Tommy un gentil coup de coude. « Dis à ta mère que tu la reverras dans un petit moment. »

J'ai retenu ma respiration alors que le petit corps se raidissait, mais ensuite, il s'est retourné et a salué sa mère de la main. « Bonjour, Maman. Je te verrai après l'école. »

J'ai poussé un soupir de soulagement et j'ai regardé l'horloge. Il était 9 h 30. Seulement deux heures avant le lunch. Peut-être que je vais y arriver.

— *Susan B. Townsend*

 # Des instantanés

Comme beaucoup de gens, je collectionne les photographies dans des boîtes élégantes (et des boîtes à chaussures) et dans des albums minutieusement structurés (et d'autres qui le sont moins). Ces images m'offrent des rappels tangibles de moments que je n'oublierai jamais. Durant mes trente années d'enseignement au collège, j'ai aussi rassemblé une autre collection d'images qui ne trouveront jamais leur chemin dans mes boîtes ou mes albums de photos ; elles ont été captées non pas sur film, mais dans ma tête et dans mon cœur.

Alexi arrive encore en retard. Il déteste les horloges et les horaires. Il déteste les règles et les devoirs. Mais il m'aime, il n'a donc que dix minutes de retard... presque chaque jour. Aujourd'hui, dans sa poche, il y a une boîte à musique qui joue : « Ah, vous dirais-je Maman ». Tout en se pelant une banane et en laissant tomber son sac à dos, il me dit qu'il a écrit des choses.

Alexi ne veut écrire que sur des morceaux de papier que je lui donne. Il semble croire que ses pensées sont bien assorties aux morceaux de papier longs, effilés et déchirés de plusieurs couleurs que j'ai conservés. Aujourd'hui, de sa façon totalement dysgraphique, il écrit sur divers sujets comme les églises, et les boîtes, et les morceaux de ficelle, et les visages truqués qui se fondent dans la neige. Il écrit que toutes ces choses se ressemblent et veut savoir si je suis d'accord, ou au moins si je comprends. Il veut savoir si ce qu'il a écrit est un poème. C'est seulement un morceau de papier.

Il a rempli un carnet de croquis d'artiste avec des images, mais il refuse de tenir un cahier de notes d'écrivain rempli de mots. Il est lui-même tout un spectacle : à moitié drogué à la caféine, à moitié endormi, d'immenses boucles d'oreilles argentées, des cheveux presque rastas. Sa mère n'a que quatorze ans de plus que lui. Son père est parti depuis longtemps après avoir dit un jour à Alexi : « Tu n'es pas mon fils. » Alexi est maintenant dans ma classe ; c'est mon élève depuis qu'on l'a sorti d'une aile psychiatrique après quatre années de colère. Je n'ai aucun document qui pourrait me renseigner sur lui ; je n'ai que lui. Pourtant, lorsqu'il me demande des ciseaux et de la colle, et sort un rasoir, je sais qu'il les utilisera seulement pour travailler d'une nouvelle façon avec du papier et des marqueurs, inventant ainsi une nouvelle sorte d'image à sa manière. *Clic.*

Tom jette un coup d'œil furtif à l'intérieur, alors qu'il se dirige vers une autre classe. Aujourd'hui, ses cheveux sont coupés en bandes inégales avec un seul œil maquillé. Il me tend quelque chose. « C'est pour vous », dit-il. « J'ai pensé que vous voudriez votre propre capsule de faux sang. » Je l'ai assuré que c'était le cas, et il est parti dès que la cloche a sonné. *Clic.*

Juste avant notre contrôle portant sur *L'attrape-cœurs*, après que notre classe a passé des jours à essayer de s'imaginer ce dont Holden a besoin pour survivre, Heaven arrive et me demande un pansement adhésif. Elle me montre les deux ampoules dans la paume de sa main. Elle veut que je sache à quel point il est difficile de faire tournoyer le drapeau en avant de l'orchestre. Elle aime mes pansements adhésifs *cool* de couleur orange fluorescent et vert néon avec des hippocampes et des étoiles imprimés. Ce sont des juniors au collège et je les vois qui forment une file. Toutes les filles se trouvent des bobos parce qu'elles aiment mes pansements adhésifs. Les garçons toussent pour que je leur donne des gouttes contre le rhume, parce qu'ils ont faim et que cette période est juste avant le lunch. Ils ont besoin de tellement d'attention. *Clic.*

Durant le lunch, Jay me trouve au moment où la moitié d'un sandwich au thon dépasse de ma bouche. Il porte l'uniforme de la marine des États-Unis. Il veut me montrer qu'il est devenu un homme depuis la dernière fois que je l'ai vu. Il me dit le nombre de pompes qu'il peut effectuer, puis il me fait savoir le nom donné par les Marines à tous les objets dans ma pièce.

« Nous appelons la fenêtre le "hublot" et ce poteau est une "jambette" », m'explique-t-il.

Demain, nous nous joignons à l'OTAN pour envoyer des troupes en Bosnie. *Clic.*

Dans l'immeuble après le lunch, Josh tombe endormi, alors que tous les autres dans la classe senior font des recherches documentaires sur le Vietnam. Tous l'ignorent. Moi aussi, jusqu'à ce que je le vois la bouche ouverte, de la bave coulant du pupitre au plancher. Mesquin et gueulard, Rich a commencé à faire des remarques. Le temps de réveiller Josh et de lui rappeler sa promesse de faire son travail pour qu'il puisse se qualifier pour jouer au basket-ball. Les « choses qu'ils transportent » mentionnées dans l'œuvre de l'auteur Tim O'Brien sur le Vietnam[2] n'intéressent pas Josh, et il ne connaît rien de la Bosnie. *Clic.*

Le groupe du magazine littéraire arrive. Sara porte une étoile bleue autocollante sur sa joue et du brillant sur les paupières, comme de la poussière d'étoiles. J'aime la manière dont elle brille, autant la fillette que son écriture. Pendant ce temps, Katie, en se servant d'un crayon à sourcils mal taillé, a dessiné une énorme fleur autour de ses yeux avec des feuilles et des vrilles descendant en boucles sur un côté de son visage. Elle joue de l'harmonica à l'extérieur de ma classe, mais lorsque la cloche sonne, elle s'assoit pour écrire sur les épées et sur la vengeance. *Clic.*

Raub a rasé tous ses cheveux sauf une touffe. Il s'est formé une croûte à l'endroit où il a pressé trop fort. Il ressemble à Zippy the Pinhead[3]. Aujourd'hui, il porte une veste et des pantalons argentés qui ressemblent à une tenue de protection contre la radioactivité. Hier, c'était un peignoir fourreau jaune citron sur des pantalons en velours côtelé bruns. Alors que nombre

---

2. NDT : Tim O'Brien, *The Things They Carried*, Boston/New York, Houghton Mifflin/Broadway Books, 1990.
3. NDT : Voir le site <www.zippythepinhead.com/>.

d'élèves se harcèlent mutuellement à propos de leurs différences, Raub fait fi de ces questions et ne s'abaisse jamais à passer une remarque méchante sur tout autre âme qui vive. Mais comme à l'accoutumée, il me raconte une histoire démente à couper le souffle, en une phrase qui dure trente secondes, avant qu'il ne puisse s'installer pour travailler. *Clic.*

Je suis assise dans le laboratoire informatique durant la dernière période de la journée, et le professeur-qui-met-les-élèves-à-la-porte m'en a envoyé une douzaine. Noel est heureux que je sois là. Son frère jumeau, Gunnar, est dans l'une de mes classes, et Noel veut que je sache qu'il est aussi un écrivain. Il tape quelque chose puis me donne un coup de coude : « Qu'est-ce que vous pensez de cela ? »

Il dit qu'il m'a apporté une histoire. Elle se trouve dans son casier. Peut-il aller la chercher ? Il veut que je sache que son frère n'est pas aussi gentil que les professeurs semblent le croire. Il veut que je sache que lorsque lui et son jumeau avaient six ans, Gunnar a essayé de l'empoisonner en mettant quelque chose de terrible dans son macaroni au fromage. *Clic.*

Une nouvelle élève vient me voir à la fin de la journée avec un album de photographies. « C'est ma mère », dit-elle en ouvrant son livre de plastique. Elle me montre sa mère dans un lit d'hôpital avec des tubes dans son nez. Elle est morte du sida.

« C'est ma sœur, elle est dans la classe de Mme Hobart. Peut-être vous rappelez-vous d'elle dans la salle d'étude l'an dernier ? Elle dit qu'elle vous connaît.

« C'est une de mes mères d'accueil.

« C'est ma cousine et son bébé. Ma cousine a quinze ans. Elle est tellement chanceuse. J'ai hâte d'avoir un bébé.

« Voici une photographie de mon père. Il me l'a envoyée. Je ne l'ai jamais rencontré, mais je sais que je le verrai un jour.

« Regardez le joli arbre de Noël que nous avions l'an dernier.

« Voici où j'habite maintenant. Ma sœur y vit aussi, alors j'aime bien cet endroit.

« Est-ce que vous publiez toujours des poèmes des élèves pour l'école ? Vous voyez ici ? J'ai écrit ceci sur ma mère. Il y a des rimes et c'est court. Pensez-vous que vous pourriez le publier dans le magazine ? »

Elle ramasse l'album et le serre fort, me fixant jusqu'à ce que je dise : « Oui, bien sûr. Bien sûr je publierai ton poème. » *Clic.*

Chaque jour, j'ajoute plus de photographies. Les boîtes débordent, les albums gonflent et les murs en sont recouverts. D'une manière ou d'une autre, je trouverai un espace pour d'autres photographies, et il reste toujours de la place dans ma tête et dans mon cœur. *Clic.*

— *Beverly Carol Lucey*

 # Ce que j'ai appris en enseignant à Justin

La première fois que j'ai rencontré Justin, son visage était déformé par la colère. Après des années d'enseignement à l'école publique, il m'en fallait beaucoup pour m'ébranler, mais quand Justin est entré dans ma classe, a lancé son mince cahier de notes sur le pupitre et a posé ses pieds sur la table en me lançant un air de défi, j'ai figé. Je le connaissais depuis exactement trois secondes et il défiait déjà mon autorité.

J'ai poliment demandé à Justin de retirer ses pieds couverts de boue du meuble et lui ai délicatement mentionné qu'il y avait un exercice à faire sur le tableau noir.

« J'ai pas de plume », a-t-il proféré.

J'étais prête à lui lancer mon sermon « Quel âge as-tu, et ne peux-tu apporter une plume en classe ? » quand je me suis aperçue qu'il devait avoir au moins vingt ans. Comme j'enseigne à l'école de métiers, je rencontre souvent des élèves plus âgés, mais Justin était un petit garçon terrifié dans un corps d'homme. Son visage était hâlé et marqué de cicatrices d'acné rouge vif. Il portait une chemise sale en tissu écossais par-dessus des jeans déchirés à la hauteur de l'ourlet, croûtés de boue et barbouillés au marqueur vert. Ses souliers étaient délacés, et ses bas bruns tombaient sur ses chevilles.

Tout de Justin évoquait le fauteur de troubles — incluant, et à part, ses yeux. D'un bleu d'acier, ils me transperçaient d'un regard furieux de mise en garde. Pourtant, ce sont ces mêmes yeux bleus clairs comme le jour, qui ressemblaient à des eaux profondes, qui m'ont fait tranquillement déposer ma propre plume sur son pupitre et m'éloigner. Il s'agissait d'un simple geste d'armistice pour lui laisser savoir que je n'étais pas son ennemie. Je croyais que cela lui permettrait de baisser sa garde, mais il avait déjà décidé de me détester. Sans se presser, il a ouvert son cahier et a commencé à écrire. J'ai soupiré et j'ai continué à me promener dans les allées, jetant un regard en arrière vers Justin avec le plus doux sourire que je pouvais arborer.

Il m'avait fallu cinq dures années d'enseignement pour apprendre quels combats engager le premier jour de l'école. Ne pas être prêt pour la classe était une bataille pour le deuxième jour. Je savais quelques petites choses, mais Justin m'a enseigné maintes nouvelles leçons au cours des dix-huit semaines que nous avons passées ensemble. J'ai fait des efforts pour l'aider à améliorer son écriture, avec l'objectif de l'amener à être capable de remplir une demande d'emploi. Toutes les habiletés fondamentales lui manquaient ; il ne plaçait pas de majuscule au premier mot de chaque phrase, et il écrivait comme s'il n'avait jamais entendu parler de la ponctuation. Il luttait pour contenir sa colère constamment en ébullition, mais elle était tellement étouffée que, certains jours, le bouchon sautait et toute personne sur son chemin était bombardée. Les autres élèves avaient appris à éviter Justin et, à côté de lui, les sièges étaient toujours vides. Il agissait comme si sa lèpre sociale ne le dérangeait pas et prenait cet espace comme une invitation à s'avachir sur les sièges vacants.

Habituellement, sa rage était dirigée contre un objet inanimé, une chaise ou l'un de mes ordinateurs. « Je déteste ces choses stupides, et elles me détestent », hurlait-il. J'allais rapidement le voir à son poste de travail et je lui montrais comment venir à bout du problème d'impression et comment accéder à son travail sur le serveur de l'école. Je lui avais enseigné ces simples petites tâches une douzaine de fois, mais Justin était toujours incapable de retenir ces connaissances et chaque jour était une épreuve de patience pour chacun de nous.

Je savais que si je répondais à sa rage par de la colère, cela ne ferait que donner lieu à une escalade d'arguments jusqu'à un niveau dangereux. Lorsque sa fureur a éclaté contre moi, cette journée a été l'une des plus effrayantes de toute ma carrière d'enseignante. J'étais assise à une table de travail à m'entretenir doucement avec deux étudiants qui avaient révisé mutuellement chacun de leurs essais. « Ta thèse est solide, et j'aime la manière dont tu as organisé la conclusion. » J'ai conseillé : « Peut-être devrais-tu... » Je n'ai pas pu terminer ma phrase, voyant du coin de l'œil Justin donner un coup de pied sur la table de l'ordinateur.

Sans me retourner, j'ai lancé dans sa direction. « Justin, recule ta chaise de l'ordinateur et compte jusqu'à dix. Je serai là bientôt pour t'aider. »

En rassurant ainsi Justin, je m'achetais générale-ment un peu de temps jusqu'à ce que je finisse avec un autre élève. Je faisais toujours attention de ne pas aban-donner immédiatement mes occupations pour courir aux côtés de Justin, car je craignais de voir mon attitu-de interprétée comme une récompense pour son impa-tience et de lui transmettre le message que sa fureur était justifiée. Juste au moment où je terminais mon entretien, Justin a commencé à perdre le contrôle.

« J'peux rien faire avec ça, et c'est votre faute, Mme Young ! »

Il a lancé le contenu de la table dans ma direction. J'ai jeté un œil sur les papiers à mes pieds, espérant que sa tirade prendrait fin. Justin a frappé la tour de l'ordinateur à plusieurs reprises, froissant le métal. Il est parti en coup de vent de la pièce, des larmes de fureur luisant dans ses yeux.

Un silence absolu régnait alors que tous les yeux étaient braqués sur moi pour voir quelle serait ma réaction. La tension était aussi épaisse que de la purée de pois. J'étais finalement contente que Justin soit parti, ce qui a permis d'éviter la scène de son expulsion par moi-même ou quelqu'un d'autre à cause son com-portement. Je savais que sa crise avait dépassé les bornes. Cette fois-ci, je serais incapable de l'amener subtilement à calmer sa colère ou de l'écouter pendant qu'il se lamentait au sujet de ce qui allait mal dans sa vie. J'ai marché d'un air détaché vers la porte, essayant de calmer mon cœur qui battait. Le couloir était aussi désert qu'un tombeau. J'ai téléphoné au bureau du doyen pour lui laisser savoir que Justin s'était enfui. Puis j'ai fermé la porte de ma classe et j'ai repris mon cours. Même si mon pouls battait très vite, je voulais rassurer mes élèves que la situation était sous contrôle.

Quand l'horloge a sonné, j'ai parcouru les corridors à la recherche de Justin. Je n'étais pas certaine de ce que je dirais, mais je savais que sa punition n'était pas de mon ressort. Son dossier disciplinaire à notre école était déjà rempli de bouts de papier roses, et je savais qu'il était tout près de se faire expulser de l'école. Il avait déjà été chassé de tout autre endroit où il aurait pu se réfugier, incluant la roulotte qu'il partageait avec sa tante et ses quatre enfants. Justin s'était piégé lui-même dans une impasse sans aucune porte de sortie évidente.

Durant mes deux périodes de classe suivantes, j'ai entendu son nom appelé à maintes reprises dans le système d'intercommunication. Lorsque la cloche a finalement sonné pour le lunch, j'ai décidé de vérifier une après l'autre les salles de bains. Comme j'entrais dans celle des garçons, j'ai entendu un étrange bruit de grattage qui provenait de la classe de menuiserie voisine. L'édifice était censé être vide, étant donné que la cafétéria se trouvait à l'autre extrémité du campus ; j'ai donc tranquillement ouvert la porte de l'atelier.

Il y avait là Justin qui sablait furieusement le pied d'une table. Au début, il ne m'a pas vue, et je l'ai observé pendant qu'il glissait gracieusement sa main sur la surface, vérifiant la présence d'aspérités. Après avoir fini de sabler, il a étendu le bras pour prendre le vernis transparent et le pinceau, et m'a remarquée. Il a hésité un moment, mais il a continué son travail sans dire un mot. C'est alors que j'ai remarqué la table et son design. Il s'agissait d'un pin rouge marbré aux extrémités soigneusement incrustées. La surface avait été magistralement gravée avec un motif de rose et les pieds se terminaient en une griffe impressionnante, mais délicate. C'était une splendide pièce de mobilier où l'habileté et le travail investis étaient manifestes.

« Justin, c'est exquis ! » me suis-je exclamée, oubliant ma colère.

Il a baissé la tête et haussé les épaules. « Je voulais seulement la terminer avant de partir », a-t-il marmonné.

Mon cœur s'est serré alors que je m'abaissais vers le parquet pour regarder. Nous avons jeté tous les deux un coup d'œil sur l'horloge pour vérifier le temps qu'il restait avant la prochaine cloche, le moment où notre secret serait révélé. Le châtiment était la dernière chose que j'avais à l'esprit. Je me sentais impuissante à aider Justin, sachant qu'il avait lui-même creusé sa fosse. Mais comme je le regardais travailler, j'ai été envahie par un sentiment d'espoir pour ce jeune homme. Je me suis sermonnée moi-même pour avoir mésestimé ses habiletés et jugé qu'il était handicapé simplement parce qu'il était incapable d'écrire des phrases complètes. Justin avait un don. Si seulement il pouvait canaliser son talent et le combiner à une certaine maîtrise de soi, il pourrait réussir quelque chose de remarquable ou du moins subvenir à ses besoins et à ceux de sa famille.

J'ignore où se trouve Justin aujourd'hui. Il a quitté la classe de menuiserie avant qu'ait fini de sécher la couche finale de teinture qu'il avait si soigneusement appliquée sur la table. Je pense souvent à lui et parfois je l'imagine comme apprenti quelque part chez un ébéniste ou dans un atelier de fabrication de meubles, travaillant à la confection d'un autre chef-d'œuvre dans un environnement où il dispose de meilleurs exutoires pour ses émotions et d'un soutien accru pour ses ambitions. Je pense à ce qu'il m'a appris concernant les jugements hâtifs. J'ignore si la patience dont j'ai fait preuve envers Justin lui a donné un exemple d'une autre manière d'être. J'espère que oui. J'ai pourtant parfois l'impression que les élèves arrivent avec un héritage simplement trop lourd à porter. Mais lorsque je m'assois dans ma classe et que j'admire sa superbe table devant moi, cela me rappelle la valeur dont chacun de nous est doté.

— *Melissa Scholes Young*

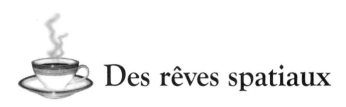 # Des rêves spatiaux

M. Zumstein et moi voulions tous deux voler dans l'espace. Il espérait être pris à bord de la navette spatiale comme professeur ; je rêvais de devenir une astronaute diplômée. Peu importe si la probabilité qu'un enseignant d'âge mûr de niveau collégial soit accepté dans le programme de la NASA Teacher-in-Space soit aussi élevée que celle de mon cerveau peu doué pour les sciences d'obtenir un A dans ses classes de chimie et de physique. Les probabilités ne nous avaient nullement découragés tous les deux.

« J'ai toujours de la difficulté à résoudre ces problèmes que vous nous avez donnés hier pour l'examen », ai-je dit à M. Zumstein lors de l'une de mes sessions de tutorat de 7 h 15.

J'ai sorti la feuille de mon sac encombré de livres et lui ai montré mes notes. Il les a regardées, hochant la tête. D'un trait de crayon, il a griffonné quelques modifications à mes théorèmes, puis m'a tendu la page.

« Vous y arriverez, a-t-il dit. Continuez à pratiquer. »

M. Zumstein et moi avions de bons rapports malgré nos différences. D'un naturel doux, il était un vétéran du corps enseignant, un maître à Tremont High dans la plupart des sciences sauf la biologie. J'étais une adolescente ouverte et sociable qui excellait en anglais, en art oratoire, et dans les groupes rock. Notre école comptait environ trois cents élèves, assez grande pour pouvoir maintenir une distance avec nos professeurs si c'était notre désir, mais assez petite pour pouvoir établir des liens étroits si nous avions quelque chose en commun. M. Zumstein et moi suivions le programme spatial. Alors que mes rêves demeuraient empreints de l'optimisme et de la souplesse propres à la jeunesse, ses espoirs avaient été tempérés par une lettre de refus reçue de la NASA, le remerciant pour sa demande et son intérêt pour le programme.

« Quelle occasion ce pourrait être pour quelqu'un, a-t-il dit en haussant ses épaules. Peut-être la prochaine fois. »

Il est vrai que j'étais jeune, mais je comprenais que, pour devenir une astronaute, il me fallait améliorer mes ternes habiletés en mathématiques et en sciences. Ma myopie m'empêchait de devenir pilote, mais je croyais que je pourrais peut-être devenir spécialiste de mission ou le premier « écrivain de l'espace », ou peut-être pourrais-je être responsable des relations publiques pour la NASA. Tout ceci exigeait de moi une meilleure maîtrise des sciences.

M. Zumstein partageait mon enthousiasme et reconnaissait mes faiblesses. Il passait des heures à essayer d'enseigner à mon cerveau créatif à penser d'une manière plus logique. Il m'aidait à résoudre les équations d'algèbre et de géométrie, les problèmes de chimie et de physique, et à réaliser les expériences de science physique. Il m'expliquait patiemment mille fois les principes, les théorèmes, les règles, sans jamais se lasser.

« Tu dois continuer à travailler les problèmes, me disait-il. Un jour, cela deviendra plus facile pour toi. »

Je voulais le croire, pour croire que je pouvais faire tout ce dont je rêvais.

Malgré tout, j'ai lutté à travers l'algèbre, suivant le cours deux fois pour parvenir à comprendre et à améliorer mes notes. Je suivais toutes les classes de science imaginables : biologie, science physique, chimie et physique. Les C que j'y obtenais faisaient baisser ma moyenne, mais je persévérais, déterminée à triompher de mon incompétence.

Après mes séances de tutorat, M. Zumstein et moi parlions des constellations et des planètes que j'avais observées dans mon télescope à la maison. Nous avons discuté du bien-fondé du programme spatial, de ses défis pour respecter son calendrier et des pressions qu'il subissait de la part de la communauté non scientifique.

« J'ai entendu à la radio qu'on avait encore une fois retardé le lancement de la navette », ai-je dit un matin.

« Je l'ai entendu aussi. C'était un pro blème après l'autre avec celle-là. » Il a hoché la tête. « Heureusement, ils résoudront les difficultés et la lanceront plus tard cette semaine. »

« Je ne comprends pas pourquoi ils sont incapables d'y arriver, ai-je dit. « Les retards font très mal au programme. »

Je voyais la chose d'un point de vue personnel. Si la NASA éprouvait des difficultés, elle embaucherait moins de gens, diminuant mes chances d'être à leur emploi après l'université.

Mes frustrations à propos des retards dans le programme spatial se sont évanouies un jour froid de janvier 1986, instantanément remplacées par le choc. Je marchais seule dans le couloir du collège, me dirigeant vers la salle de repos, quand le directeur de l'établissement d'enseignement a parlé dans le haut-parleur.

« Ce matin, la navette spatiale *Challenger* a été lancée avec un équipage de sept membres, incluant Christa McAuliffe, la première enseignante dans l'espace. C'est avec une grande tristesse que je dois vous annoncer qu'on a perdu la navette après approximativement une minute de vol. Elle a explosé et on craint que tous les membres de l'équipage soient décédés. »

Subitement atteinte de nausées, je me suis immobilisée sur place. Certainement, ce ne pouvait être vrai. C'était trop terrible pour être vrai. J'avais la nausée et me suis appuyée contre un casier pour me retenir.

M. Zumstein avait apporté un téléviseur sur un chariot dans sa classe pour regarder la couverture du lancement de *Challenger*. Comme j'avais un examen à passer dans une autre classe durant cette période, il m'était impossible de partager avec lui ce moment historique que nous attendions tous les deux — le premier professeur lancé dans l'espace.

Je souffrais pour M. Zumstein. Alors que j'aspirais à voler un jour dans une navette spatiale, il ne s'était pas contenté d'en rêver. Il avait déposé sa demande pour faire partie du programme qui avait emmené un professeur sur *cette* navette spatiale, le *Challenger*.

Je suis allée dans sa classe et j'ai frappé sur le chambranle de la porte. Le téléviseur était encore ouvert, rejouant la scène — le brillant ciel bleu, le lancement parfaitement exécuté, les visages confus des familles pendant qu'elles regardaient la navette exploser seulement quelques secondes après la commande de la NASA : « *Challenger*, mettez les gaz. »

Mon professeur s'est tourné vers moi, le visage baissé. Il paraissait fatigué et, d'une certaine façon, on aurait dit qu'il avait vieilli. Je l'ai serré fort dans mes bras, et nous avons regardé la télévision pendant quelques minutes de plus alors que les médias spéculaient sur la cause de la catastrophe.

« Le lancement est toujours le moment le plus dangereux, a-t-il expliqué. La plus petite erreur peut résulter en la pire des conséquences. »

Je me suis demandé à haute voix quel serait l'impact de l'accident sur la NASA et sur l'avenir des vols spatiaux habités, ce qui arriverait dans les prochains mois et durant les prochaines semaines, et si l'exploration de l'espace valait les ultimes sacrifices de l'équipage du *Challenger*.

« Je monterais demain s'ils me le permettaient », a dit résolument M. Zumstein.

Dans les mois qui ont suivi, M. Zumstein et moi avons parlé régulièrement de l'enquête sur le *Challenger*. Nous avons roulé des yeux devant les pagailles bureaucratiques et gémi devant la simplicité de la cause de l'accident, soit le joint annulaire principal.

J'ai continué mes leçons d'algèbre et de chimie, espérant tout le temps que la NASA se ressaisirait. M. Zumstein a continué à donner ses cours, faisant du tutorat pour ceux de nous qui luttaient encore avec ses matières. Il a rapporté le téléviseur dans sa classe pour le tournoi de basket-ball de la NCAA, conservant sa tradition annuelle d'encourager Duke, son alma mater.

J'ai finalement obtenu mon diplôme et suis allée dans une université offrant des cours d'arts libéraux, où j'ai poursuivi mes études en science politique et en communication. Dans une classe portant sur les structures organisationnelles, nous avons étudié un modèle du désastre du *Challenger*, mais en dehors de ce cours, j'ai très peu pensé au programme spatial durant ma formation professionnelle. Après avoir obtenu mon diplôme, je n'ai jamais fait de demande pour travailler à la NASA. À ce moment-là, mes intérêts portaient sur la politique et les affaires gouvernementales.

M. Zumstein a pris sa retraite du collège et est allé donner des cours de mathématiques et de sciences dans un collège communautaire local. Nous avons échangé des cartes de Noël et des courriels à l'occasion.

Seize ans après l'accident du *Challenger*, CNN a annoncé que Barbara Morgan, la remplaçante de Christa McAuliffe il y a tant d'années, volerait en tant que prochain professeur dans l'espace. Regardant les nouvelles diffusées de mon tapis roulant, je me suis souvenue de mon espoir d'être un jour propulsée dans l'espace. J'ai pensé à M. Zumstein et j'ai souri. Comme il avait si bien encouragé mes rêves à l'époque, sachant tout ce temps que je ne réussirais probablement jamais à acquérir les habiletés nécessaires pour faire partie de l'équipe des astronautes, mais continuant à m'épauler de toute façon.

Plusieurs mois plus tard, à partir de ce même tapis roulant, j'ai regardé le service organisé à la mémoire des astronautes de *Columbia*. Les larmes se sont mêlées à la sueur qui coulait sur mon visage, et j'ai senti un mal familier dans mon estomac. Puis je me suis rappelée ce que m'avait dit M. Zumstein il y a tant d'années auparavant.

« Je monterais demain. »

Et je savais qu'il le ferait encore.

Par ces mots, il m'avait offert sa leçon la plus importante, meilleure que n'importe quel tableau périodique ou n'importe quelle équation algébrique : certains rêves valent la peine de continuer à y croire, même pour l'éternité.

— *Julie A. Kaiser*

 # Ce que je n'ai jamais appris à la maternelle

Ma classe de maternelle était située sur le côté gauche à l'extrémité d'un couloir dans une école tellement petite qu'elle ne comptait que cinq classes. J'avais peur de tout. J'avais peur de ne pas être capable d'ouvrir l'énorme porte d'entrée, j'avais peur des expériences scientifiques que nous pratiquions parfois, et, plus que tout, j'avais peur de mon professeur.

Mme Monestel ne souriait jamais. Elle était âgée, ridée et obèse. Elle disait fréquemment : « Je suis très fâchée » d'un air très contrarié. Dans mes souvenirs, elle portait toujours la même robe.

Je me rappelle très peu d'autres détails de mon temps passé à la maternelle, sauf que nous lisions le *Weekly Readers* et que l'un des garçons était revenu de la salle de bains attenante à la classe avec ses pantalons baissés.

Durant une rencontre, Mme Monestel avait dit à ma mère que j'étais malheureusement une enfant très moyenne. Je ne me souviens pas qu'elle ait agi comme si quelqu'un d'autre dans la classe était particulièrement spécial non plus. Dans l'actuel débat portant sur les professeurs qui surfont l'estime personnelle de leurs élèves, Mme Monestel se serait vu décerner le championnat par ceux qui croient que de nos jours, nous versons dans l'exagération. Je crois que Mme Monestel ne se rendait pas compte que, même si ses élèves étaient jeunes, ils avaient la possibilité de vivre des moments importants.

Le professeur de maternelle de mon fils ne pouvait être plus différente. À la fin de l'année de maternelle de Jeremy, je suis allée voir mon fils exécuter un numéro dans le spectacle de marionnettes de sa classe. Je suis arrivée tôt et j'ai admiré la classe. Des projets étaient affichés partout dans la pièce. Il y avait un projet sur la reproduction des oiseaux, un certain nombre de projets de préparation à la lecture, un coin du livre pour ceux qui lisaient déjà et un projet d'auto-portrait. Il y avait un coin rempli de blocs, quelques ordinateurs, des îlots de chaises et de tables où travaillaient les élèves, des boîtes aux lettres pour les enfants et un graphique indiquant la température. La pièce était à la fois passionnante et chaleureuse, un monde invitant pour des esprits affamés.

J'ai d'abord examiné tous les travaux de Jeremy. Puis, la caméra vidéo de mon père à la main, j'ai pris mon siège dans les rangées de chaises réservées aux parents pour le spectacle de marionnettes. Je m'étais trompée sur l'heure du spectacle, ce qui m'a donné une occasion que n'ont pas habituellement ceux qui sont perpétuellement en retard : j'ai vécu une aventure d'avant-spectacle.

Mme Feldheim était le professeur de Jeremy. Elle était plutôt petite et habillée d'une manière très décontractée. Elle portait des boucles d'oreilles d'allure bohémienne et souriait. Toujours affable, elle était aussi chaleureuse. Elle était en train de marcher autour de sa classe, interagissant avec ses élèves au travail, lorsqu'on a frappé un coup à la porte.

« Mme Feldheim, puis-je entrer ? » a demandé timidement un petit garçon.

« Oh, Paul, bien sûr. » Mme Feldheim a bondi vers la porte. Puis elle a présenté le visiteur. « Classe, Paul est venu ici aujourd'hui pour un travail très spécial. »

Les épaules de Paul se sont détendues.

« Il est en deuxième année, vous savez. »

La classe de Mme Feldheim est devenue plus calme.

« Il a choisi notre classe pour son projet. Il va nous interviewer pour savoir comment se passe une journée dans notre classe de maternelle. Assoyons-nous tous sur le tapis. »

Paul, dont la tête atteignait à peine les hanches de Mme Feldheim, s'est dirigé vers elle. Il tenait l'un de ces crayons épais pour les enfants qui viennent juste d'apprendre à écrire. Ses paumes étaient recouvertes de mine de plomb. Ses ongles bien rongés étaient aussi presque noirs. Il transportait une tablette de papier à lignes espacées. Paul était un homme en mission.

Les élèves de Mme Feldheim se sont rendus dans le coin de la classe, où il y avait un tapis brun duveteux servant à leurs réunions quotidiennes, l'équivalent à la maternelle d'une table de conférence. Une fois que tout le monde a été installé, l'entrevue a commencé. Paul se tenait à côté de Mme Feldheim, prêt à poser sa première question. Les enfants étaient inhabituellement tranquilles. Très amusée, je croyais que je ne serais pas capable de me retenir de rire. Mais Mme Feldheim a pris la chose des plus à cœur.

« Paul, comment aimerais-tu mener cette entrevue ? Aimerais-tu poser une question à chaque élève ? Qu'en penses-tu ? »

Paul a alors paru se sentir terriblement grand. Son bloc-notes et son crayon étaient prêts à travailler, et il a fait signe de la tête pour approuver la suggestion de Mme Feldheim.

« Que fais-tu en premier quand tu arrives dans la classe ? » a-t-il demandé à la première petite fille.

« J'accroche mon manteau. » Elle a réfléchi un peu plus. « Bien, seulement si c'est froid à l'extérieur. »

Très lentement, Paul a noté sa réponse. Il devait s'asseoir parce qu'il ne pouvait écrire en position debout. Je me demandais s'il était même capable d'écrire.

« Bonne réponse, Casey », a dit Mme Feldheim, et le visage de Casey s'est illuminé.

Maintenant, confortablement assis, Paul a pointé la petite fille suivante. Il avait compris le fonctionnement. « Quelle est ton activité favorite ? »

« Bien, si c'est l'anniversaire de quelqu'un, eh bien c'est ça. Mais s'il n'y a pas d'anniversaire, peut-être la partie du bulletin de la météo. »

« Anna, c'est une super réponse, a dit Mme Feldheim, et très songée. »

Encore une fois, Paul était occupé à écrire. Je pouvais difficilement me contenir. Paul ne se serait pas senti plus important s'il avait été un gamin reporter pour le *New York Times.*

Un par un, il a questionné les enfants. Il écrivait avec acharnement et tournait les pages à mesure que ses notes prenaient de l'ampleur. À l'occasion, il disait quelque chose comme : « Donne-moi juste une minute pour que je finisse d'écrire. »

Je faisais tout en mon possible pour ne pas rire. Mais Mme Feldheim ne riait pas. En voyant l'expression sur son visage, ce qui se passait pouvait aussi bien avoir de grandes conséquences sur notre sécurité nationale.

À mesure que se poursuivait l'entrevue de Paul, les enfants ont commencé à devenir de plus en plus intéressés et leurs réponses plus réfléchies. Je crois même que Paul a improvisé quelques questions, ayant été un élève de Mme Fedlheim deux années auparavant. Finalement, il a terminé sa tâche. Il paraissait manifestement épuisé. Tout ce qu'il avait écrit remplissait la totalité de son bloc-notes et l'avait presque entièrement consumé. Mais il était fier. La classe de Mme Feldheim était demeurée attentive jusqu'à la fin, fait remarquable en soi.

Paul s'est levé, et Mme Feldheim a serré sa petite main. Son expression est demeurée sincère. « Paul, un grand merci d'avoir choisi notre classe pour ton entrevue », lui a-t-elle dit, comme s'il avait eu un large éventail d'endroits sur lesquels porter son choix. Alors que

Paul était sur le point de partir, elle a dit : « Oh Paul ? Si tu écris quelque chose, j'aimerais beaucoup que tu m'en fasses une copie pour mes dossiers. »

Je ne sais pas si Paul a jamais pu rédiger un texte significatif à partir de ses notes, et il serait encore plus douteux que Mme Feldheim en ait jamais reçu copie, mais après le spectacle de marionnettes, qui constituait lui-même une merveilleuse expérience, mes pensées se sont tournées vers Mme Feldheim. J'ai compris pourquoi elle était un professeur et pas moi, juste à sa réaction au travail de Paul. Ce que j'avais considéré comme comique, elle l'avait pris au sérieux. D'un échange qui aurait pu être routinier, elle a créé un moment d'histoire personnelle, non seulement pour Paul, mais pour tous les élèves de sa classe.

Je suis finalement arrivée à connaître « Mme Feldheim » comme « Naomi ». Dans un geste qui m'a paru flatteur, elle m'a invitée à souper après la remise du diplôme de Jeremy à la maternelle. Pour ce qui est de Paul, notre journaliste en herbe, j'ignore quel chemin il a pris. Je suppose qu'il fait maintenant une demande d'admission à l'université. Une chose est certaine, Paul et mon fils ont eu la chance de ne pas avoir eu à subir la très déplaisante Mme Monestel.

— *Debbi Klopman*

 # Le cadeau

U n matin, ma fille aînée, Rhonda, s'est précipitée
à ma porte d'entrée. « Maman, il vient d'arriver
la chose la plus merveilleuse au monde. »

J'ai souri, me rappelant l'enthousiasme de Rhonda
lorsqu'elle était une fillette et qu'elle arrivait en trombe
à notre maison avec des nouvelles de la journée qu'elle
venait de passer. Maintenant épouse et mère de deux
enfants, elle pouvait encore électriser toute une pièce.

« Bonjour Rhonda, et bonjour à toi, ma pitchounet-
te, ai-je dit en prenant ma petite-fille de deux ans.
Assoyons-nous et prenons du café et des biscuits. Tu
me raconteras alors tes nouvelles. » Me retournant, j'ai
regardé ma fille. « Es-tu enceinte ? »

« Non, Maman », a répondu Rhonda. S'assoyant
avec sa tasse de café à la main, elle a soupiré avec excitation. « Mme Perkins, la directrice de l'école Saint
Francis, m'a dit ce matin qu'une personne qui veut
garder l'anonymat paie les frais de scolarité de Greg.

Maman, on paie ses frais de scolarité pour toute l'année. »

Les yeux de Rhonda étaient remplis de larmes alors qu'elle empoignait ma main. « Est-ce que c'était toi, Maman ? Toi et Papa ? »

« Non, j'aurais aimé pouvoir le faire, mais ce n'était pas nous », ai-je répondu.

Rhonda et son mari, Gil, avaient tous les deux choisi la carrière d'éducateur. Je me rappelais du temps où ils étaient nouveaux mariés, et qu'ils se sont vu confier leur premier poste de professeur, prêts à changer le monde, un enfant à la fois, si nécessaire.

Après la naissance de Rebekah, Rhonda et Gil ont décidé de se serrer la ceinture et de vivre avec un seul revenu. Rhonda a abandonné son emploi rémunéré comme enseignante et est devenue une mère au foyer à plein temps, réservant son enseignement pour ses propres petits.

Il s'agissait d'une bonne décision pour leurs enfants, mais pour leur portefeuille, c'était tout autre chose. Greg semblait être particulièrement doué et pouvait lire à l'âge de trois ans. Rhonda et Gil ont parlé longuement et ont décidé de l'envoyer dans une maternelle privée deux jours semaine. L'école était dispendieuse, mais elle offrait d'excellents professeurs dans de petites classes et produisait de bons résultats. Sachant qu'il aurait été difficile de payer seuls les frais de scolarité, ils avaient déposé une demande pour une bourse partielle. Le directeur les avait assurés qu'il s'agissait là d'une pratique courante et qu'ils avaient plusieurs anciens élèves qui apportaient leur aide de temps à autre. Personne n'avait jamais rêvé que quelqu'un paierait la totalité des frais de scolarité de Greg.

Rhonda, tenant encore la note de l'école dans sa main, a dit : « J'aimerais tellement savoir qui a été si généreux. »

« Rhonda, qui que soit le bienfaiteur, je crois qu'il doit être important pour lui de garder son identité secrète. » En l'embrassant, j'ai continué. « Soyez reconnaissants. Et un jour, vous serez en mesure de répéter le même geste pour quelqu'un d'autre. »

« Maman, tu es tellement optimiste que tu vois toujours le bon côté des choses ! » Mais j'aimerais certainement savoir. C'est beaucoup d'argent. J'ai écrit un mot de remerciement, et j'ai demandé à Mme Perkins de voir à le remettre au donateur. »

Plusieurs mois plus tard, vers la fin de l'année scolaire, Rhonda a déposé Rebekah chez moi pour deux ou trois heures pendant qu'elle allait faire quelques emplettes. Nous nous sommes dit au revoir au moment où Rhonda cherchait dans son sac à main pour trouver les clés qu'elle avait égarées.

« Zut ! J'ai oublié de signer et de retourner ceci », a-t-elle dit, en retirant une enveloppe. Greg avait apporté à la maison un formulaire d'autorisation pour une sortie scolaire. Lorsqu'elle a ouvert l'enveloppe, un petit morceau de papier rose est tombé sur le plancher.

« Qu'est-ce que c'est ? » ai-je demandé, ramassant le papier et le tendant à Rhonda.

Rhonda a parcouru le papier. « Maman, regarde, a-t-elle dit tandis que des larmes roulaient sur son visage. C'était Christie, Christie Leeks. Quelqu'un du bureau de l'école Saint Francis doit avoir inséré ce reçu par erreur dans l'enveloppe de Greg. » Christie faisait des paiements mensuels de 120 $ pour payer les frais de scolarité de Greg.

Christie Leeks était une jeune fille qui avait fait partie de la première classe de danse de Rhonda au collège où elle enseignait il y a cinq ans. Christie vivait au Methodist Home comme pupille de l'État. Rhonda et Gil avaient pris Christie sous leur aile ainsi qu'une autre étudiante qui vivait dans le foyer d'accueil. Ils les invitaient à leur maison pour le repas du dimanche, leur confectionnaient des gâteaux de fête, les conseillaient et les aimaient. Après deux ans, Rhonda et Gill ont changé d'emploi et sont déménagés dans une autre ville, mais au cours des années, ils sont demeurés en contact avec Christie. Rhonda et Gill ont même fait le voyage pour assister à sa remise des diplômes, puis ils l'ont aidée à déménager dans une résidence d'étudiants.

« Comment peut-elle payer pour cela ? a demandé Rhonda. Elle doit être obligée de se priver. Je sais qu'elle n'a que des revenus d'étudiante. Nous ne pouvons accepter ça. Je dois lui téléphoner et lui dire d'arrêter.

« Rhonda, il est évident que c'est important pour Christie que tu demeures dans l'ignorance de tout cela. Tu ne peux lui dire que tu as découvert son secret. »

Quelques mois plus tard, durant les vacances scolaires estivales de Greg, Christie est venue nous visiter et célébrer un anniversaire tardif. Cette nuit-là, Rhonda et Christie se sont assises pour bavarder, pendant que le reste de la maisonnée dormait. Tout près de recevoir son diplôme universitaire avec mention, Christie avait rencontré un jeune homme exceptionnel.

« Je suis tellement fière de toi, Christie, a dit Rhonda. Tu es devenue une jeune femme extraordinaire. J'ai toujours su que tu y arriverais, à partir du premier moment où je t'ai vue dans la classe. »

« Mme Davidson, je veux vous montrer quelque chose », a dit Christie alors qu'elle fouillait dans son petit sac de voyage pour y récupérer sa Bible. En l'ouvrant, elle en a retiré le message de reconnaissance que Rhonda et Gil avaient écrit au donateur anonyme. « Voulez-vous lire ceci, Mme Davidson ? »

La gorge serrée, Rhonda a lu la note à voix haute.

Puis elle est arrivée à la dernière phrase…

Nous espérons seulement qu'un jour nous pourrons donner à un enfant ce que vous avez si généreusement offert au nôtre.

« Ne le savez-vous pas, Mme Davidson ? Je suis cette enfant. Vous et M. Davidson m'avez enseigné et m'avez tellement apporté. Ce n'était qu'une petite façon de vous dire "Merci". »

Je me remémore souvent cette expérience enrichissante dans la vie de ma fille et la générosité de Christie. Je pense à tous les autres étudiants sur qui Rhonda et Gil ont eu un impact positif dans leur vie, en des manières que ces deux jeunes professeurs ne connaîtront jamais. Avec Christie, ils ont été chanceux. Non seulement ont-ils pu être témoins des conséquences positives sur la vie qu'ils ont touchée, mais ils se sont aussi vu redonner leur cadeau de compassion.

— *Hattie Mae Ratliff*

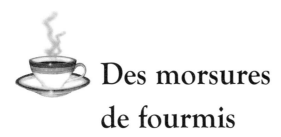# Des morsures de fourmis

« Aie ! Aie ! » ai-je hurlé en même temps que je brisais le rythme de mon saut à la corde et que je m'accrochais les pieds dans la corde lâche. « Il y a quelque chose qui me mord dans mon soulier », ai-je gémi.

Les élèves de première année attendaient pour sauter et les deux tourneurs de corde m'ont encerclée dans la cour de récréation de terre. Mon professeur, Mlle Belle, m'a entendue et s'est dirigée vers moi en toute hâte, abandonnant l'autre professeur surveillant au beau milieu de la conversation.

« Ça me pique encore », ai-je crié au moment où le cercle des enfants s'est ouvert pour laisser passer Mlle Bell.

« De quel pied s'agit-il ? » a-t-elle demandé.

J'ai levé mon pied droit pendant qu'elle se penchait sur lui pour l'inspecter. Juste alors, j'ai senti une nouvelle sensation de brûlure, j'ai glapi de douleur.

« Voilà. On va retirer ton soulier », m'a ordonné Mlle Bell, s'accroupissant pour enlever le soulier.

Puis, je me suis souvenue des trous dans mes bas. Les bas de l'assistance sociale ne durent pas longtemps. Dans les années qui ont suivi la Grande Dépression, avoir des trous dans nos bas était dans la normalité des choses. Chaque samedi, on insérait du papier neuf dans nos souliers pour recouvrir les trous de nos semelles. Mais les bas troués étaient jugés acceptables. Lorsque le talon était troué, on baissait les bas pour cacher les trous. Et chaque trou signifiait qu'il y aurait bientôt une ampoule. Chaque semaine, en lavant nos vêtements, Maman disait : « Même si nous sommes pauvres et que nos vêtements sont usés, nous pouvons quand même demeurer propres. »

J'ai commencé à pleurer à cause de la douleur à mon pied, mais j'ai refusé que Mlle Bell enlève mon soulier. Je ne pouvais supporter qu'elle et les autres élèves voient le trou dans mon bas rouge décoloré.

« Alors viens. Allons dans le bureau. »

Une traînée d'élèves de première année nous ont suivies jusqu'à ce que Mlle Bell leur dise de demeurer dans la cour. J'ai fait de mon mieux pour retenir mes larmes. Pourtant, chaque fois que la chose dans mon soulier me piquait, je poussais un retentissant « Oh, oh, oh ! ». Les larmes coulaient sur mon visage crispé.

M. Steward, le directeur, s'est précipité dans son bureau.

« Qu'est-ce qui ne va pas ? » a-t-il demandé.

« Quelque chose la pique sur son pied droit, mais elle ne veut pas que je lui enlève son soulier », a dit Mlle Bell.

M. Stewart m'a levée et déposée sur son bureau. « Laisse-moi regarder. » Il était juste en train de réussir à enlever le soulier quand j'ai vu le trou. J'ai rattrapé le soulier, je l'ai remis et je l'ai tenu en place. Plus je serrais le soulier, plus la piqûre empirait.

« Pourquoi ne veux-tu pas que j'enlève ton soulier ? » a demandé M. Stewart, son regard perplexe se portant sur Mlle Bell pour revenir vers moi.

Mlle Womble, le professeur de cinquième année, est entrée dans le bureau. « Est-ce que je peux aider ? Je la connais. C'est ma voisine. »

« Je soupçonne qu'il y a des fourmis dans ses chaussures et qu'elles la mitraillent de morsures, mais elle ne veut pas enlever ses souliers », a expliqué Mlle Bell.

Mlle Womble était une très bonne voisine. Elle avait même joué au ballon avec nous à l'occasion. Elle a placé ses deux mains autour de mes épaules tremblantes et a regardé dans mes yeux rouges désespérés.

« Oh, oui, a-t-elle dit, comme si elle se rappelait un fait. J'ai été mordue par une de ces fourmis. Savais-tu qu'elles mangent les bas ? Au moment où j'ai enlevé mon soulier, cette fourmi avait mangé presque tout le bout de mon bas. » Elle a hoché la tête de haut en bas alors qu'elle regardait les deux autres adultes. « Ce sont probablement des fourmis mangeuses de bas. »

Ils ont rendu le signe de tête, comme si eux aussi avaient été mordus par ces fourmis mangeuses de bas.

« Laisse-moi voir. » Elle a libéré mon talon du soulier. « C'est bien ce que je pensais. Ces fourmis ont mangé une partie de son bas. »

Mlle Bell a ouvert l'armoire à pharmacie, a pris un tampon d'ouate et l'a trempé dans l'alcool. Mlle Womble a retiré mon soulier et mon bas et les a secoués tous les deux au-dessus de la poubelle grise. Deux fourmis rouges sont tombées dans le contenant qui les attendait. Une fourmi errante a couru vers le mur, mais le soulier de M. Stewart a arrêté sa course.

Mon pied enflé élançait. Mon estomac et ma tête faisaient mal.

Frottant les tampons d'ouate sur les vilaines morsures, Mlle Womble a levé la tête et m'a souri. « Je crois qu'elle va bien maintenant » a-t-elle dit, jetant un regard vers les deux adultes.

La cloche a sonné, annonçant la fin de la récréation. « C'est le moment d'entrer en classe », a remarqué M. Steward, alors que lui-même et Mlle Bell se dépêchaient de retourner à leurs tâches.

Je sentais le froid de l'alcool sur les marques cruelles.

« Tu as été une petite fille très courageuse pour subir autant de morsures. Je crois que tu ne devrais pas remettre ce soulier et ce bas pour un moment. » Elle m'a aidée à descendre du bureau du directeur. « Attends-moi après l'école, et nous marcherons ensemble. »

La fierté peut être à la fois une merveilleuse et terrible chose. Je savais que Mlle Womble avait sauvé ma fierté avec son histoire de fourmis mangeuses de bas.

Elle avait compris que je préférerais être piquée à mort plutôt que d'exposer ma pauvreté aux autres. Cette enseignante gentille et perspicace m'a enseigné une leçon de compassion que j'ai essayé d'appliquer pendant mes trente-sept années d'enseignement.

— *Emmarie Lehnick*

De l'intro à la coda

Parfois, être un professeur « spécial » n'est pas si spécial que l'on croit. Vous comprenez ce que je veux dire. Combien de fois avons-nous dû composer avec des horaires rigides, avec des gens qui croient que nous avons la vie facile, avec l'idée que nous ne sommes pas de « vrais » professeurs enseignant un « vrai » sujet ? Nous, les professeurs de musique, d'arts plastiques et d'art dramatique et ainsi de suite obtenons les restes — des salles de classe inutilisées (si nous sommes assez chanceux pour pouvoir quitter notre chariot ou sortir de la salle à débarras), des surplus de meubles, des fragments de temps de répétition ou de préparation — et les maigres sommes en excédent au budget s'il en est. Nous devons sans cesse nous défendre contre le parent qui ne comprend pas pourquoi Billy ou Susie doit faire des devoirs ou obtient une note en musique, essayant de nous diviser entre des centaines d'élèves dans plusieurs écoles différentes, tout en faisant face à un manque chronique d'équipement. Certains jours, c'est assez pour reconsidérer notre décision d'enseigner ces sujets « spéciaux ».

Même si ma détermination est constamment mise à l'épreuve, si j'en avais la chance, je choisirais probablement encore d'être professeur de musique. Parce que, voyez-vous, être un professeur spécial me place dans une position spéciale. De temps en temps, il survient ces instants particuliers – les moments où je prends conscience de mon influence sur un élève. Comme prime supplémentaire, j'ai la possibilité de voir grandir mes élèves, passant de quasi-bébés à des adolescents matures. Je regarde la crainte de l'âge de cinq et six ans céder la place à l'assurance des élèves de deuxième et troisième années. Je vois la propension au jeu des élèves de quatrième se muer en réserve prudente chez les élèves de sixième et septième année. Puis, presque magiquement, ils se transforment en diplômés de huitième année plus calmes et réfléchis. À partir de ce moment, je peux simplement imaginer les aventures qui les attendent. Certains réaliseront leurs rêves ; d'autres pas. Certaines réussites seront portées à ma connaissance ; d'autres passeront inaperçues.

Prenez Owen, par exemple. Lorsqu'il était en huitième année, mon spectacle du printemps portait sur le thème du retour aux années 1950. J'avais besoin d'un soliste pour « Love Me Tender ». Ne trouvant pas de volontaires, j'ai commencé à faire du recrutement. Owen était peu enthousiaste, mais avec l'aide de quelques camarades de classe encourageants, je l'ai persuadé de chanter. Il n'avait aucune expérience de cette nature ; ce serait ses débuts. Le spectacle a été une réussite extraordinaire, avec Owen dans sa veste de cuir, les filles pâmées, et un tonnerre d'applaudissements. Ah oui, une réussite, mais l'histoire ne se termine pas là.

Plusieurs années plus tard, alors que j'enseignais dans une autre école, je planifiais une sortie de fin d'année pour mon chœur composé d'élèves de la quatrième à la huitième année. Nous organisions un voyage au collège local pour leur production *Le roi et moi*. À ma grande surprise, on avait donné le rôle-titre à Owen. Il était là sur la scène, mature et très confiant, rien du garçon timide qui avait chanté le solo en huitième année. Mon cœur était rempli d'une si grande fierté que vous auriez cru que je l'avais mis au monde. D'une certaine manière, peut-être l'ai-je fait.

Puis il y a John. J'ai enseigné la musique générale à John depuis la maternelle. C'était un enfant précoce, qui possédait un niveau de maturité élevé pour son âge. Dès le début, il était évident qu'il était doué. En sixième année, il accompagnait mon chœur ; en huitième année, il était meilleur que certains adultes. Il pouvait jouer tout ce que je lui proposais. Une fois, il m'avait tirée d'affaire en accompagnant mon spectacle du printemps lorsque le pianiste attendu s'était décommandé à la dernière minute.

J'ai pleuré le soir où la mère de John m'a téléphoné pour me dire qu'il avait gagné le concours de piano solo au festival annuel de l'archidiocèse. Par conséquent, cet élève des grandes classes collégiales devait exécuter Liszt sur scène à l'Academy of Music de Philadelphie ; il voulait que je sois parmi les premiers à l'apprendre et il m'a invitée à y assister. Son interprétation était irréprochable, au point que j'en ai eu le souffle coupé. Encore une fois, mon cœur était rempli de joie, et en voyant l'exceptionnel jeune homme qu'il était devenu, je me rappelais l'enfant à qui j'avais un jour enseigné.

J'ai aussi pu constater de l'autre côté, c'est-à-dire comme parent, l'effet qu'un professeur de musique pouvait avoir sur un élève. Je l'ai observé de première main avec mon fils, Charlie. Je l'ai vu se transformer. D'abord un élève batailleur de quatrième année qui ne semblait parfois pas être à la hauteur sur le plan scolaire par rapport à ses camarades, il est devenu un joueur de saxophone plein d'assurance. Son professeur de musique instrumentale croyait en lui et l'a amené à avoir confiance en lui-même, l'encourageant et le poussant gentiment à travailler au meilleur de ses capacités. Mon fils a fini par jouer dans la fanfare et l'orchestre de jazz du collège. Il était assez confiant pour passer une audition et pour obtenir le poste de percussionniste principal alors qu'il n'était qu'en dixième année. Puis il a réalisé l'objectif qu'il s'était fixé de devenir le meilleur tambour principal de l'Atlantic Coast Conference.

Dans une carte que j'ai reçue à la fin de l'année scolaire de Matt, un élève de piano de cinquième année, il était écrit : « Merci pour cette année extraordinaire. J'ai hâte de voir ce qui s'en vient. » Et moi aussi, car cette année, après seulement deux années de cours, Matt a accompagné la maternelle au spectacle du printemps et a joué pour leur remise des diplômes, puis il a commencé à accompagner l'ensemble à l'église. J'ai hâte de voir ce que sera le prochain chapitre de la vie musicale de Matt.

Ce ne sont pas tous nos élèves de primaire et de secondaire qui sont destinés à de grandes choses dans l'arène des arts de la scène. Pourtant, combien de fois ne les ai-je pas vus s'animer de cette manière spéciale que seule la découverte personnelle d'un talent caché peut apporter ? Prenez ma classe de huitième année cette année. Rencontrez d'abord Danielle. C'est une élève moyenne dans une classe d'étudiants plutôt calés. C'est une élève travailleuse souvent éclipsée par les réalisations de certains de ses camarades. Dani a joué le premier rôle dans la pièce de cette année. Elle a soigneusement mémorisé et exécuté chaque ligne, se comportant comme une professionnelle sur scène. Vous pouviez la voir se transformer à chaque répétition en une jeune femme plus confiante.

Rencontrez Justin, un élève très sérieux. Je me souviens de lui alors qu'il faisait partie d'un groupe d'élèves de première année habillés comme des colis enveloppés de papier d'emballage, et chantant : « Je vais me mettre moi-même à la poste pour vous ». Maintenant, il était là, hypnotisant les plus jeunes élèves avec son interprétation d'Harry Potter, le tout complété par des lunettes et l'accent britannique. Il s'est permis d'être vulnérable, de chanter et de danser, de bondir avec les autres personnages sur scène. Son excitation a entraîné les autres à se laisser aller et à avoir du plaisir à jouer leur rôle. Par la même occasion, il est devenu un favori de la foule.

Je ne prétends pas être la plus talentueuse ni la plus innovatrice des professeurs de musique. Je participe simplement humblement au combat pour conserver les arts bien vivants. Je suis certaine que vous avez chacun vos propres John, Owen, Dani, Justin, Charlie et Matt. Chacun de nous, comme professeur de musique, est le gardien de la flamme. Parfois, nous avons l'impression de toujours devoir frotter ces bâtons ensemble pour voir un feu s'allumer. D'autres fois, nous produisons des étincelles qui semblent mourir aussi rapidement qu'elles sont nées. Rappelons-nous toutefois qu'aussi longtemps que nous arrivons à garder même le plus vacillant des feux allumé, il existe toujours une chance qu'il animera encore une fois les flammes de la musique, ou du théâtre, ou des arts chez un autre élève.

Nous, les professeurs d'art, avons le grand bonheur d'être spéciaux. Un professeur « régulier » garde un élève pendant une année — un simple mouvement. Pour notre part, nous les côtoyons à partir de l'ouverture jusqu'à la finale, et avec un peu de chance jusqu'au rappel. Donc, les jours où nous rêvons nous aussi de faire partie du personnel régulier, rappelons-nous seulement à quel point il est spécial d'être spécial.

— *Rita DiCarne*

Composez A
pour l'effort

J'enseigne l'anglais langue seconde (ALS) à des enfants de l'âge de onze à quinze ans. Mon école se trouve au Wisconsin. Mes élèves viennent du Mexique, de Porto Rico, d'Asie et d'Afrique, et ils luttent quotidiennement pour conquérir une nouvelle langue et une nouvelle culture.

Même si j'adore mon travail et que j'ai toujours très hâte de parler avec mes élèves et de leur enseigner, j'admets volontiers que cela ne se fait pas sans problèmes ni frustrations, et ceci inclut les élèves non motivés et agaçants. D'un autre côté, il y a toujours ces quelques enfants spéciaux qui deviennent mes préférés. Même si les professeurs d'expérience nous mettent sans cesse en garde contre les dangers de s'attacher personnellement à des élèves, selon moi, il n'est tout simplement pas possible d'éviter ce type de situation. Parfois, l'un de mes élèves préférés constitue aussi l'un de mes plus grands défis — comme Luis.

Luis a quatorze ans et a déménagé ici avec sa famille du Mexique il y a cinq ans. Il sourit souvent, son visage foncé couleur miel est parsemé de taches de rousseur, et ses yeux noirs reflètent à la fois l'innocence et la méfiance. Petit et maigre, il a les épaules légèrement courbées d'un chien battu. Lorsque je place ma main sur son dos pour l'encourager, il tressaille toujours légèrement. Désireux de s'adapter aux autres, Luis regarde prudemment autour de lui avant de rire. Pourtant, sa coupe de cheveux est très particulière — très courte, presque rasée, sauf pour une « queue-de-rat » accrochée sur le devant, comme une portion de frange oubliée.

À la vue des dessins gravés sur ses cahiers de notes, il est clair pour moi que Luis est courtisé par un gang. Et ma gorge se serre de détresse à la pensée que ce doux enfant avec des fossettes puisse être mêlé à des situations très graves ou à des actes de violence. Hélas, il s'agit d'une réalité que vivent quotidiennement de nombreux élèves.

Depuis le début de l'année, Luis a assisté à ses cours en moyenne deux fois par semaine. Toujours poli et amical, il s'est habitué à se fondre dans le décor, où personne ne remarque réellement son absence. Sauf moi.

Après une absence le jour précédent, je lui ai demandé où il était.

« À la maison ».

« Pourquoi étais-tu à la maison ? Tu ne parais pas malade. »

« Je ne sais pas, Mlle. J'étais juste à la maison », a-t-il répondu.

Je lui ai rappelé que ses notes étaient faibles dans ma classe et qu'il devait travailler beaucoup pour se rattraper. Il a seulement fait signe de la tête et a paru repentant.

Finalement, après deux ou trois semaines d'absences continuelles avec la même explication, j'ai téléphoné à la maison. En espagnol, j'ai informé le père de Luis que son fils manquait trop l'école. L'homme m'a répondu qu'il comprenait et qu'il parlerait à Luis. J'ai raccroché le téléphone avec un sentiment de satisfaction et du devoir accompli.

La semaine suivante, Luis a fait ses deux apparitions comme à l'habitude.

Ne voulant pas abandonner le petit garçon à son sort, j'ai passé une bonne partie du week-end à me demander ce que je devrais faire et j'ai décidé de faire appel à ses sentiments. J'ai appris que mes élèves ne veulent pas me décevoir, ni comme leur enseignante ni comme une personne qui se soucie d'eux.

Le lundi matin suivant, encore une fois, Luis ne s'est pas montré. Les élèves ayant pris leurs sièges et commencé la routine quotidienne de copier la leçon écrite sur le tableau noir, je suis allée téléphoner.

Luis a répondu, et j'ai pu entendre une émission de télévision en espagnol en bruit de fond.

« Qu'est-ce que tu fais à la maison ? ai-je demandé. Au fait, c'est Mlle Ritchie. »

Il a ri faiblement. « Je suis malade. »

« Tu n'es pas malade, ai-je répondu avec fermeté. N'essaie pas ça avec moi. Je n'aime pas que tu prennes un jour de congé. La classe n'est pas la même quand tu es absent. J'aime bien mieux quand tu es ici, et je m'attends à te voir dans la classe demain. Tu comprends ? »

« J'essaierai, Mademoiselle. »

« Ne me fais pas des "Mademoiselle", et ne fais pas juste "essayer". Sois ici ! Tu nous manques, Luis, je te vois demain. »

« D'accord, Mademoiselle. Au revoir », a-t-il répondu tranquillement.

Pendant ce temps, la classe s'était retournée vers moi et avait tout entendu. Lorsque j'ai raccroché, ils ont tous dit : « Mademoiselle, avez-vous réellement téléphoné à Luis à la maison ? Il fait l'école buissonnière, n'est-ce pas Mademoiselle ? C'est bien ça ? »

J'ai souri et j'ai dit : « Cela, mes chers élèves, c'est entre Luis et moi, mais je vous remercie de votre intérêt. »

Ils ont ri et ont commencé à faire des blagues en espagnol que j'étais folle et qu'ils ne pouvaient croire que j'avais appelé Luis et non ses parents.

Luis s'est montré chaque jour du reste de la semaine. Le lundi suivant est arrivé et Luis était encore absent. Il était particulièrement important pour les élèves de huitième année d'être en classe cette semaine-là, parce qu'ils devaient passer leur contrôle de fin d'études s'ils voulaient obtenir leur diplôme. Et j'avais répété cette information à plusieurs reprises à tous mes élèves. Donc, quand j'ai pris les présences ce jour-là, les enfants ont tous hurlé : « Mademoiselle, Mademoiselle, Luis fait l'école buissonnière. Ouais, il est à la maison. Il devrait être ici, Mademoiselle. Allez-vous lui téléphoner ? Allez-vous le faire ? Allez-vous le faire ? Ooooh... J'aimerais bien entendre ça ! »

J'ai souri et leur ai signalé de retourner à leurs pupitres et de se mêler de leurs affaires. Puis j'ai marché vers le téléphone et j'ai composé le numéro de Luis.

Cette fois-ci, cependant, c'est sa mère qui a répondu. Je me suis présentée en espagnol et j'ai demandé à parler à Luis. Elle a paru un peu surprise et a demandé à ce dernier de venir au téléphone.

Il a répondu d'une voix étrange. « Allo ? »

« Luis. Quel est ton problème ? Tu sais que tu dois passer ces examens, sinon tu seras encore en huitième année l'an prochain. Même si j'aimerais beaucoup passer une autre année avec toi, il est temps d'aller au collège. Et je n'aime pas que tu demeures à la maison sans une bonne raison. S'il le faut, je t'apporterai ce test chez toi et, crois-moi, ça m'ennuierait d'y être obligée. Tu n'échoueras pas ma classe. Soit que tu viens à l'école demain, ou bien je me présente à ta maison. Tu as bien compris ? » J'ai dit tout cela sans aucune pause qui aurait pu lui permettre de placer un mot.

Je savais que la classe entière écoutait attentivement, car la pièce était tellement tranquille. Mais lorsque j'ai raccroché le téléphone, les enfants se sont rapidement retournés sur leurs sièges, comme si je n'avais pas remarqué leur écoute indiscrète. Je leur ai donc demandé s'ils avaient entendu l'appel téléphonique au complet.

« Ouais, Mademoiselle. Nous avons tout entendu. Qu'est-ce qu'il a dit ? Allez-vous réellement vous rendre chez lui ? »

Au lieu de répondre, j'ai demandé qu'ils lèvent la main s'ils croyaient que je le ferais, ce qui pour eux constituait un comportement inouï de la part d'un professeur. Toutes les mains se sont levées.

Un garçon a crié : « Oui, Mademoiselle. Nous savons que vous êtes assez folle pour le faire. Luis sera là. Ne vous en faites pas. »

À partir de ce jour, je me suis rendu compte que je devais les rendre responsables de leur conduite devant moi, parce que nous nous soucions les uns des autres. Donc, je ne laisse plus passer grand-chose. Lorsque je remarque un problème de présence ou de devoirs, je contacte d'abord les parents. Si cela ne change rien, je téléphone et je parle directement à l'élève. Je veux que tout le monde comprenne que je prends leur absence comme quelque chose de personnel et comme une situation qui diminue l'importance de la classe.

J'ai su que cette stratégie fonctionnait quand deux élèves différents m'ont téléphoné durant leur temps de classe habituel pour expliquer pourquoi ils étaient à la maison. Et dans les quatre derniers mois, Luis a manqué seulement deux jours. Ces deux jours-là, j'ai téléphoné pour avoir une explication à son absence, et il avait une excuse valable. De plus, son attitude en classe avait complètement changé ; il était attentif et travaillait fort.

Je crois que Luis veut de l'attention et en a besoin, et qu'il apprécie le fait que je lui en donne. Je dis des choses comme : Vois-tu comment tu es intelligent de comprendre ça ? Tu es vraiment en route pour le collège et l'université. » Alors ses yeux brillent de fierté, même s'il doit afficher un air d'indifférence et balayer ce que je dis du revers de la main.

Maintenant, il arrête juste pour me saluer entre ses classes, et il ne tressaille plus lorsque je touche son dos. Je lui ai dit que j'ai l'intention de suivre son progrès avec ses professeurs du secondaire et que si j'entends parler qu'il fait partie d'un gang ou qu'il manque beaucoup de journées de classe, je le retrouverai pour le réprimander haut et fort. Luis ne fait que rire.

L'autre jour, alors qu'il travaillait sur son pupitre avec diligence, je me suis agenouillée à côté de lui. « Luis, même quand tu seras plus vieux et plus grand et plus endurci, ai-je dit doucement près de son oreille, je me rappellerai toujours de toi comme mon gentil élève de huitième année à la queue-de-rat, qui s'est finalement rendu compte à quel point il était intelligent. Et certainement tu te souviendras de moi comme du professeur agaçant qui appelait chez vous à la maison parce que tu as sauté ma classe. J'espère que tu te souviendras aussi à quel point je crois en toi et à quel point je me soucie de toi. »

Il a baissé les yeux, a repoussé la mèche en forme de queue-de-rat derrière son oreille et a répondu avec un sourire : « Ouais, Mademoiselle, je sais. »

— *A. Ferreri*

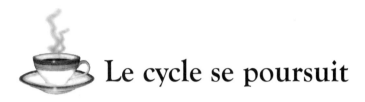# Le cycle se poursuit

Lorsque le vacarme causé par le bavardage et les rires des enfants s'est dissipé dans le couloir et que les autobus scolaires ont rugi hors du cercle, dans une classe par ailleurs vide, deux personnes travaillaient tranquillement ensemble : une jeune femme et une fillette de neuf ans. Cette fillette, c'était moi : une élève de quatrième année, timide, avec des kilos en trop, des cheveux crépus, des lunettes et tous les vêtements inconvenants pas à la mode, le type d'élève que les autres enfants intimidaient après l'école. Mme Pinkham était mon professeur, et ce qu'elle m'a appris cette année-là a déclenché une réaction en chaîne qui modèlerait le cours de ma vie... et me ferait boucler la boucle.

Mme Pinkham aurait pu essayer d'augmenter ma confiance avec des laïus d'encouragement sur l'estime de soi ou même des trucs sur la manière de mieux m'habiller, puisque j'admirais ses jolis cheveux bruns

qui tombaient en dessous de ses épaules et les vêtements élégants qu'elle portait. Elle était patiente, ima-
ginative, et minutieuse comme professeur, ce qui m'a
permis de progresser sur le plan scolaire sous sa
tutelle. Elle avait aussi reconnu et encouragé ma
passion pour la lecture et l'écriture, ce qui lui a certainement valu mon affection. Mais Mme Pinkham m'a
procuré quelque chose de plus précieux que des
conseils, des directives et de la fierté : elle m'a donné
son temps.

Pendant la plus grande partie de la quatrième
année, je me suis attardée dans la classe après l'école,
effectuant de petits travaux pour Mme Pinkham. Elle
me laissait découper des citrouilles en papier de construction pour l'Halloween et des cœurs pour la Saint-
Valentin. Je brochais des bordures festonnées autour
des babillards présentant nos tests d'orthographe et
nos rapports de lecture. Nous parlions des livres que
nous lisions et des chats (mon sujet favori). Par ces
petits gestes, Mme Pinkham faisait une forte impression sur moi. Tout le long de mes études du primaire
jusqu'aux études supérieures, je n'ai jamais oublié la
bonté de Mme Pinkham. J'ai trouvé mon créneau
comme professeur d'université et j'ai commencé cette
carrière remplie d'idéalisme. Je voulais inspirer mes
élèves avec des livres excitants, des discussions stimu-
lantes et des travaux de rédaction remplis de défis.

Avant longtemps, le vrai et dur monde de l'enseignement m'a frappée comme une avalanche.

La pluie tombait à l'extérieur alors que j'étais assise
à mon bureau avec une pile de travaux devant moi.
Après seulement deux ans d'enseignement de l'anglais

à l'université, j'étais épuisée. Les longues heures, les classes bondées et un salaire peu élevé jetaient une ombre sur l'enthousiasme que j'avais un jour manifesté pour l'enseignement. Je me suis penchée sur le premier essai, écrit par un jeune homme poli nommé Ben, et j'ai commencé à lire. J'ai plissé les yeux et j'ai reculé et j'ai relu le premier paragraphe. L'essai était entièrement écrit en vers libres. Le plus bizarre, c'est que c'était vraiment de la bonne poésie et qu'elle couvrait parfaitement le sujet assigné. J'ai fait une pause, ma plume errant sur le poème de Ben. *Comment devrais-je le noter ? Comment pourrais-je lui enseigner à écrire un document universitaire tout en conservant son talent de poète ?*

J'ai imaginé toutes sortes de choses pendant que l'horloge faisait tic-tac. Il était déjà tard et j'avais vingt-six autres essais à examiner. J'aurais pu seulement mettre une note d'échec à l'encre et un commentaire dans le style « Lire les instructions ». Mais je ne l'ai pas fait. Il ne méritait pas une note d'échec. Et je me suis souvenue de Mme Pinkham, qui serait probablement rentrée plus tôt à la maison un bon nombre de ces après-midi où elle est demeurée après les heures de classe avec moi. Comme la pluie continuait de tomber et que l'obscurité s'infiltrait dans la pièce, j'ai écrit des notes dans la marge du poème de Ben.

Après avoir retourné les essais aux étudiants le jour suivant, j'ai trouvé Ben debout devant mon pupitre à la fin de la classe.

« Mlle », a-t-il commencé.

« Michele ». J'ai souri en ramassant mes livres.

« Mlle… je veux dire, Michele, a continué Ben. Je suis désolé à propos de l'essai. Pouvez-vous m'aider pour mon prochain ?

« Bien sûr. »

Ben n'avait finalement pas besoin de beaucoup d'aide. Il avait juste besoin de quelqu'un sur qui il pouvait tester son point de vue sur la vie — ses pensées, ses rêves et ses frustrations. Les commentaires dans la marge de ses essais ont continué. Ben répondait en écrivant de tout son cœur pendant qu'il apprenait et appliquait les structures formelles de l'écriture.

Lorsque les cours ont pris fin, Ben et moi sommes demeurés des amis. Nous avons partagé notre passion pour les poètes américains, le *Walden* de Thoreau, et pour l'art de la contemplation en bordure des rivières. Après avoir obtenu son baccalauréat, Ben est retourné à l'université pour se qualifier comme enseignant.

Un soir, alors que je travaillais dans mon bureau, Ben est arrêté pour parler des classes où il enseignait.

« La plupart du temps, le travail est formidable, a-t-il dit. Mais parfois, j'ai l'impression qu'on nous enseigne à placer les élèves dans des boîtes. Ne pourrions-nous pas simplement laisser les enfants être eux-mêmes ? Ne devrions-nous pas encourager tout cela ? »

J'ai réfléchi pendant un moment, et Mme Pinkham m'est revenue à l'esprit. Elle n'avait pas essayé de me changer. Elle m'avait acceptée et m'avait encouragée.

« Oui, ai-je convenu. Ce n'est pas une question de boîtes. »

« Il s'agit de se débarrasser des boîtes pour révéler les cadeaux à l'intérieur », a dit Ben.

Ben a fini par devenir professeur de troisième année, et il est étonnant. Les parents demandent que les enfants soient dans sa classe, et il vient juste de revenir d'une année d'enseignement aux enfants de missionnaires en Indonésie. La passion de Ben pour l'enseignement m'inspire.

J'ai passé de nombreuses heures à préparer des plans de cours et des exposés, et bien d'autres à me pencher sur les examens et les essais des étudiants, préoccupée de les guider le mieux possible. Pourtant, je me demande parfois si je passe assez de temps avec eux, si je les inspire à aimer apprendre, si je suis une enseignante efficace. Il se peut que je ne connaisse jamais, s'il y en a eu, mon influence sur nombre de mes élèves, dont les vies sont liées à la mienne pour seulement un court laps de temps. Mais quand je vois quelqu'un comme Ben apprendre et grandir, je me rends compte que mon temps constitue ma plus grande contribution envers n'importe quel élève.

Je suis certaine que Ben créera (s'il ne l'a pas déjà fait) un tel type de lien avec un élève, tout comme l'avait fait Mme Pinkham avec moi. Et avec un sourire sincère, un peu de temps supplémentaire, des mots encourageants, ou peut-être des commentaires pertinents dans la marge d'un essai, il inspirera quelqu'un à prendre le rôle d'enseigner à d'autres. À travers de simples gestes de bonté, le professeur inspire l'élève qui devient le professeur qui inspire l'élève, et le cycle se continue ainsi.

— *Michele Griskey*

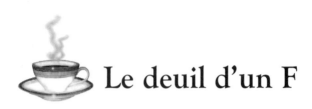 # Le deuil d'un F

J ason s'est effondré sur son pupitre, son menton sur les poings, regardant la feuille devant lui. Plusieurs minutes plus tôt, j'avais donné à tous les élèves des relevés imprimés de leurs travaux et de leurs notes pour le dernier mois. Les relevés imprimés, qui présentaient en détail les notes cumulatives des étudiants dans ma classe d'anglais de deuxième année d'université, ne comportaient aucune surprise ; tous les travaux notés avaient été précédemment remis aux élèves. Les élèves avaient accepté l'évaluation de leurs travaux avec peu de commentaires, et quand la cloche a sonné, ils se sont enfuis dans une explosion d'entrain pour aller luncher. Tout le monde, sauf Jason. En se dirigeant vers la porte, ses amis lui ont demandé s'il se joignait à eux. Il a seulement hoché la tête.

Je l'ai observé, les jambes étendues dans l'allée, une mèche de longs cheveux auburn striée de mauve tombant sur une joue, les yeux baissés. *Que trouvait-il de si troublant dans son relevé de notes ?* C'était un élève brillant. Il présentait de manière claire des interprétations littéraires originales dans les discussions de classe et écrivait avec limpidité et profondeur. Il était l'un de ces jeunes gens qui animaient la pièce et me rendaient heureuse d'enseigner. Jason a changé de position, a pris le papier et l'a déposé. Il n'avait pas l'air en colère, seulement triste.

« Qu'est-ce qui ne va pas ? ai-je demandé. Est-ce qu'il y a une erreur ? »

« C'est seulement ma faute à moi, a-t-il répondu. Je fais le deuil de mon F. Je n'ai pas fait un de mes travaux. »

Il était difficile de le voir si malheureux. « Ne pourrais-tu pas célébrer plutôt les A ? ai-je demandé. Il doit y en avoir au moins dix. »

« Non, a-t-il répondu simplement. Pas maintenant. Je dois d'abord faire le deuil de mon F. »

Il est resté assis là encore un bout de temps. Finalement, la tristesse s'est dissipée de son visage, il m'a fait un signe de tête, m'a souri et est parti.

La plupart des étudiants auraient dit : « Hé, un exercice. Ce n'est pas dramatique. » Pas Jason. Il avait dû effectuer une traversée bien ténébreuse avant de pouvoir se pardonner lui-même.

Professeur dans l'âme, je découvre une leçon dans chaque événement. Retournant cet incident pendant des jours dans ma tête, j'ai senti cette fois-ci que la leçon m'était destinée. Mais je n'avais aucune idée de ce dont il s'agissait, et l'image de Jason effondré sur son pupitre s'est évanouie peu à peu.

Maintenant, une décennie plus tard, j'ai rempli mes journées voluptueuses de retraitée avec de la danse de salon. La semaine dernière, j'ai de fait dansé avec un groupe de cinq couples. Il ne s'agissait pas d'une compétition ; nous donnions seulement un petit spectacle durant l'entracte d'une fête à l'intention d'autres danseurs. Pourtant, c'était mon premier spectacle de danse et l'inquiétude m'a habitée pendant un mois. Je voulais porter du noir pour que l'assistance me distingue moins parmi les dix danseurs, mais nous donnions un numéro latino et les femmes devaient revêtir des vêtements aux couleurs vives. *Qu'est-ce qui arriverait si j'avais un trou de mémoire et que je me tenais là dans ma robe jaune tournesol en ayant l'air complètement folle ?*

Nous sommes entrés dans la pièce au bras de nos partenaires. L'assistance, assise aux tables le long de trois murs, tapait des mains. La musique a commencé. À ma surprise, j'ai affiché un sourire sincère, dansé avec plus de style que je ne l'avais jamais fait, le tout reflété dans les applaudissements spontanés de l'assistance quand nous exécutions un pas compliqué. J'étais capable de faire cela. Nous sommes arrivés dans la partie de la danse où nous changions de partenaires. Mon second partenaire et moi ne nous accordions pas tellement bien, et j'étais aussi un peu craintive avec lui.

Pas et pointe, pas et pointe, coup de pied. Roulement, cha-cha-cha, rotation sur place, rotation en pivotant. Et j'étais là, exactement en avant de lui. Nous avons commencé la partie suivante du numéro. *Flexion du genou, croisement syncopé.* Je n'avais jamais rêvé que je danserais si bien — jusqu'à ce que, abruptement, j'aie perdu trace de l'endroit où j'en étais rendue dans le numéro. Mon sourire est demeuré figé sur mon visage, mais mes pieds s'agitaient désespérément. Mon partenaire m'a prise solidement dans ses bras et dirigée à travers les prochains mouvements, et j'ai finalement retrouvé ma place. J'ai de nouveau fixé mon attention sur les pas. J'ai exécuté les mouvements secs de la tête aux bons endroits. Nous avons terminé par un salut théâtral et grandiose.

Après coup, amis et étrangers se sont précipités pour féliciter le groupe, y compris moi. Je pouvais difficilement leur parler. *Mes erreurs n'étaient-elles pas mises en évidence sous un éclairage fluorescent ?* J'ai parlé aux autres danseurs. La plupart avaient trébuché au moins à un endroit, mais ils ne s'en faisaient pas. Ils disaient qu'il y avait eu cinq couples à observer, donc personne n'avait pu remarquer le faux pas d'une personne. Nous avions obtenu un grand succès, et ils avaient eu beaucoup de plaisir. J'ai essayé de les croire et de repousser la douleur de la déception, de prétendre que je m'étais moi aussi bien amusée.

Mais durant toute la nuit, alors que j'aurais dû dormir, j'ai repassé et repassé mentalement le moment où j'avais manqué mon coup, la musique et le numéro formant une boucle continue dans ma tête. *Peut-être que je n'ai pas assez pratiqué*, me suis-je reproché. *Ou peut-être ai-je trop pratiqué.* Quelque part à l'aube naissante, je me suis rappelé Jason — et j'ai compris la leçon. J'avais noté mon spectacle avec un F et dix A, et je n'avais pas fait le deuil de mon F. Je me suis levée, je me suis fait chauffer une tasse de lait, et j'ai soigné ma douleur du regret.

Lorsque je me suis permis de plonger dans ma douleur, mon esprit déchaîné s'est finalement apaisé. Un souvenir de notre remarquable entrée et du tonnerre d'applaudissements de l'assistance m'a traversé l'esprit. *Mais tu as fait une bévue,* m'a rappelé mon critique intérieur. *Oui, certainement je l'ai faite,* ai-je convenu. D'un autre côté, il y avait ce sourire d'un ami lorsque j'exécutais une syncope rapide, l'excellente transition. Et la façon dont j'ai continué à sourire lorsque je me suis égarée jusqu'au moment où j'ai retrouvé mes pas. Peut-être avais-je même fait mieux que je ne le croyais. Même si mon cerveau avait temporairement cessé de fonctionner, mes pieds ont dû continuer la plupart des pas de danse. Dans les jours qui ont suivi, le souvenir de l'endroit où je m'étais trompée m'est occasionnellement revenu. Mais de plus en plus, je me rappelais que la plus grande partie de la danse s'était très bien passée.

La prochaine fois que j'exécuterai une danse, si j'ai un trou de mémoire, j'espère que je trouverai ensuite un endroit tranquille pour vivre ma déception. Les sentiments sont comme des petits enfants incapables de demeurer calmes trop longtemps avant qu'ils ne piquent une colère. Puis, peut-être en quelques minutes, au lieu d'heures, ou en quelques heures, au lieu de jours, je pourrai trouver du plaisir dans ce que j'ai fait. Je ferai d'abord le deuil de mes F, et ensuite je célébrerai mes A.

— *Samantha Ducloux*

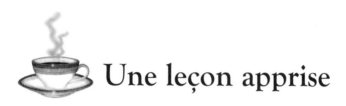 # Une leçon apprise

lle enseignait l'anglais aux premier et deuxième cycles du secondaire et était aussi titulaire principale d'une classe-foyer au deuxième cycle.

C'était une femme de grande taille, plus grande que la plupart de ses élèves et des hommes du corps professoral. Elle portait des chaussures de tennis à l'école, coutume peu fréquente chez les femmes de cette époque, et marchait très droit. Ses cheveux blancs comme neige n'avaient jamais l'air coiffés. Elle n'était jamais maquillée et ne mettait pas de bijoux, sauf une montre-bracelet. Sa vue était faible ; elle portait donc en tout temps des verres épais comme une bouteille de boisson gazeuse, ce qui ne l'empêchait pas de se pencher tout près de son travail sur son bureau. Elle avait l'habitude d'avancer le bout de sa langue lorsqu'elle se concentrait ou qu'elle était troublée. Il semblait qu'elle était en permanence vêtue de la même robe longue de couleur blanche, qui retombait sur le bout de ses souliers.

Ses initiales étaient A.W.A. Le W représentait Wadsworth, nous avait-elle un jour expliqué. Nous ne savions pas grand-chose à son sujet — rien sur sa famille, sur son lieu de naissance ou sur ses antécédents — seulement qu'elle avait obtenu son diplôme au Smith College. Elle vivait seule dans une grande maison près de l'école. Elle marchait jusqu'à l'école lorsque la température le permettait, et elle était dans sa classe titulaire aussitôt que le concierge ouvrait l'édifice le matin.

Il nous semblait qu'elle avait toujours enseigné au collège. Mon frère, qui était âgé de cinq ans de plus que moi, l'avait eu comme professeur en anglais et dans la classe-foyer. Il m'avait averti de m'assurer de faire mes travaux, d'être préparé pour la classe, et de ne jamais lui mentir. Il m'avait dit qu'elle notait sévèrement, mais qu'elle était juste.

Ses classes étaient vivantes, et elle s'assurait que tout le monde participait dans la classe d'une façon ou d'une autre. Ses classes étaient intéressantes, instructives, et, étonnamment, nous avions beaucoup de plaisir. Nous apprenions sans même nous rendre compte qu'elle enseignait.

Elle adorait la poésie, et nous avons alors supposé que l'initiale du milieu de Wadsworth indiquait quelque antécédent familial mystérieux lié à la poésie, mais nous n'avons jamais découvert sa réelle signification. La poésie constituait une partie importante de son travail en classe. Elle accordait beaucoup de temps à la lecture et à l'analyse des œuvres de poètes.

Elle se faisait aussi un point d'honneur de connaître ses élèves et faisait des efforts en ce sens. Elle
connaissait le niveau de travail et d'apprentissage que
chacun de nous pouvait atteindre, et elle portait une
attention spéciale à ceux qui en avaient besoin. Je ne
me souviens pas de jamais lui avoir dit que j'avais joué
au basket-ball et au baseball inter-écoles ou que j'avais
été président et élève *pro merito* de ma classe au primaire, mais elle le savait. Elle disait qu'elle aimait mes rapports de lecture et mes travaux écrits, et elle affirmait
que mon travail reflétait l'honnêteté, l'intégrité et la
diligence.

À cette époque, le *New York Times* du dimanche
publiait une section complète distincte appelée
Aviation. D'une certaine manière, elle connaissait mon
intérêt pour l'aviation, alors cette section apparaissait
chaque lundi matin sur le pupitre de ma classe-foyer,
soigneusement roulé et bien attaché avec un élastique.

Plus tôt dans l'année, elle m'avait demandé si
j'avais planifié de participer à la sortie de classe
annuelle à Washington des élèves du deuxième cycle
du secondaire. Je lui ai expliqué que cela ne semblait
pas possible étant donné la situation financière de ma
famille. Elle m'a dit qu'elle avait besoin de quelqu'un
pour prendre soin de son jardin de rocailles et pour
effectuer quelques autres tâches autour de la maison.
Ce travail me donnerait deux dollars pour chaque
samedi de travail. Grâce à son aide, j'ai pu me payer la
sortie de classe. J'ai plus tard appris qu'elle avait fait
des arrangements semblables avec d'autres élèves de
notre classe pour les aider à profiter eux aussi de la
sortie.

Personne dans sa classe ne pouvait jamais être considéré comme le chouchou du professeur. Elle n'autorisait les rapprochements que jusqu'à un certain point avant d'ériger une barrière. Mais j'avais l'impression de m'être approché assez près d'être son préféré plus que n'importe quel autre élève.

Son examen final de la classe du deuxième cycle du secondaire reflétait son amour pour la poésie, surtout un poème en particulier. Elle n'avait jamais auparavant exigé de nous que nous récitions par cœur un poème dans la classe. Mais lors de l'examen final, elle a demandé à chaque étudiant de le faire avec la dernière strophe de « Thanatopsis[4] ». La récitation comptait pour cinquante pour cent de la note de l'examen, comme c'était le cas année après année.

Elle expliquait que, étant donné que nous obtenions notre diplôme nous ouvrant la porte sur la vie réelle, cette strophe décrivait parfaitement la façon dont nous devrions vivre notre vie. Elle disait que, dans la dernière strophe de son poème, William Cullen Bryant avait établi de façon claire et éloquente une simple philosophie de vie qui constituait une leçon complète en soi.

Le processus pour nos examens de récitation de fin d'études était simple. Chaque jour, elle était à son bureau de la classe-foyer très tôt le matin. Durant le reste de la journée, lorsqu'elle n'était pas en classe, elle travaillait sur un petit pupitre sur le palier entre les étages. À l'un ou l'autre bureau, elle s'assoyait toujours la tête baissée, ne levant jamais les yeux, complètement concentrée sur son travail. Elle reconnaissait la

---

4. Poème écrit en 1821 par William Cullen Bryant (1794-1878), célèbre poète et éditeur de journaux américain.

voix de chaque élève dès les premiers mots ; ainsi, lorsque quelqu'un s'assoyait et récitait la strophe, elle en prenait simplement une note mentale et cochait plus tard le nom de l'élève comme ayant effectué la partie orale de l'examen.

Le dernier jour limite, je n'avais pas appris la strophe et je n'avais aucune raison valable pour ne pas l'avoir fait. Désespéré, j'ai trouvé ce que je croyais être une façon facile de m'en sortir. Comme je savais qu'elle ne levait jamais les yeux quand un élève faisait sa récitation, tout ce que j'avais à faire était de m'asseoir avec le manuel ouvert sur mes genoux à la page du poème et de le lire avec soin.

J'ignorais alors — ou est-ce que je le sais maintenant — si elle a accidentellement frappé mon pied ou si elle savait exactement ce qu'elle faisait. Au moment où elle a heurté mon pied, le lourd manuel d'anglais est atterri sur le sol, explosant telle une bombe.

Elle a levé rapidement les yeux et je n'oublierai jamais l'expression sur son visage. Elle a dit : « James, vous avez échoué. »

J'ai rapidement ramassé le livre et me suis éloigné. Ce soir-là, j'ai mémorisé la dernière strophe de « Thanatopsis ». Le matin suivant, je me suis présenté devant son bureau dans la classe titulaire et lui ai demandé si je pouvais dire quelque chose. Elle n'a ni levé les yeux, ni répondu. J'ai récité la strophe :

Vis donc de manière que lorsque tu devras
Joindre la caravane innombrable allant
Vers le mystérieux domaine où chacun prend
Sa chambre sans voix dans les salles de la mort

Tu n'ailles pas comme un vil esclave, la nuit
Fouetté jusqu'à son noir dongeon, mais, soutenu
Par une foi vive, approcheras ta fosse
Comme celui qui moule autour de lui ses draps
Et se couche à jamais pour des rêves heureux[5].

Comme toujours, elle n'a ni levé les yeux, ni parlé. Je l'ai remerciée et me suis retiré. Elle m'a donné une note d'échec pour l'examen, mais j'ai obtenu mon diplôme.

Je ne lui ai pas parlé pendant les six années qui ont suivi. Même si ma vie a suivi son cours, cet épisode est demeuré gravé dans mon esprit.

Un jour froid de février, alors que j'étais revenu à la maison en permission de l'American Air Force après avoir obtenu mon diplôme de l'école de pilotage, j'ai décidé de la revoir. Sans lui téléphoner avant, je me suis rendu chez elle en voiture et j'ai sonné à sa porte. Elle ne semblait pas surprise de me voir ; en fait, il semblait même qu'elle m'attendait. Elle n'avait pas du tout changé depuis la dernière fois que je l'avais vue.

---

5. NDT : Extrait du poème « Thanatopsis » de William Cullen Bryant (1794-1878) traduit en 1971 par Rosaire Dion-Lévesque et paru dans un opuscule, hors commerce, « tiré à cent exemplaires pour le seul plaisir du traducteur et de ses amis personnels » (Les Solitudes : Nashua, New Hampshire, États-Unis). Léo-Albert Lévesque (1900-1974), mieux connu sous le pseudonyme de Rosaire Dion-Lévesque, journaliste de carrière et auteur de biographies et de recueils de poèmes, a obtenu en 1964 la médaille Pierre Chauveau de la Société Royale du Canada, particulièrement pour son œuvre poétique considérée comme « la plus importante qui ait encore été produite par un écrivain franco-américain ». Voir le site Internet <www.rsc.ca/index.php ?lang_id=2&page_id=153> et l'ouvrage de Michel Lapierre : « Rosaire Dion-Lévesque et la littérature franco-américaine », mémoire de maîtrise, 1983, vii, 179 p. Dir. : Réginald Hamel. Cote : UdeM D. Thèses PQ 35 U54 1983 v.013 ; UdeM L.S.H. PQ 35 U54 1983 v.013 ; Microfilm ; CÉTUQ.

Nous avons bu du thé, et à la vue de mes insignes de pilote, elle a dit qu'elle s'attendait à ce que je m'oriente vers le pilotage. Nous avons échangé des informations sur certains de mes camarades de classe, et j'ai été étonné de voir à quel point elle en savait beaucoup sur nombre d'entre eux. Aucun de nous n'a mentionné l'épisode qui m'avait troublé si longtemps, et je me demandais si elle s'en souvenait. D'une certaine manière, j'en étais persuadé. Lorsque nous nous sommes dit au revoir, nous savions tous les deux que nous ne nous reverrions plus.

Elle a continué à enseigner pendant de nombreuses autres années, et la dernière strophe de « Thanatopsis » a continué de compter pour cinquante pour cent de son examen final d'anglais au deuxième cycle du secondaire. Elle est décédée à l'âge de cent deux ans.

J'ai conservé le cahier de notes à deux anneaux que mon frère utilisait dans ses classes et qu'il m'avait légué. Je l'ai utilisé dans mes cours avec elle et j'ai toujours en ma possession de nombreux rapports de lecture et autres textes que j'avais écrits dans ses classes.

Je n'ai jamais oublié cette grande enseignante aux cheveux blancs, pas plus que je n'ai oublié le regard sur son visage lorsqu'elle a dit que j'avais échoué. Lorsqu'elle m'a donné un coup sur le pied, elle m'a enseigné une leçon que je n'oublierai jamais. À ce jour, mon mantra est la dernière strophe de « Thanatopsis ». Je la récite au moins une fois par jour, tous les jours.

— *James Eisenstock*

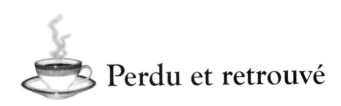

Perdu et retrouvé

« Je ne veux pas savoir qui a pris l'AlphaSmart. Mon seul souci, c'est qu'on le retourne. Si vous connaissez la personne qui l'a subtilisé, s'il vous plaît, essayez de la convaincre de le rapporter. Deux cents dollars, c'est beaucoup de cadeaux de Noël. » Mon regard courroucé a survolé ma classe où l'habituelle cacophonie de voix et de rires était absente. Ne subsistait qu'un silence prudent.

Seulement quelques semaines auparavant, j'étais allée jusqu'à prendre la responsabilité du chariot d'entreposage AlphaSmart, regroupant un ensemble de trente appareils portatifs de traitement de texte pour aider mes étudiants avec l'écriture. Tout le monde semblait les adorer. J'avais réaménagé ma salle de classe et mon horaire pour faire place aux petites machines parce que je voulais que les élèves développent un intérêt pour le processus de création de textes. La plupart des autres professeurs de mon département commençaient à être blasés. D'après eux, la majorité des adolescents manifestaient de l'indifférence pour tout, particulièrement pour les travaux scolaires. Donc, pourquoi se compliquer la vie en introduisant des fioritures supplémentaires pour pimenter le programme scolaire ? Je commençais à les croire. Cependant, je me souciais de la réussite de mes élèves et je croyais que les minuscules machines aideraient les élèves les plus faibles à écrire plus efficacement.

Tout cela se passait une semaine avant Noël et, à la maison, nous étions déjà serrés. Mon mari s'était récemment rétabli d'une blessure au dos qui l'avait empêché de travailler pendant deux ans. Maintenant, il venait tout juste de démarrer une entreprise de construction, et l'argent rentrait au compte-gouttes. Les deux cents dollars que je devrais débourser pour remplacer l'AlphaSmart anéantiraient mes projets de cadeaux de Noël pour ma famille. Je me demandais déjà dans quelle mesure je pourrais retarder le paiement des mensualités accumulées de ma voiture avant que je ne sois obligée de marcher pour me rendre au travail.

Les jours avant le congé des fêtes ont passé lentement. J'essayais d'oublier l'AlphaSmart et de me concentrer sur la saison qui approchait. Mais je ne pouvais m'empêcher de ressentir de l'amertume devant cette perte, et du cynisme à l'égard des enfants, en même temps que je me demandais pourquoi j'étais entrée dans une profession qui consistait à prendre soin des enfants des autres. Dans un autre domaine, j'aurais fait beaucoup plus d'argent et j'aurais été bien plus appréciée. On aurait dit que j'avais reçu une gifle en plein visage. Même le regard des enseignantes de la salle des professeurs semblait dire : « Je te l'avais bien dit », lorsqu'elles ont appris qu'un voleur était en liberté.

Un soir, alors que je m'assoupissais avant d'aller au lit, mes prières se sont transformées en une complainte. « Pourquoi cela doit-il m'arriver maintenant ? » ai-je geint.

Le jour suivant à l'école était le dernier jour avant le congé de Noël. Il était évident que l'AlphaSmart représentait de l'histoire ancienne. J'ai décidé que le chariot devait retourner au centre de matériel d'apprentissage. Je me laverais les mains des complications une fois pour toutes.

J'étais en train de mettre de l'ordre sur le chariot avant de le livrer quand l'une de mes élèves, Tara, est entrée.

« Bonjour, Mme Kilby. J'ai quelque chose pour vous », a-t-elle dit en me tendant un sac à cadeau.

J'ai rassemblé un sourire en me sentant tout de même reconnaissante. Au moins, une de mes élèves pensait à moi pendant cette saison des fêtes.

« Tu es adorable, ai-je dit. Mon mari et moi n'échangeons pas de cadeaux cette année, donc je le placerai sous mon arbre. De cette manière, j'aurai plus de cadeaux », ai-je souri.

« Non, a-t-elle répondu. Promettez-moi que vous l'ouvrirez aujourd'hui. Vous *devez* le faire. » Puis elle s'est dépêchée de sortir pour se diriger vers sa prochaine classe.

« D'accord », lui ai-je crié.

J'ai pris l'enveloppe et en ai retiré une note.

Chère madame Kilby,

Bonjour, je voulais seulement vous souhaiter un joyeux Noël et une bonne et heureuse année. J'appartiens à un club qui prête assistance à des gens et nous avons ramassé un peu d'argent tous ensemble pour vous aider. S'il vous plaît, ne croyez pas qu'il s'agit d'un cadeau de mon club ou de ma part ; considérez que c'est un geste du bon Dieu pour prendre soin de vos besoins.

Avec amour, Tara

J'ai regardé l'embrasure vide de la porte où Tara venait tout juste de sortir, puis le sac à cadeau où était imprimé sur le devant un ange à la tête ceinte d'une auréole. J'ai fouillé et j'ai retiré un sac à fermeture à glissière rempli de pièces de monnaie et de liasses de billets de banque. Les yeux embués, j'ai compté. Il y avait presque deux cents dollars.

J'ai découvert plus tard que mes élèves avaient organisé une collecte pour remplacer l'AlphaSmart. Les élèves de l'ensemble des classes et le club de Tara s'étaient cotisés dans un effort commun pour m'offrir ce cadeau fabuleux. Cependant, même l'argent ne pouvait se comparer à l'autre cadeau que m'avaient offert mes élèves : ma foi en eux. C'était comme s'ils avaient été de petits messagers de Dieu, me sauvant du cynisme qui menaçait d'étouffer mon cœur, restaurant ma foi en les adolescents d'aujourd'hui et en ma profession.

— *Erin K. Kilby*

# Une mise
à l'épreuve

Non, c'est pas vrai, ai-je pensé, alors que M. R., tellement grand qu'il devait baisser la tête pour entrer dans la classe, s'est rué vers mon bureau, sa colère mise en évidence par son langage corporel et l'expression hargneuse de son visage. Tout semblait fonctionner au ralenti, et tout le monde dans la classe retenait son souffle. Je me suis demandé ce qui arriverait si je décampais de la pièce. *Comment une simple blague avec un élève de ma sixième période de classe avait-elle pu mener à ce cauchemar — un parent enragé qui arrivait en trombe dans la salle de classe prêt à faire... quoi ?* Je ne voulais pas le savoir.

La classe de la sixième période était un groupe talentueux d'enfants assez motivés et assez matures pour que je puisse faire des blagues avec eux tout en maintenant l'ordre et en accomplissant énormément de choses durant le temps de classe. Ce mode de fonctionnement dans un cadre enjoué mais productif était quelque chose d'usuel. Les élèves et moi travaillions tous fort tout en préservant la légèreté de l'atmosphère et en ayant du plaisir. Mary R. était l'une des élèves les plus brillantes et les plus géniales de la classe.

Mary obtenait habituellement des A ; ainsi, lorsqu'elle a reçu un B- pour un travail mineur, elle est venue me voir avant la classe. Légèrement contrariée, elle s'est approchée de mon bureau pour me poser des questions sur sa note. Après un rapide examen, j'ai remarqué que sa réponse au numéro deux était incorrecte. Mary a élevé la voix pour dire que son père lui avait fourni cette réponse et qu'il avait habituellement raison. J'ai relu la réponse et j'ai énergiquement déclaré qu'elle était fausse.

Mary est revenue en classe le jour suivant et a annoncé au groupe que son père avait réitéré la justesse de sa réponse et qu'il était furieux contre moi. Alors a commencé un numéro quotidien de taquineries qui a duré au moins un mois. Chaque jour de classe, Mary me taquinait à propos de la fureur grandissante de son père et du fait que celui-ci s'attendait à ce que je rectifie mon erreur et que je m'excuse.

Dans un esprit d'amusement et afin de me prêter au petit jeu de Mary, j'ai levé les poings et me suis exclamé : « Dis à ton père de me rencontrer après l'école dans le stationnement arrière : les règles du marquis de Queensberry s'appliquent. Et pas de coups en bas de la ceinture. »

Mary m'a prévenu avec espièglerie : « Mon père est un dur et il est furieux. »

À cela, j'ai répondu : « J'ai enseigné à des camionneurs pendant dix ans — rien ne me fait peur. »

Cette badinerie a duré environ quatre semaines pour finir par se dissiper.

J'adorais le rituel du soir des portes ouvertes à l'école. Il était toujours agréable de voir lesquels parmi les parents d'élèves étaient présents. Alors que la soirée progressait, j'ai passé à travers mon programme et les parents de la sixième période sont finalement arrivés pour leur temps alloué de vingt minutes. À mon insu, le père de Mary, M. R., n'était pas entré dans la classe avec les autres parents. J'ignorais aussi totalement qu'il mesurait plus de deux mètres et pesait environ cent soixante kilos.

Environ trois minutes après ma présentation, la porte s'est ouverte brusquement avec une force violente, poussée par la plus grande main humaine que je n'avais jamais vue. Le géant attaché à cette main a explosé dans la classe en disant : Je suis le père de Mary et je suis ici pour tirer les choses au clair avec vous. » Cette forme énorme a avancé vers moi en me disant : « C'est d'accord : vous et moi, un contre un. »

La peur a envahi chaque pore de mon corps. J'ai regardé les parents assis près de l'avant de la pièce, qui faisaient de gros efforts pour reculer dans leurs sièges. Il était clair qu'ils ne plongeraient pas dans le massacre imminent. Je me suis assis à mon bureau, immobile et sans voix.

Puis M. R. s'est retrouvé debout tout près de ma chaise, tellement près que je pouvais voir les lignes de son énorme main et soudainement... il s'est penché vers l'avant, m'a embrassé sur la joue et m'a remercié d'avoir appris à sa fille à aimer l'histoire. Les parents ont applaudi et M. R., un large sourire au visage, s'est éloigné et s'est assis à l'un des pupitres des élèves.

Je me suis souvent demandé si les applaudissements des parents se rapportaient à mes habiletés d'enseignant, à l'excellent jeu d'acteur de M. R., ou au soulagement de ne pas avoir été témoins d'une volée de coups entre un parent et un professeur.

— *Glenn Hameroff*

La créative
de la famille

« Ne me traitez pas de stupide ! » a crié Katie, les larmes aux yeux. Elle a lancé un regard furieux aux enfants qui s'éloignaient sur leurs vélos, puis s'est retournée et est entrée en courant dans la maison.

Je suis restée là, figée sur place, essayant de réfléchir à ce que je pourrais faire pour que Katie se sente mieux et, pour être honnête, j'étais quelque peu tenaillée par la culpabilité. Katie était ma petite sœur et j'étais habituellement très protectrice à son endroit, au point que les gens me désignaient souvent comme sa seconde maman. Mais j'ai aussi soudainement pris conscience que j'avais été avec elle la sœur mesquine et que je l'avais aussi parfois traitée de stupide. Jusqu'à ce moment, je ne m'étais jamais rendu compte que j'avais pu blesser Katie en la traitant ainsi.

C'était un samedi, et Katie venait juste de rencontrer son professeur de première année pour de l'aide supplémentaire avec la lecture. Après la leçon, Katie et son professeur s'étaient rendues au Dairy Queen pour un cornet de glace enrobée de chocolat, où les garçons en vélo les ont remarquées. Ils ont justement deviné qu'elle recevait du tutorat et l'ont raillée plus tard alors qu'ils passaient à bicyclette près de la maison. Après cet incident, Katie a refusé tout tutorat ou toute aide particulière.

J'ignore ce qui est arrivé pour que Jenny, notre sœur aînée, et moi aimions tellement les livres, et pour que Katie les déteste tant. Lorsque nous essayions de lire ensemble, les mots ne semblaient faire aucun sens pour elle. Elle devenait parfois si frustrée qu'elle fermait brutalement le livre. Pourtant, nul doute qu'elle avait l'esprit vif. Quiconque jouait au jeu de mémoire avec elle ne pouvait que le constater. Personne ne pouvait battre Katie à ce jeu.

Jenny et moi avons toujours eu hâte à Noël et à la manne de livres que nous déballions impatiemment chaque année : Nancy Drew, Trixie Belden, Agatha Christie. Pour Jenny, des livres sur les chevaux ; pour moi, des livres d'aventures ou des romans policiers. Pendant quelques années, mes parents ont essayé de donner des livres en cadeau à Katie. Ces gestes soulevaient la colère de Katie, et mes parents ont fini par plutôt lui offrir des nécessaires de peinture et de la glaise à modeler. Même si Katie adorait l'art, elle regardait ses cadeaux, jetait un coup d'œil sur les nôtres, et soupirait, comme habitée par l'impression d'être une ratée.

À mesure que les années ont passé, les tentatives de ses professeurs et de nos parents pour stimuler son intérêt pour les livres et la lecture irritaient de plus en plus Katie. Elle pleurait et devenait nerveuse ou très agitée lorsqu'elle devait lire à l'école ou lors des clubs de lecture estivaux à la bibliothèque du quartier.

« Cessez de m'obliger à lire », criait-elle.

Lorsque notre mère a commencé à nous présenter Jenny et moi comme « les jumelles inscrites au tableau d'honneur » et Katie comme « la créative de la famille », ce fut le bouquet ! La partie était terminée. Elle ne voulait plus jouer. Il semblait qu'il n'existait pour elle aucune façon de soutenir la comparaison avec ses sœurs. Rebelle, Katie a fait une déclaration : elle apprendrait ce qu'elle devait savoir seulement en classe ou à la télévision. Elle ne lirait plus jamais *aucun* livre, *peu importe* la raison.

De plus en plus, l'art est devenu un refuge pour Katie. Dans les classes d'art, il n'y avait pas de livres à lire, et ses professeurs semblaient croire en son talent. Comme Jenny et moi ne suivions pas ce type de cours, elle ne se sentait donc pas en concurrence avec nous. Il n'y avait pas de mauvaises notes ni de sentiments obsédants d'échec. Il n'y avait rien de « stupide » dans l'art. Au collège, elle a gagné un prix pour l'un de ses dessins au crayon litho représentant un flamant rose, et mes parents ont fièrement fait encadrer plusieurs de ses œuvres pour les suspendre au mur. Elle s'est épanouie et a trouvé le bonheur dans son art — du moins jusqu'à ce qu'elle et ses amis commencent à penser à entrer à l'université et à passer les examens d'admission requis.

Je n'oublierai jamais l'expression sur le visage de Katie le jour où les notes obtenues à ses examens sont arrivées par le courrier. Je suis entrée dans la salle de séjour pour la trouver assise dans le grand fauteuil de Papa, le menton enfoui dans sa poitrine, ses cheveux blond roux cachant son visage. Elle a levé la tête et m'a regardée totalement désespérée.

« Je crois que je ne pourrai pas aller à l'université », a-t-elle dit d'une voix éteinte.

Dans notre foyer, il s'agissait d'une annonce de taille. Il y avait deux choses qu'une fille Jackson savait et qui étaient acceptées comme parole d'évangile depuis la nuit des temps. D'abord, les déclarations de Papa étaient sans appel et, deuxièmement, il fallait aller à l'université. Amen.

Les notes d'examen de Katie étaient très faibles, comme l'avaient été ses notes à l'école secondaire. Mais jusqu'à ce moment, je ne crois pas que Katie avait jamais sérieusement envisagé qu'elle pourrait ne pas être acceptée à l'université. Encore une fois, les yeux de ma petite sœur se sont remplis de larmes. Elle les a essuyées, elle s'est levée ; d'un air abattu, elle a monté lentement les escaliers vers sa chambre et a doucement fermé la porte.

Maintenant, malgré l'autoritarisme de mon père, ou peut-être à cause de ce trait de caractère, une certaine propension à la rébellion était tapie au fond de nous, les filles Jackson. Et cela n'a pas pris beaucoup de temps avant que celle-ci ne s'enflamme chez Katie. Elle ferait une demande d'admission à l'université en dépit de ce revers. Bien que le courage lui manquait pour présenter une demande à l'université de ses rêves, la Michigan State University, elle s'est tournée vers une autre institution où ses chances d'être admise semblaient meilleures. Et elle a été acceptée sous condition.

On a demandé à Katie de suivre un certain nombre de cours de rattrapage pour augmenter sa vitesse de lecture. Sa première réaction face à ces exigences particulières a été l'indignation, et le titre d'« élève médiocre » qui semblait tatoué sur son front s'est mis à lui marteler la cervelle. Puis Katie a pris une décision : elle cesserait de blâmer tout le monde pour sa haine de la lecture — et elle apprendrait à lire.

Katie a pris des notes détaillées pendant ses cours à l'université, puis elle les a réécrites soigneusement plusieurs fois, incorporant ce qu'elle était capable de comprendre dans sa lecture. Pour la première fois, elle a commencé à participer, timidement, aux discussions en classe et à poser des questions à ses professeurs sur les sujets qui la déroutaient. Lentement, elle a bâti sa confiance et l'impression de faire partie de la classe s'est graduellement installée en elle. Comme sa compréhension et ses habiletés s'amélioraient, elle s'est aussi vue contribuer de manière importante aux échanges en classe tout comme à l'expérience d'apprentissage dans son ensemble.

Puis est arrivé le choc.

Les résultats des examens qu'elle avait passés à la fin de sa première année et qui lui auraient permis de réussir ses cours de rattrapage étaient arrivés.

« Mlle Jackson, votre niveau de lecture correspond à la dixième année, lui a dit l'administrateur de tests. Il est très douteux que vous réussissiez à terminer l'université. »

Katie était assommée : *une étudiante de deuxième année d'université qui avait le niveau de lecture d'une étudiante de deuxième année de collège ?* Les faibles notes de Katie en lecture, doublées du pronostic catégorique de l'administrateur sur ses minces chances de réussir l'université, l'ont anéantie et paralysée.

Katie avait paniqué juste avant de passer les tests. Elle ne réussissait jamais aux examens, et elle savait qu'elle était toujours à la traîne sur le plan de la lecture. Mais Katie s'était calmée en se concentrant sur ses récents succès de première année. Elle ne s'était pas attendue à récolter d'aussi faibles notes, et à se faire dire si franchement qu'elle échouerait probablement dans son objectif d'obtenir un diplôme universitaire.

Un profond désespoir a été la première réaction de Katie. Elle a passé par plusieurs épisodes de dépression émotionnelle et s'est elle-même traitée d'incapable, de bonne à rien et, oui, de stupide. Mais l'esprit résilient et rebelle d'une Jackson s'est éveillé, et Katie a commencé à se fâcher. Puis elle est devenue très fâchée. Elle est devenue si fâchée qu'elle a juré de prouver que l'administrateur de tests insensible avait tort, même si, par cette attitude, elle risquait de subir un échec cuisant. Alors a débuté l'un des plus durs combats de la jeune vie adulte de Katie.

Katie s'est assurée le concours de son entourage. Elle a accepté le soutien affectif de ses amis et de sa famille et, pour la première fois, elle a laissé notre mère lire ses travaux et l'aider à apprendre à écrire. Katie a cessé de se comparer avec ses camarades de chambre et ses amis et s'est mise à étudier chaque jour trois ou quatre heures de plus que n'importe lequel d'entre eux, souvent pendant qu'ils étaient sortis pour s'amuser. Mois après mois, année après année, Katie a rattrapé son retard. Elle a appris qu'elle était plus intelligente qu'elle ne le croyait et qu'il lui fallait simplement travailler un peu plus fort. Puis, elle a atteint une étape importante et électrisante : elle a obtenu pour la première fois une moyenne de quatre points pour son semestre. J'étais heureuse de l'informer que moi, l'une des « jumelles au tableau d'honneur », je n'avais jamais réussi un semestre de quatre points à l'université.

Je suis tellement fière que Katie ait réussi ses études universitaires, mais je suis encore plus fière de ce qu'elle en a fait. Katie est devenue enseignante. Elle a travaillé fort afin de réussir non seulement dans son propre intérêt, mais aussi pour empêcher d'autres enfants d'être laissés pour compte comme cela avait été son cas.

Ayant connu elle-même l'anxiété et les luttes sur le plan scolaire, Katie voulait apprendre comment fournir un cadre d'apprentissage positif et comment inspirer aux enfants un sentiment de réussite et s'assurer qu'ils apprennent à lire tôt dans leur parcours scolaire. Katie s'est consacrée à la découverte de diverses méthodes d'enseignement alternatives pour rejoindre les élèves qui, comme elle, sont incapables d'apprendre au moyen des méthodes traditionnelles. Sa nature sensible et déterminée l'a aidée à faire sortir de leur coquille ces élèves repliés sur eux-mêmes ou récalcitrants à l'apprentissage. Sa créativité et ses talents artistiques l'ont bien servie, aussi bien pour l'établisse-

ment d'un lien avec ses élèves que pour leur enseignement.

Aujourd'hui, Katie enseigne la troisième année
dans la même école où elle n'avait pas réussi à apprendre à lire. Avec chaque année qui passe, toujours plus
de parents rivalisent pour que leurs enfants soient
placés dans la classe de Katie. Elle rayonne d'une fierté
légitime lorsqu'un quelconque membre du personnel
de l'école se réfère à elle comme à la créative de l'école.

L'an dernier, Katie est devenue la première de
notre famille à obtenir un diplôme de maîtrise. Elle a
terminé un excellent programme d'études supérieures
de la Michigan State University, dont l'accent est mis
sur la créativité dans l'enseignement. Son prochain
objectif est d'écrire des livres pour enfants qui aideront
les enfants à apprendre à lire. Personne ne penserait
plus à traiter Katie de stupide.

Katie a exercé beaucoup d'influence sur sa grande
sœur. Son courage et son dévouement m'ont continuellement inspirée. De fait, j'ai récemment quitté le
monde des *Fortune 500* et j'ai changé de carrière. Cet
automne, j'ai occupé mon premier poste de professeur.
J'espère seulement que je saurai être à la hauteur de
ma sœur Katie.

— *Abby Warmuth*

 # Ce que comprend ce professeur

C'e que comprend ce professeur, c'est que les troubles d'apprentissage et le trouble d'hyperactivité avec déficit de l'attention (THADA) qui affectent notre fils sont des incapacités bien réelles.

Ce que comprend ce professeur, c'est qu'on a prescrit des amphétaminiques à notre fils, une forme de « speed ». Ce médicament l'aide à se concentrer sur ce qu'on lui enseigne en classe et bride aussi un peu l'excès d'énergie résultant de sa condition d'hyperactivité.

Ce que comprend ce professeur, c'est que, sous l'effet de ces médicaments, notre fils ne mange pas, il se sent étourdi, il souffre de nausées, il a constamment mal à la tête, et les tics affectant son cou causés par ce médicament empirent.

Ce que comprend ce professeur, c'est que, sans ce médicament amphétaminique, notre fils aura de la difficulté à contrôler ses humeurs (comme une bicyclette sans freins qui descend une pente) et à demeurer tranquille.

Ce que comprend ce professeur, c'est la force et le courage dont notre fils doit faire preuve pour supporter les effets secondaires parfois horribles de son médicament et des différentes combinaisons de médicaments qu'il a essayés, pour qu'il soit plus docile à l'école.

Ce que comprend ce professeur, c'est qu'il y aura des moments où nous, comme parents, permettrons à notre fils d'aller à l'école sans avoir pris de médicaments pour qu'il se sente moins anesthésié.

Ce que comprend ce professeur, c'est l'énorme somme de frustration que vit notre fils chaque jour à cause de ses troubles d'apprentissage, alors qu'il se bat pour suivre le rythme de ses camarades de classe, pour comprendre le matériel qu'on lui présente et pour communiquer ses pensées sur papier.

Ce que comprend ce professeur, c'est la bravoure que démontre notre fils et le poids de sa souffrance lorsqu'il marche dans les couloirs de son école secondaire, évitant de prêter attention aux railleries de ses camarades qui le désignent sous le nom d'« EDA » (élève en difficulté d'apprentissage).

Ce que comprend ce professeur, c'est que nous, comme parents, reconnaissons volontiers les imperfections de notre fils, ne tolérons pas son comportement inapproprié, et travaillons fort pour lui enseigner l'importance de prendre la responsabilité de ses actes.

Ce que comprend ce professeur, c'est le degré de résilience dont doit faire preuve quotidiennement notre fils pour se rendre à l'école et se faire dire que quelque chose n'a pas été fait, ou que quelque chose n'a pas été fait correctement, ou que quelque chose a été répondu correctement, mais comme il a écrit avec une plume verte au lieu d'un crayon, sa note est passée de 100 à 80 — et encore se sentir bien dans sa peau quand il monte dans l'autobus presque chaque matin.

Ce que comprend ce professeur, c'est que, si notre fils se rappelle de faire ses travaux deux jours de plus que la semaine précédente, il s'agit d'un progrès, d'un *effort*. Et que, lorsqu'il demande de l'aide, notre fils admet qu'il ne comprend pas, ce qui signifie aussi qu'il écoute davantage et qu'il fait un *effort* de plus pour comprendre.

Ce que comprend ce professeur, c'est que, en confiant notre fils à un tuteur à l'extérieur de l'école, nous ne remettons pas en question les habiletés de son enseignante ; nous essayons simplement d'enrichir ce qu'il apprend à l'école, de façon à ce qu'il rattrape ses camarades.

Ce que comprend ce professeur, c'est que, avec toute la rétroaction négative que reçoit notre fils tout le long du jour — « Pourquoi n'as-tu pas fait ceci ? » ou « Pourquoi n'as-tu pas suivi les instructions ? » ou « Pourquoi ne fais-tu pas attention ? » —, nous passons notre temps avec lui après l'école et les week-ends à nous concentrer sur ce qu'il a fait (et peut faire), de manière à préserver sa motivation à essayer de dépasser ses limites.

Ce que comprend ce professeur, c'est la gratitude que notre fils et nous-mêmes, ses parents, ressentons lorsqu'elle nous envoie des courriels nous informant des moments où notre fils a fait quelque chose de bien ou accompli quelque chose de bon.

Grâce à la compréhension de ce professeur — et de sa gentillesse, de ses efforts extraordinaires, de l'acceptation des imperfections de notre fils et de sa croyance sincère en lui —, il a finalement commencé à croire en lui. Nous avons eu tellement de chance que ce professeur soit présent dans notre vie.

— *Carol L. F. Kampf*

« What This Teacher Understands » a été d'abord publié sous le titre « What my Son's Teacher Understands » dans l'édition de juin 2003 de la revue *Attention Magazine*.

 # Il n'y a pas
de suppléant

Où sont passés tous les professeurs suppléants ? La pénurie de remplaçants est tellement sérieuse dans certaines villes que des policiers ou des pompiers en congé sont parfois embauchés pour effectuer le travail. Maintenant, je le comprends. Lorsque je reçois l'appel à six heures du matin, je sors du lit à toute vitesse comme s'il s'agissait d'un incendie de cinq alertes.

Au téléphone, le répartiteur annonce : « École secondaire. Sciences. Rapportez-vous à sept heures, aujourd'hui. »

« Pas de problème », dis-je. Je dépose le téléphone et je vais chercher l'ensemble bleu marine que j'ai soigneusement préparé le soir d'avant. Je perds quelques minutes à essayer de monter mes collants de soutien au-dessus des genoux, mais j'espère en sauver quelques-unes en appliquant mon maquillage dans le rétroviseur de la voiture et en brossant mes dents à la fontaine de l'école.

Puis tout devient lumineux : je ne suis pas un professeur de sciences. J'enseigne l'anglais.

Bien sûr, cette excuse n'a pas fonctionné la semaine dernière quand l'école m'a téléphoné pour faire du remplacement en menuiserie.

« Je suis désolée », ai-je dit au répartiteur, m'imaginant devant une salle de classe remplie de jeunes de treize ans portant des masques de hockey et brandissant des tronçonneuses. « Je suis professeur d'anglais. »

« Est-ce que vous respirez ? »

« Oui. »

« Vous avez un pouls ? »

« Oui, mais… »

« Vous ferez l'affaire. »

À la table animée du petit-déjeuner, mon mari et mes deux enfants me demandent à quelle école je suis assignée.

« L'école secondaire », leur dis-je, essayant de ne pas remarquer leur visage qui pâlit. J'étends le bras pour attraper mon porte-document qui contient un manuel d'enseignement pour suppléants intitulé *Tout ce que vous avez toujours voulu savoir sur la suppléance et que vous avez toujours craint de demander*, avec des trucs utiles comme : « Ne souriez pas ; les élèves croiront que vous êtes une personne facile à vaincre ou que vous souffrez d'un traumatisme crânien. »

Mon fils de troisième année a levé les pouces en signe d'encouragement : « Tiens bon, Maman. »

« As-tu ton cellulaire ? » demande mon mari.

La petite de maternelle me serre fort autour de la taille, déposant des céréales détrempées partout sur mon costume.

Je les rassure : « Je vous verrai cet après-midi », en même temps que j'essaie de m'extraire de l'étreinte de ma fille.

« N'y va pas, Maman ! » gémit-elle alors que je me précipite vers la porte. Même une enfant de maternelle sait ce qui m'attend.

À l'école, je suis les flèches jusqu'au bureau administratif, où je reçois le dossier rouge du suppléant qui contient une carte, des règlements, et six aspirines. Si mon expression de biche-éblouie-par-des-phares-de-voiture laisse planer quelque incertitude sur la raison de ma présence à cet endroit, le cartable rouge que je transporte dissipe tout doute. Personnellement, je préfère la méthode plus directe : peut-être une lettre S écarlate, ou une affiche collée sur mon dos qui se lit : « Frappez-moi. Je suis la suppléante. »

Dans la classe, je suis soulagée de trouver des instructions détaillées sur le bureau du professeur. Cinq classes de huitième année étudieront la reproduction humaine. Je repère le manuel et les travaux à donner et je commence à écrire mon nom sur le tableau lorsque la situation me frappe. *Reproduction humaine ? Pourquoi pas quelque chose de simple, comme les fleurs ou les spores de moisissure ?*

Me sentant soudainement un peu étourdie, je m'assois et je place ma tête entre mes genoux. Je crains que les collants de soutien aient coupé la circulation amenant le sang à mon cerveau. Je fouille dans mon sac pour trouver le cartable rouge, je le jette sur le sol et me mets à le feuilleter pour trouver une importante procédure d'urgence : comment obtenir un suppléant pour le suppléant.

Prenant de profondes respirations, je me dis que les choses pourraient être pires, comme l'astrophysique ou le tir à l'arc. Après tout, le sujet de la reproduction ne m'est pas totalement inconnu. Je suis la première de huit reproductions réussies par mes parents. Avec un peu d'aide de mon mari, j'ai même mené à bien deux épisodes de reproduction, sans mentionner mon expertise dans les soins des gerboises qui se reproduisent sur une base mensuelle. Levant les yeux au-dessus du bureau, avec les élèves qui entrent à la file indienne, je m'encourage en me rappelant que je proviens d'une longue lignée de reproduction humaine accomplie, et que je suis capable de donner ce cours. En plus de ces qualifications, je respire et j'ai un pouls.

Un garçon en jeans tombant autour des genoux me demande : « Vous allez bien, m'dame ? »

Je le rassure : « Très bien, je ne fais que vérifier mes notes. »

Je commence à soupçonner qu'il s'agit d'une absence planifiée de la part du professeur. Je m'imagine M. le prof de sciences se détendant dans quelque café à la mode, sirotant un cappuccino, écoutant du jazz et se félicitant d'avoir sauté le cours sur la sexualité, pendant que son suppléant est forcé d'affronter une classe remplie d'hormones hyperactives et de prononcer des mots comme « érection » et « gonades ».

Je commence par lire l'exercice à voix haute — et avec éloquence. J'y mets tout mon cœur, transformant les plans de cours en poésie. Personne ne bouge. Ils sont silencieux. Ils écoutent. Je termine et je lève les yeux.

Silence.

Puis cela se produit. Je deviens un peu trop impudente, je sous-estime la précarité de ma situation et je… souris.

Immédiatement, Pantalons Tombants lève la main.

« Question ? » je demande dans sa direction, me sentant en confiance et en parfaite maîtrise.

Souriant, il se recule sur sa chaise et, d'un air détaché, émet son commentaire comme un pro : « Il n'y a rien que cette classe peut m'enseigner que je n'ai pas déjà vu sur le câble ou fait avec Jenny. »

Un autre battement de silence, ponctué par le cri d'une fille (Jenny ?), puis les éléments se déchaînent. Je dois admirer le synchronisme, l'honnêteté et la manière expéditive avec laquelle Pantalons Tombants effectue son foudroyant lancer coulé devant la classe entière. Dégonflée, j'essaie en vain de les intéresser à réaliser la leçon, mais ils connaissent le score et réclament leur prix — et cela dure pendant quarante-cinq minutes.

Lorsque la cloche annonçant la fin du cours finit par retentir, je lève les yeux de ma relecture de *Tout ce que vous avez toujours voulu savoir sur la suppléance.* Pantalons Tombants est le dernier à sortir par la porte.

Il fait une pause et me dit : « Ne vous sentez pas mal, m'dame. Je ne respecte aucune autorité. »

« Merci ». Je reconnais un compliment quand j'en entends un.

À ces policiers et pompiers qui font des demandes comme professeurs suppléants réguliers, je serai la première à leur souhaiter la meilleure des chances et à leur passer un peu de matériel de lecture. Mais je crains que même un revolver et une tenue anti-émeute n'impressionnent guère l'ensemble des Pantalons Tombants du système d'éducation.

En ce qui me concerne, je sais que je peux compter sur une chose : le téléphone sonnera encore demain matin.

« École secondaire. Astrophysique. Rapportez-vous à sept heures du mat'. »

« Astrophysique ? Pas de problème ! »

— *Dawn FitzGerald*

 # Ils voulaient enseigner

Nathan et Robert étaient mes élèves. Pendant deux ans, j'ai été leur entraîneur et leur professeur de sciences au secondaire, et j'ai appris à les connaître aussi bien qu'il est possible pour un professeur de le faire. Nathan et Robert se connaissaient l'un l'autre, mais provenaient de milieux diamétralement opposés.

Nathan a grandi dans une superbe maison. Les deux parents étaient des personnes stables, avaient reçu une formation universitaire et étaient attentionnés ; de plus, Nathan avait une ravissante sœur jumelle.

Tout allait bien pour lui. Il était beau, intelligent, et tous ceux qui l'approchaient l'aimaient. Sur les terrains de jeux, il était devenu un leader et Nathan a poursuivi son chemin pour devenir quart-arrière dans l'équipe intercollégiale. Sur le plan scolaire, il se classait parmi les premiers de son groupe sans trop se forcer. Nathan était un fervent chrétien, très actif à l'église et dans les programmes de formation pour la jeunesse. Je crois que tous avaient compris le brillant avenir qui attendait Nathan. Le monde accueille à bras ouverts des enfants comme Nathan.

Robert a grandi dans un foyer dysfonctionnel. Sa mère était toxicomane et revendeuse de drogues. Il n'a jamais connu son père, il ne savait même pas qui il était.

Rien ne fonctionnait bien pour Robert. Il avait toujours des ennuis, et quand je l'ai rencontré, il avait passé par tous les rouages de notre système de services sociaux. Un juge de la ville où vivait Robert avant sa plus récente infraction l'avait condamné à être placé dans un foyer collectif dans notre arrondissement scolaire rural.

Comme professeur, je craignais les enfants du foyer collectif qui fréquentaient l'école aux côtés de nos élèves ruraux innocents et naïfs. Les délinquants risquaient de transmettre leurs aptitudes criminelles à notre jeunesse vulnérable, et des combats étaient inévitables entre les enfants placés et les plus durs de nos enfants de fermiers. La plupart des enfants en provenance de la ville échouaient dans toutes les classes et il arrivait souvent qu'ils soient expulsés en quelques semaines. Une expérience précédente avait anéanti tout espoir de succès que j'avais déjà entretenu pour ces élèves dévoyés.

J'ai rencontré Nathan dans les meilleures conditions. J'avais été embauché l'année précédente comme professeur tout frais émoulu par son père, notre nouveau directeur. Le père de Nathan et moi sommes devenus de bons amis, et nous avons parlé de tout — incluant l'angoissante habitude de somnambulisme de Nathan. J'avais appris que ce dernier était même sorti dans la neige, sans se réveiller. Nous avons ri à ce propos à l'époque, mais dénués des connaissances nécessaires pour résoudre le problème, nous avons simplement exprimé l'espoir qu'il s'en sortirait.

Nathan a effectivement grandi, mais il n'est pas devenu aussi grand sur le plan physique qu'il l'aurait voulu. Mais spirituellement et moralement, il s'est transformé en l'un des plus merveilleux adultes que j'aie jamais connus.

J'ai rencontré Robert dans les pires conditions. Au foyer collectif, on avait l'habitude d'emmener les nouveaux pupilles directement du palais de justice à l'école, et j'ai un jour levé les yeux pour voir notre secrétaire arriver à ma porte. Un Robert aux cheveux graisseux se tenait à côté d'elle, les bras refermés sur sa poitrine. La classe se trouvant au beau milieu d'un examen, j'ai donc tranquillement indiqué un siège à Robert et je l'ai installé avec un manuel et un court test de lecture.

L'élève assis juste devant Robert avait une question à me poser au sujet du contrôle. Pendant que j'étais penché pour parler discrètement avec l'autre élève, j'ai senti quelque chose me toucher le dos. Juste comme je commençais à expliquer la question à traiter, j'ai été frappé à pleine force sur le postérieur. Je me suis retourné brusquement pour voir Robert arborant un sourire fendu jusqu'aux oreilles pendant qu'il jetait un regard sur la classe, cherchant l'approbation de ses camarades. Il a pointé avec jubilation l'affiche

« Frappe-moi » qu'il m'avait collée sur le dos quelques instants auparavant.

Les autres élèves étaient assis dans un silence figé, attendant ma réaction. Ils s'attendaient à me voir éclater. Je ne l'ai pas fait. J'ai partagé avec tous une philosophie que je pratique : Si je prends le temps de me rapprocher d'eux et de les sermonner, c'est que je crois que l'élève mérite mon temps et mon énergie. D'un autre côté, si vous vous attendez à ce que je crie après vous et que je ne le fais pas, inquiétez-vous parce que j'ai décidé que vous êtes indigne de mon attention. Aucun élève n'avait jamais gagné ma désapprobation aussi rapidement que Robert. Avec cet incident, j'ai fait ma première impression sur Robert, tout comme Robert a fait la sienne sur moi — et je lui ai donné cinq jours de suspension.

Nathan, d'un autre côté, a passé deux belles années dans ma classe. Un élève gentil et honnête qui se préoccupait vraiment de son instruction, de ses camarades de classe et de ses professeurs ; il récoltait invariablement des A et recevait toujours l'attention des plus jolies filles. Je savais que Nathan réussirait peu importe ce que je faisais comme professeur. L'école était trop facile pour lui, mais il ne se plaignait jamais. Ses parents l'avaient bien élevé et c'était un enfant que tout le monde aurait été heureux de dire sien. Chaque année, je rencontre un certain nombre d'autres enfants comme Nathan.

Robert a éprouvé des difficultés pendant toute sa première année à mon école. Je suis certain qu'il en avait fréquenté plusieurs autres, étant donné qu'il avait fait la navette entre sa mère et différents foyers d'accueil pendant la plus grande partie de sa vie. Je suis certain qu'il croyait que, après quelques mois, le juge le laisserait retourner à la maison. Ils le faisaient tous. Six mois ou un an après, un certain juge déciderait que ces enfants avaient guéri comme par magie et retournerait des adolescents mal préparés dans le même environnement où ils n'avaient pu se développer sainement. Je ne me souviens pas pourquoi cela ne s'était pas produit cette fois-là dans le cas de Robert, et il est demeuré avec nous pendant un bon moment.

Durant sa deuxième année, Robert a été attiré vers les terrains de jeux et, pour participer à des sports, il devait réussir ses cours. Une fois qu'il a été admis, nous avons découvert qu'il était un jeune homme intelligent tapi derrière le masque dur du voyou qui-ne-ferait-jamais-rien-de-bon qu'il nous avait présenté plus tôt. À compter de ce moment, Robert s'est mérité des A et des B — ainsi que mon respect.

Robert m'a appris beaucoup sur le fait de donner une deuxième chance et de ne jamais abandonner la partie avec n'importe quel enfant. Il s'est révélé digne du temps et de l'énergie que je lui ai consacrés — et c'est aussi le cas, j'ai fini par le comprendre, de toute « cause perdue » qui entre dans ma classe.

L'été suivant l'obtention de leur diplôme d'études secondaires, j'ai invité Robert et Nathan ainsi que certains de leurs amis pour une journée de ski nautique. Lors du dernier tour de la journée, Nathan conduisait le bateau alors que Robert et moi avons bondi dans des chambres à air attachées à l'arrière de l'embarcation. J'ai attendu le bon moment, puis j'ai sauté de ma chambre à air sur le dos de Robert. Choqué, il a empoigné fermement les bords de la chambre à air. J'ai murmuré dans son oreille. « Je n'ai pas oublié ton premier jour d'école. Je ne me fâche pas. Je te rends la monnaie de ta pièce ! » Puis j'ai placé mes bras autour de lui et je l'ai tiré jusqu'à ce que je l'aie eu arraché de la chambre à air et jeté à l'eau. Nous sommes revenus à la surface pour respirer, riant de notre match de lutte et de l'incident qui nous avait réunis deux ans plus tôt.

Peu après, un juge a décidé qu'il était temps pour Robert de retourner à la maison. Robert a rechigné. Il ne voulait pas revenir à une situation où il risquait de régresser, et où il manquait du soutien nécessaire pour continuer ses activités sportives et ses réalisations scolaires. Il avait travaillé fort pour se sortir lui-même d'une profonde ornière et il ne voulait pas rater sa chance de réussir. Il a intenté des poursuites pour se libérer de sa mère et il a gagné. Des avocats ont trouvé une famille locale qui acceptait d'être les parents d'accueil de Robert. La famille d'accueil et Robert ont grandi ensemble, et il a continué sur sa voie pour devenir un adulte admirable.

Avec de nouveaux élèves ayant chaque année besoin de mon attention, j'ai perdu contact avec Nathan et Robert. Comme tous mes élèves précédents, je les ai observés de loin terminer leurs études collégiales. Après la remise des diplômes, Nathan a annoncé ses projets d'entrer à l'université et de devenir professeur. La décision n'a surpris personne — Nathan s'était préparé toute sa vie pour l'enseignement et l'entraînement. Cependant, quand j'ai entendu dire que Robert avait lui aussi choisi d'être enseignant, j'ai été agréablement surpris et très fier de son choix. *Quelle belle paire de professeurs ils feront tous les deux,* ai-je pensé. Les deux apporteront une énergie nouvelle et de la compassion à un métier où ils pourraient vraiment faire leur marque.

Ils n'ont jamais eu cette chance. Nathan et Robert sont décédés avant d'avoir terminé l'université. Nathan est tombé d'une chambre au troisième étage d'une résidence d'étudiants alors qu'il marchait en dormant. Oh, comme j'aurais voulu avoir fait quelque chose de plus quand son père m'a demandé conseil — peut-être rechercher les causes et les traitements pour les somnambules chroniques, ou l'encourager à recevoir une aide médicale. Bien que je me sente horriblement mal de ne pas avoir agi, j'ignorais alors ce que je sais maintenant — que le somnambulisme peut être dangereux — et je sais qu'il m'est impossible de revenir en arrière et d'y changer quelque chose.

Robert est décédé dans un accident d'automobile alors qu'il revenait à la maison pour voir sa petite amie. Elle habitait dans notre arrondissement scolaire, à plusieurs heures du campus. On croit qu'il est tombé endormi au volant.

Chaque année, à notre école, nous décernons un prix en l'honneur de Nathan à l'élève de huitième année qui illustre le mieux les qualités positives de Nathan. Ces élèves sont reconnus pour leur succès scolaire, leur personnalité, leur engagement civique et leur esprit de corps. Je fais partie du comité qui détermine le gagnant et chaque année, le prix est remis à un enfant qui ressemble à Nathan. Il y a toujours beaucoup de bons enfants de bonne famille parmi lesquels choisir.

En ce qui concerne Robert, aux dernières nouvelles, il n'y avait toujours pas d'inscription sur sa tombe. Sa mère a refusé d'en acheter une ou a repoussé les offres de dons. Aucun prix n'est remis à sa mémoire. Mais chaque année, je cherche discrètement les Robert dans mes classes — les joyaux cachés non révélés parmi des douzaines d'élèves défavorisés sur le plan affectif. La plupart sont déphasés par rapport aux normes de la société. Ils portent des vêtements foncés. Ils écoutent de la musique sombre. Leur avenir leur paraît funeste. Avec quelques coups positifs bien frappés, quelques-uns vont soudainement briller comme ils ne l'avaient jamais fait auparavant. Ces enfants sont trop nombreux, et leur nombre semble augmenter chaque année. Durant ces années délicates de l'adolescence, ils enfourchent une clôture imaginaire séparant le bien du mal, le vrai du faux. S'ils ne reçoivent pas les conseils appropriés, ils effectueront de mauvais choix. Si quelqu'un n'assure pas leur équilibre jusqu'à ce qu'ils soient assez éveillés et assez solides pour débarquer de la clôture, nous les perdons. J'en ai perdu plus que je n'ose les compter.

Chaque année, les Nathan de ma classe apportent de la facilité dans mon travail. Quant aux Robert, même s'ils sont moins nombreux, ils apportent un véritable sens à l'ensemble de ma carrière.

Je pleure chaque fois que j'annonce le nom du récipiendaire du prix Nathan.

Je souris chaque fois que je vois un marcheur de clôture, comme Robert, qui en débarque de son propre chef.

Je suis heureux de voir que nous avons autant de candidats au prix Nathan chaque année. Cela me donne de l'espoir.

Je suis mis au défi par le nombre croissant d'élèves à risque que je vois chaque année défiler devant moi.

J'aurais bien aimé que Nathan et Robert enseignent dans les classes attenantes à la mienne. Nous avons besoin d'eux. Ils nous manquent.

— *Tony Phillips*

 # Les leçons de l'école primaire durent toute la vie

L es yeux écarquillés, nous nous sommes entassés près de la porte, poussant du coude pour essayer de discerner quelque chose dans la pièce sombre, en quête d'une preuve du sabotage d'un lutin.

Le jour précédent, M. Sparato nous avait avertis que des lutins viendraient faire quelques mauvais coups la veille de la Saint-Patrick.

« Non ! nous sommes-nous exclamés. Ce n'est qu'une autre de vos histoires. »

« C'est vrai, nous a dit notre professeur, sa voix dénotant la souffrance occasionnée par l'insulte. Ils viendront ! »

Et ils sont venus. Habituellement, M. Sparato nous attendait dans la classe éclairée et organisée. Aujourd'hui, il se tenait dans le corridor avec nous, insistant sur le fait que les lutins étaient venus en notre absence mettre la pièce sens dessus dessous et provoquer une panne de courant dans notre classe. Nous avons poussé sur les sacs à dos devant nous jusqu'à ce que les premiers enfants devant la porte basculent à l'intérieur. Nous sommes entrés lentement, prêts à reculer et à courir si les petits êtres étaient encore là. Nos pupitres étaient renversés, les livres répandus sur le sol. Et les plus étranges empreintes vertes, à peu près de la taille de celles d'un bébé, sillonnaient la pièce, et montaient même sur les murs.

« Voyez ! » a crié M. Sparato. Il se tenait devant le pupitre de Craig O'Connell, le plus irlandais de nous tous. Notre professeur a ramassé un petit pain de savon posé sur le dessus du bureau et l'a tenu comme Charlton Heston exhibant une tablette de pierre. Il était écrit : « Irish Spring » sur l'emballage. C'était une preuve. Les lutins étaient venus. Nous le croyions.

J'avais neuf ans quand nous sommes déménagés au Colorado. C'était la fin de septembre, et l'école avait commencé un mois plus tôt. J'étais la nouvelle fille à l'accent bizarre et aux lunettes, fin prête à se faire agacer.

« Je ne peux attendre que vous rencontriez M. Sparato. C'est notre meilleur professeur. » J'ai suivi le directeur aux cheveux grisonnants et ma mère dans le couloir de l'établissement. Je n'aimais pas la description que faisait le Dr Cussen de notre nouveau professeur. Si un adulte disait qu'un professeur est bon, vous saviez que vous commenciez la pire année de votre vie. Je pouvais seulement imaginer cet énorme tyran, chevelu et aux dents noires, marchant à pas lents devant le tableau noir, agitant son crochet, et les pauvres élèves tremblant de peur derrière leur pupitre, avec pour seul espoir de libération une horloge qui faisait tic-tac.

Le directeur a tourné le coin. « Nous y sommes. » Ils se sont arrêtés, et j'ai couru derrière la jupe de ma mère. Le Dr Cussen a frappé à la porte. J'étais maintenant en sueur. Mon cœur battait la chamade jusque dans ma gorge. Je savais qu'il serait méchant.

La porte s'est ouverte très légèrement. Un visage poilu et moustachu pas plus gros que la tête d'un singe en est sorti. « Oui ? Qu'est-ce que vous voulez ? » La chose a posé la question d'une voix stridente.

Le Dr Cussen a regardé ma mère et a forcé un petit rire d'excuse. « M. Sparato ? a-t-il commencé timidement. J'ai une nouvelle élève pour vous. »

La marionnette est disparue et M. Sparato a ouvert la porte. Il n'était pas très grand. Je pouvais le regarder droit dans les yeux, qui étaient ceints de drôles de petits plis comme s'il avait trop ri. Sa grosse moustache noire faisait des soubresauts, et je pouvais dire que, à ce moment même, il essayait de ne pas rire.

« Je suis tellement mal à l'aise. J'espère que vous ne pensez pas que les choses se passent ainsi tout le temps », a dit M. Sparato, ses oreilles virant au rose. Il a présenté ses excuses au directeur, qui regardait nerveusement ma mère.

Ma mère a souri timidement, mais je voyais qu'elle estimait qu'il était parfait. Moi aussi.

Cette année-là s'est écoulée trop vite. Mes camarades de classe et moi courions dans la classe chaque matin, juste pour voir ce que M. Sparato avait de nouveau concocté. Nous écrivions et illustrions nos propres livres. Nous faisions des voyages au Taco

Time à l'heure du lunch, et des problèmes-relais de mise au défi du professeur dans la classe de math. Puis il y avait les histoires de M. Sparato. Habituellement, ses histoires fabuleuses jaillissaient en désordre pendant qu'il lisait un livre à la classe. Il arrêtait au beau milieu d'une phrase.

« Ne vous ai-je pas raconté le moment où je faisais une randonnée et que je suis tombé dans les sables mouvants ? » Pause dramatique. « J'ai respiré à l'aide d'une tige de bambou jusqu'à ce qu'on me sauve ! » Il a remué la copie de *Tragedy of the Tar Pits* qu'il lisait, pour appuyer sa déclaration (Charlton Heston encore une fois).

Nous n'avons pas pensé à lui demander où il avait pu trouver une tige de bambou dans les Rocheuses — ou les sables mouvants d'ailleurs. À la fin de l'année, nous croyions tous que la voiture de M. Sparato se déplaçait sur la terre, sur la mer et dans les airs. Nous croyions aux lutins. Nous croyions à l'utilité des tiges de bambou. Et nous croyions en la magie de M. Sparato.

Plus de deux décennies plus tard, je me souviens de cette année-là comme si c'était hier. M. Sparato a stimulé notre désir d'apprendre. Il nous a inspirés à explorer le monde autour de nous et à l'intérieur de nous, et à sortir des sentiers battus. Aujourd'hui, il y a parmi nous une infirmière, un musicien, un agent d'immeuble, un écrivain, des chefs d'entreprise, des magiciens de l'informatique, des mamans, des papas, et des professeurs. M. Sparato savait que nous n'étions pas que des enfants. Il savait que nous étions des jeunes gens impressionnables, capables de penser et de ressentir les choses, qui grandiraient, pour le meilleur et pour le pire. Et il savait qu'un professeur pouvait laisser sa marque, faisant pencher la balance en faveur de quelque chose de bien plus grand.

— *Julie Dunbar*

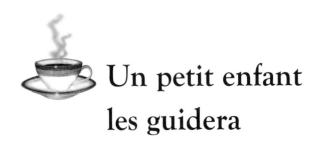

Un petit enfant
les guidera

J e venais juste d'ouvrir ma porte de classe au doux après-midi de printemps lorsqu'une femme est entrée et a contemplé la foule animée, composée d'enfants de maternelle, de mon assistant et de plusieurs mères bénévoles.

« Qui est le professeur ? » a-t-elle demandé.

J'ai jeté un coup d'œil autour de la classe. Debbie était en train de nouer les lacets de Leonard, son copain de classe. « Maintenant, regarde bien pour pouvoir le faire toi-même », lui a-t-elle ordonné de sa voix aiguë.

« Le professeur ? ai-je répondu en souriant. Oh, aujourd'hui, il semble que ce soit Debbie. »

Durant les années où j'ai été entourée d'enfants pendant leur première année à l'école publique, j'ai souvent été ébahie par leur sagesse innocente, leurs interactions désintéressées. J'ai appris beaucoup de ces

« professeurs » — qui avaient cinq ans et mesuraient un mètre de haut.

De tous mes élèves, Jason, Bethanne et Tahn se distinguent particulièrement dans mes souvenirs. Tahn, un réfugié du Vietnam, s'est joint à ma classe un mois de février. Comme de nombreux enfants de la plupart des quartiers asiatiques, il a débuté son expérience scolaire avec une faible connaissance de l'anglais.

Le premier jour, je leur ai donné des boîtes de gros crayons Crayola. Tahn les a étalés dans son espace de travail et il a testé chaque couleur sur sa feuille de papier journal. Puis, avec un large sourire confiant, il a saisi un crayon et a dessiné un tronc d'arbre. En cinq minutes, il avait dessiné un arbre, une bande de firmament, et un garçon souriant avec des cheveux noirs hérissés.

Lorsque j'ai baissé les yeux pour admirer son travail, il a pris deux crayons bleus et m'a lancé un regard interrogateur. Il a pointé le crayon mauve dans la main d'un autre enfant, puis il est revenu à sa boîte. Pas de mauve. J'ai expliqué que nous faisions parfois preuve de négligence concernant les crayons, qui finissaient par atterrir dans les mauvaises boîtes. J'ai parlé en anglais de ma vitesse normale et de mon ton de voix habituel, convaincue qu'il ne me comprendrait pas.

Pourtant, il avait compris. Il s'est levé avec un crayon bleu et a marché autour de la pièce en inspectant les boîtes. Quand il en a trouvé une qui ne contenait pas de crayon bleu, il l'a inséré à l'intérieur, puis il a extrait un rouge de trop et a cherché une boîte sans crayon rouge. Il a répété ce processus avec une efficacité étonnante. Lorsque les autres en ont eu terminé avec leurs dessins, chaque boîte contenait les huit bonnes couleurs. En quelques minutes, Tahn avait réalisé une tâche qu'une assistante aurait mis une demi-heure à exécuter.

Tahn réussissait rapidement toutes ses activités, puis il regardait autour de lui pour trouver quelque chose dans la pièce qui avait besoin d'être organisé, nettoyé ou réaménagé. Dans les projets artistiques, il finissait toujours le premier. Il se dirigeait vers un enfant qui avait des difficultés à appliquer le papier mâché, à coller ensemble deux morceaux d'argile ou à couper le long des lignes sur une feuille de papier. Au début, je me demandais s'il empêcherait l'autre enfant de faire sa propre expérience, mais j'ai rapidement découvert qu'il servait plutôt d'instructeur, montrant à son camarade la façon d'effectuer la tâche.

Ce printemps, j'ai amassé des paniers de petits fruits en plastique et j'ai enseigné à la classe comment tisser en passant à travers les trous avec de la laine à tapis. Comme à son habitude, Tahn a terminé le premier, puis il a aidé les autres. Pendant ce temps, j'ai ramassé les paniers presque terminés et y ai inséré les derniers morceaux de laine. J'ai continué l'opération pendant que mon assistante emmenait les enfants en récréation. Une petite tête a surgi près de mes mains. Tahn m'observait pendant que je réparais un panier particulièrement pitoyable.

« Tahn, tu n'es pas allé dehors avec les autres. »

J'ignorais s'il comprenait vraiment mes paroles ou seulement l'essentiel de leur signification, mais il a répondu : « Je regarde. »

J'ai tourné le panier et manipulé le dernier morceau de laine pour le mettre en place. Je l'ai laissé tomber devant Tahn. « Voici ! »

Il m'a récompensée d'un large sourire espiègle et a dit : « Trrrès bien, Prrrofffesseur ».

L'année où Bethanne est arrivée, j'ai eu la chance d'enseigner à une petite classe, ce qui me permettait d'accorder une attention personnelle à chaque enfant, et personne n'en avait plus besoin que Bethanne.

Non pas que j'étais capable de lui enseigner quoi que ce soit à caractère cognitif. Elle ne possédait aucune habileté langagière — ni anglais, ni son dialecte maternel ilicano des Philippines. Elle avait sept ans et pesait soixante kilos, elle communiquait au moyen de grognements, elle était incapable de tenir un crayon ou une craie, et manipulait gauchement les livres sans pouvoir contrôler ses mains. Ses parents avaient craint de l'emmener à l'école.

Mais elle pouvait nous étreindre. Radieuse, elle plaçait ses bras autour de moi et regardait mon visage. Elle embrassait aussi ses camarades de classe beaucoup plus menus, mais toujours avec douceur.

Nous nous assoyions souvent en cercle sur le plancher, ce qui était difficile pour Bethanne, mais elle s'arrangeait en se laissant tomber par terre comme une roche, en se retournant sur elle-même et, avec ses mains sur le plancher, en se hissant pour se redresser. Lorsqu'elle était assise, les enfants se disputaient pour s'asseoir près d'elle, s'appuyant contre sa confortable corpulence pendant qu'elle demeurait assise passivement, un léger sourire sur son visage.

Les autres enfants essayaient de lui montrer à parler. Je me souviens de Jamilla assise près d'elle, un livre ouvert sur les genoux. « C'est un mouton, Bethanne. Dis "mouton". » Bethanne ne faisait que sourire.

Un jour, alors que nous emmenions la classe au gymnase, nous avons croisé un groupe d'enfants plus âgés. « Eh, regarde qui va là, cette grande et grosse fille de maternelle », a crié quelqu'un, et ses camarades de classe ont ri.

Les enfants de maternelle n'ont pas ri. Lorsque nous sommes revenus à la classe, Douglas a dit : « Ces grands enfants se moquent de Bethanne. » Les autres ont hoché la tête de manière solennelle.

Le conseiller et l'infirmière scolaires se sont organisés pour que des tests soient effectués par une équipe médicale, et on nous a confirmé ce que les parents de Bethanne craignaient d'apprendre. La capacité intellectuelle de Bethanne était tellement limitée et sa taille si démesurée qu'elle n'atteindrait probablement pas l'âge adulte. Elle ne serait jamais capable de prendre soin d'elle-même en dehors des fonctions les plus élémentaires.

J'ai pris conscience que je ne possédais pas les compétences pour lui donner ce dont elle avait besoin — sauf le cadre chaleureux dans lequel elle vivait avec les enfants de notre merveilleux petit groupe. Mais il lui fallait beaucoup plus. Elle a été placée en classe d'éducation spécialisée dans une autre école, et j'espérais que c'était pour le mieux. Plusieurs semaines plus tard, lors d'une réunion, j'ai rencontré l'aide-enseignant de sa nouvelle classe.

« Êtes-vous la personne qui nous avez envoyé cette fille obèse qui veut toujours étreindre tout le monde ? » m'a-t-il demandé.

« Vous voulez dire Bethanne ? ai-je répondu. C'est sa manière de communiquer. Elle a besoin d'aimer, et les étreintes sont ses seuls moyens de l'exprimer. »

« Bien, laissez-moi vous raconter ce qu'a fait cette charmante dondon. » Son sarcasme était mordant. « Elle s'est échappée de la classe, il y a environ une semaine, elle s'est rendue dans le parc de stationnement et elle a cassé toutes les antennes des voitures du corps professoral. »

J'ai essayé d'imaginer sa rage. *Contre sa nouvelle classe ? Contre moi, pour l'avoir abandonnée ?* Tout cela me rendait malade.

J'ai avalé ma salive, m'obligeant à contrôler mon angoisse et ma colère. « Qu'avez-vous l'intention de faire à son sujet ? » ai-je demandé.

Il m'a dit que l'école envisageait de la placer à l'école expérimentale du campus de l'Université de Washington. Quelques semaines plus tard, Bethanne était transférée dans l'une des meilleures institutions du pays pour les enfants ayant une déficience intellectuelle.

Une autre année, alors que j'accueillais mes enfants de maternelle à la porte de la classe après le congé de Noël, j'ai remarqué que de nombreux enfants portaient de nouveaux manteaux, chapeaux, mitaines et sacs à dos, visiblement des cadeaux de Noël. Durant notre rassemblement en début de matinée, nous avons mutuellement admiré nos nouvelles acquisitions : des vêtements, une paire de lacets, des bas, une barrette, une coupe de cheveux. Je leur ai montré ma nouvelle montre. Une paire d'objets s'est démarquée parmi les nouveaux trésors : les souliers de course en argent brillant de Jason. Nous avons observé le regard de joie illuminer son visage.

« Des bottines d'escalade, nous a-t-il dit fièrement. Et des semelles Purdy. » Il a soulevé un pied avec sa main et a fait pivoter sa jambe pour que tout le monde voie le motif de lignes et de cercles colorés sur la semelle de ses nouvelles chaussures.

À la récréation, les enfants ont sorti des balles, des cordes à danser et de la craie. Je les ai regardés se déployer dans leurs directions coutumières, chaque groupe gagnant sa propre section du terrain de jeu. Jason et le groupe habituel de coureurs se sont enlignés à l'extrémité de la cour d'école : tendus, impatients, fébriles.

« À vos marques, prêts, partez ! » ont-ils crié.

Je les ai regardés partir. Cinq garçons et deux filles ont foncé à partir de la ligne de départ, Gary le premier. Gary, qui décollait toujours au mot « prêts », arrivait habituellement le premier en bordure du béton et faisait une culbute sur le gazon, essoufflé, avant que les autres ne le rejoignent, riant, entassés dans une pyramide désorganisée. C'était important pour lui de gagner parce que ses frères aînés jouaient au hockey et il comprenait ce qu'était la compétition. Le reste des jeunes coureurs, Jason inclus, étaient simplement heureux de sentir la puissance de leur corps fonçant dans l'espace. Je n'intervenais jamais. Bien assez tôt, dans une année ou deux, ils apprendraient ce qu'implique être le premier, le meilleur, le plus fort, et à jouer suivant les règles.

Mais c'était un jour exceptionnel pour Jason. Je l'ai observé alors qu'il s'élançait dès le retentissement du « partez », et son excitation évidente l'a propulsé plus rapidement qu'à l'accoutumée. Ses nouveaux souliers luisaient au soleil comme des enjoliveurs, un spectre de rapidité. Il a dépassé les autres, les laissant loin derrière, a rattrapé Gary et a atteint la ligne d'arrivée gazonnée bien en avant du gagnant chevronné.

« Oh, mince alors, ai-je entendu Gary se plaindre. Ce sont ces souliers, Jason. Ce n'est pas juste ! »

Jason a couru vers moi, à bout de souffle. J'ai baissé les yeux sur son visage tout excité.

« Tu as été formidable, Jason ! ai-je dit. Comment te sens-tu ? »

« Ce sont mes chaussures, a-t-il haleté. Elles sont vraiment rapides. Maintenant, je peux filer comme le vent ! Mon grand-père m'a dit que je deviendrais une vedette olympique, comme Jesse Owen ! »

Dans les jours et les semaines qui ont suivi, j'ai observé Jason qui semblait embrasé par sa confiance en ses souliers. Non seulement il courait lors des courses, mais il courait partout, et j'avais du plaisir à constater que son adresse, sa vitesse et son agilité s'amélioraient chaque jour.

Ce printemps, un nouvel élève s'est joint à notre classe. À partir du moment où il est entré, les autres enfants étaient tous en émoi. Bronzé par le soleil d'Hawaï, son pays natal, au moins une tête plus haute que la plupart de ses nouveaux camarades, Samuel respirait la confiance et la maturité bien au-delà de son âge réel. Pendant la récréation, chaque groupe rivalisait pour obtenir sa participation, mais il a choisi de se joindre aux coureurs.

« À vos marques, prêts, partez », ont crié les sprinters.

Gary est parti à « prêts », Jason, à « partez ». Samuel a hésité, mais seulement un court moment, puis il a compris. Il a décollé à toute vitesse et a dépassé les deux coureurs en tête. Le nouveau garçon incarnait la beauté, la grâce et la vitesse en mouvement. Son corps musclé, bronzé par le soleil, et des cheveux brillants blond miel me rappelaient le messager des dieux grecs, Mercure. Je l'ai observé alors qu'il dépassait la ligne d'arrivée imprécise et atteignait l'extrémité du terrain de jeu.

Pauvre Jason, ai-je songé, consternée. Celui-ci avait ralenti, puis s'était finalement arrêté pour observer Samuel. Il avait la bouche grande ouverte, mais seulement pendant quelques secondes. Alors que Samuel revenait vers les autres maintenant étendus sur le gazon, j'ai vu avec étonnement Jason s'approcher de Samuel et, tendant la main, lui donner une vigoureuse poignée de main.

Jason a trotté vers moi, ses yeux brillant d'excitation. « Avez-vous vu ce nouveau garçon, Samuel ? » a-t-il demandé.

« Oui, je l'ai vu, ai-je répondu. Il est vraiment bon, n'est-ce pas ? »

« Il court si vite, a haleté Jason. Il court juste comme le vent ! Un jour, il sera une vedette olympique ! »

Je me suis accroupie et j'ai serré Jason dans mes bras, mes yeux remplis de larmes, et j'ai pensé : *Un de ces jours, Jason, quand j'aurai grandi, je veux te ressembler.*

« Peut-être bien, lui ai-je dit. Mais je sais que tu seras certainement une vedette. Tu as de l'enthousiasme et un cœur généreux. »

« Ouais, a souri Jason. Et j'ai des chaussures argentées. »

Pendant neuf ans, j'ai pris soin de mes élèves de maternelle, j'ai récompensé la coopération et l'expression créatrice, et j'ai planté les graines pour que germent les aptitudes scolaires requises pour passer en première année. Mais souvent l'enseignement circule dans les deux sens. Bien des fois, j'ai eu l'impression d'être beaucoup plus une élève qu'un professeur, inspirée par des modèles comme Tahn, l'organisateur et l'instructeur amical, les camarades compatissants de l'affectueuse Bethanne, et le cœur généreux de Jason.

— *Annemarieke Tazelaar*

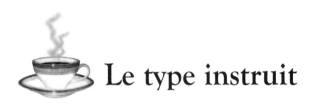 # Le type instruit

En onze années d'enseignement, parmi tous mes élèves, je me souviens tout particulièrement de Mac. Il était dans ma classe de deuxième période d'anglais. Il s'assoyait dans le quatrième siège de la troisième rangée, derrière un garçon plus grand qui le cachait complètement de ma vue. Mac était petit pour son âge. Je peux me l'imaginer en ce moment même dans sa tenue habituelle, un jean bleu délavé, une chemise en tissu écossais avec plusieurs crayons dans la poche, ses cheveux blond roux ébouriffés et ses yeux bleus pétillants. Il avait beaucoup d'amis et s'adaptait sans problème au groupe.

Mac paraissait attentif et semblait travailler durant la classe ; j'ai donc été surprise de constater après les premières semaines d'école qu'il n'avait pas remis un seul travail. Et, même s'il ne faisait pas ses travaux, il ne causait pas d'ennuis ; c'était donc le type d'enfant que j'aurais pu facilement négliger.

Mais quelque chose au sujet de Mac a attiré mon attention et attisé ma curiosité d'en apprendre davantage sur lui. Peut-être était-ce son esprit indépendant, sa manière nonchalante d'entrer chaque jour dans la classe, saluant ses amis et se laissant choir sur le siège devant son pupitre. Pourtant, je n'ai pas suivi mon intuition jusqu'à ce que la conseillère en orientation me demande de remplir un rapport d'étape sur Mac.

« Les parents ont demandé une réunion d'équipe, a-t-elle dit. Ils croient que Mac éprouve des difficultés d'apprentissage, ou qu'il est perturbé sur le plan affectif ou qu'il est paresseux. Ils ne sont pas certains de la nature du problème, mais ils croient que quelque chose ne fonctionne pas avec lui. Que pouvez-vous m'en dire ? »

Je ne pouvais pas beaucoup renseigner la conseillère en orientation au sujet de Mac. « Il n'est pas du tout intéressé au cours d'anglais. Il ne remet pas souvent ses travaux», ai-je dit.

« Mais, me suis-je hâtée d'ajouter, il ne s'agit pas d'un élève perturbateur et il semble être un enfant heureux. Assez enjoué, en fait. Je peux me tromper, mais je ne vois aucun signe que Mac puisse être affecté d'un problème sérieux. Je l'aime bien. »

Lorsque j'ai vérifié dans mon registre de notes, j'ai été surprise et embarrassée de découvrir que je n'avais pas enregistré une seule note vis-à-vis son nom. Mac n'avait même pas remis les tests d'orthographe hebdomadaires que la classe effectuait en groupe. D'une certaine manière, il se fondait dans la masse. *À partir de maintenant*, ai-je pensé, *je dois porter une plus grande attention à Mac.*

Le jour suivant, j'ai enclenché ma stratégie visant à mieux connaître Mac. J'étais assise à mon bureau en train de noter les tests d'orthographe pendant que la classe effectuait un exercice de vocabulaire. J'ai remarqué que, encore une fois, il n'y avait pas de travail de Mac dans la pile. Du coin de l'œil, je l'ai observé qui descendait nonchalamment l'allée de façon à pouvoir lancer dans la poubelle une liasse de morceaux de papier provenant de son cahier.

« Tu as des problèmes, Mac ? » lui ai-je demandé.

« Nope », a-t-il marmonné joyeusement, et il est reparti tranquillement vers son pupitre, faisant un arrêt ici et là pour parler avec ses camarades.

Le jour suivant, j'ai assigné à la classe une courte rédaction dans laquelle les élèves devaient décrire une de leurs activités favorites. Après qu'ils ont eu commencé, j'ai fait un tour dans les rangées de pupitres, encourageant les élèves, discutant avec eux de leurs idées pour ce travail et m'organisant pour me diriger aussi discrètement que possible vers le pupitre de Mac. Lorsque je suis arrivée près de lui, j'ai vu son bras s'étendre pour recouvrir sa feuille afin que je ne puisse pas voir ce qu'il y avait dessus, un comportement auquel je m'étais habituée par les années.

« Tu as des problèmes ? » ai-je demandé.

« Non. » Il a souri de sa manière insouciante habituelle.

« Assure-toi de terminer quelque chose d'ici la fin de la période », ai-je dit.

« En passant, classe, ai-je annoncé, je ramasse tout ce que vous avez été capable de finir aujourd'hui. »

« Pourquoi ne pouvons-nous pas le terminer comme devoir à la maison ? » a demandé un élève.

« Aujourd'hui, je veux voir ce que vous avez fait en classe. Je vous redonnerai vos feuilles demain et vous pourrez y travailler un peu plus, si vous le désirez. »

Quelques élèves ont râlé comme à l'accoutumée, mais personne ne paraissait avoir été particulièrement dérangé par mon annonce, encore moins Mac, qui continuait de voiler sa feuille jusqu'à ce que je me sois suffisamment éloignée dans la rangée. J'ai continué mes manœuvres dans la classe pendant un moment, puis je suis revenue m'asseoir à mon bureau, surveillant Mac autant que possible sans que ce soit trop évident.

Jusque-là, je n'avais pas suivi de trop près les habitudes de travail de Mac. Maintenant, je constatais qu'il ne portait pas attention à ses travaux, et qu'il passait la majorité de son temps à bavarder tranquillement avec les autres élèves autour de lui. Je l'ai vu demander à une fille un meilleur crayon. Puis il s'est dirigé vers l'aiguisoir, s'arrêtant ici et là pour vérifier ce que faisaient ses amis. Une fois revenu à son siège, il a écrit pendant quelques minutes, puis il a jeté un regard vers la fenêtre.

« Bien, je sais qu'il a écrit quelque chose », ai-je pensé en moi-même.

Vers la fin de la période, j'ai annoncé qu'il était temps de remettre le travail du jour. « Ça va, classe, le temps est presque écoulé. Terminez votre phrase et préparez-vous à remettre vos feuilles. N'oubliez pas de mettre votre nom sur la feuille », ai-je ajouté.

Mon annonce était le signal qu'attendait Mac. Il s'est levé et a marché vers la poubelle, en chiffonnant sa feuille durant le trajet. Je me suis déplacée rapidement vers lui pour arrêter son geste.

« Pas aujourd'hui, Mac, ai-je dit, en lui bloquant le chemin. Je veux que tu me remettes ce que tu as terminé. »

« Ce n'est pas bon », a-t-il dit avec son charmant sourire enfantin toujours accroché à son visage.

« Ça ne me fait rien, lui ai-je dit. Je veux voir ce que tu as fait jusqu'à maintenant. »

Mac m'a regardée curieusement, envisageant la possibilité de se rebeller, puis a décidé de se plier à ma requête. Il m'a tendu la feuille à contrecœur.

« Merci, ai-je dit, en défroissant le papier. J'ai hâte de lire ça. » J'ai parlé d'une façon très détachée et me suis immédiatement détournée pour m'adresser à la classe. « Remettez vos feuilles immédiatement. La cloche va sonner dans un instant. Veuillez ne pas quitter la pièce sans me donner votre travail. » J'ai exagéré le ton à l'intention de Mac, afin qu'il ne croie pas qu'il était l'objet d'une attention spéciale.

L'heure qui suivait était réservée à ma période de planification. J'ai fouillé dans les papiers remis pour trouver la feuille froissée de Mac. Il avait écrit deux ou trois phrases courtes dans une écriture ordinaire, lisible, et il parlait d'une excursion de chasse avec son père. J'étais incapable de trouver une raison valable pouvant expliquer pourquoi Mac avait voulu jeter ce travail plutôt que le remettre.

J'ai déplié la feuille et j'ai entouré un mot mal orthographié et j'ai écrit l'orthographe correcte sur la feuille. J'ai réfléchi pendant quelques instants sur le type de commentaire à écrire. Finalement, j'ai noté : « Bon début. Parle-moi un peu plus de la chasse. » Après délibération, j'ai écrit C- en haut de la feuille. Pour ne pas susciter la méfiance de Mac, j'ai écrit un commentaire sur tous les travaux des autres élèves.

Le jour suivant, j'ai remis les feuilles au début de la période et j'ai demandé aux élèves de lire mes commentaires et de continuer à travailler sur leur composition. Aussitôt que j'en ai eu la chance, je me suis rendue près du pupitre de Mac et j'ai commencé une conversation avec le garçon assis tout près de lui. Tout comme j'avais espéré, Mac s'est rapidement intéressé à ce que je disais et j'ai pu l'attirer dans la conversation. D'un air détaché, j'ai mentionné que Mac avait écrit sur un sujet que je trouvais intéressant — une excursion de chasse.

Mac m'a jeté un regard rapide et méfiant, puis il a décidé que mon commentaire était sincère. J'ai laissé Mac et ses camarades discuter du sujet que Mac avait choisi. Quelques minutes plus tard, j'ai demandé aux deux élèves de se mettre au travail.

« Mettez ces idées sur papier », ai-je dit d'un ton encourageant.

À la fin de la période, Mac a remis le travail amélioré, qui comportait maintenant deux phrases supplémentaires. Je jubilais de ce petit succès. J'ai écrit « Beaucoup mieux ! » dans la marge, et je lui ai donné la note C+.

À partir de ce moment, Mac est devenu le centre d'une attention la plus subtile et la plus particulière que je pouvais lui donner. Mes stratégies étaient soigneusement planifiées, mais mon objectif était simple. À la fin de l'année, Mac aurait assez confiance en lui pour me remettre ses travaux et il commencerait à accorder une valeur à ses études.

Après l'évaluation et la rencontre d'équipe qu'avaient demandées les parents de Mac, la conseillère en orientation est venue me dire que le personnel avait avisé les parents de ne pas s'en faire. Tous étaient d'accord pour affirmer que Mac était normal, mais peut-être légèrement immature. On a réussi à convaincre ses parents de ne pas prendre de décision majeure au sujet de leur fils, et la conseillère a promis de les tenir informés de tout changement dans son comportement.

Durant les prochaines semaines, j'ai bavardé avec Mac dès que l'occasion se présentait. S'il remettait ses travaux, je les commentais favorablement. S'il ne les remettait pas, j'exprimais ma déception. Lentement mais sûrement, les travaux ont commencé à arriver régulièrement.

Un jour, j'ai suggéré qu'il porte plus d'attention à l'orthographe et à la ponctuation. « Autrement, ai-je ajouté, ton écriture est très bonne. »

La flatterie et la pression que je venais d'ajouter étaient trop pour Mac.

« Hé, Mme Walker. » Il m'a regardée droit dans les yeux, sans sourire, et m'a parlé sur un ton sérieux pour la première fois depuis notre première rencontre. « Je ne veux pas être un type instruit. »

Il m'avait ébranlée. Faire de lui un type instruit, c'était précisément mon plan. Peut-être n'avais-je pas le droit d'essayer de changer l'image que Mac avait de lui-même, ou de l'amener à devenir la personne qu'il ne voulait pas être, même si c'était, à mon avis, pour son propre bien.

« Bien, Mac, ai-je répondu après avoir réfléchi à son commentaire, mais tu n'as pas envisagé certains avantages à être un type instruit. »

Je me suis retournée et j'ai marché vers un autre élève qui se tenait devant mon bureau pour me poser une question. Du coin de l'œil, j'ai vu Mac me faire un petit sourire involontaire. Lui et moi savions que nous étions engagés dans une bataille, où je venais de remporter un point.

La campagne pour améliorer la confiance de Mac dans ses habiletés scolaires s'est poursuivie jour après jour, alors que je lui faisais occasionnellement des commentaires calculés. Un jour, lorsque j'ai cru qu'il était prêt, j'ai écrit « Excellent travail ! » au sujet d'une composition particulièrement intéressante qu'il avait écrite et je lui ai donné un B, son premier. Lorsque je lui ai tendu les feuilles, j'ai vu Mac qui les montrait à l'élève assis près de lui. Il pointait la note avec fierté. Je savais que j'avais alors gagné plus qu'une escarmouche.

Dans son bulletin scolaire suivant, Mac a obtenu un C en anglais pour le semestre. Le conseiller en orientation m'a dit qu'il réussissait mieux dans ses autres classes aussi. Mac lui-même m'a confié que, pour la première fois de sa vie, ses parents étaient heureux de ses notes.

« Si je continue à bien réussir, je suis censé recevoir une moto hors route pour mon anniversaire. »

Alors que l'année passait, Mac et moi avons continué nos rapports discrets. Ce n'était pas le genre d'élève à venir me voir après l'école ou à me donner une carte de Noël. Mais une fois ou deux, quand nous nous sommes croisés dans le couloir, Mac m'a reconnue en disant : « Salut ! »

C'était beaucoup pour Mac, et c'était assez pour moi.

— Bonnie L. Walker

Une version précédente de cette histoire a été publiée sous le titre « Mac Wore a Mask of Indifference » dans l'édition mars/avril de Learning 92.

 # La championne des enfants

Elle se tenait debout devant la glace de la salle de bains, son doigt traçant une ride au coin de son œil droit. Le temps était devenu une calamité pour elle. Elle voulait qu'il ralentisse. La progression graduelle de l'arthrite dans ses mains, cependant, semblait seulement confirmer que le temps poursuivrait invariablement sa course. Comme elle ouvrait le robinet du lavabo et aspergeait son visage d'eau fraîche, elle s'est mise à réfléchir sur sa vie. *En avait-elle fait bon usage ?*

Cherchant une serviette, elle songeait à la vie ordinaire qu'elle avait menée, sans réalisations marquantes. Non pas qu'elle aurait souhaité connaître la gloire et la fortune, ou le prestige et le pouvoir. Elle voulait simplement avoir le sentiment d'avoir contribué à quelque chose en ce monde. À soixante-trois ans, et avec un simple album de souvenirs tout abîmé caché parmi des vieilleries dans son grenier pour illustrer toute une vie consacrée aux enfants, Mme Monroe avait l'impression de n'avoir rien accompli. Elle se sentait vide.

La vaseline a bien servi mon visage, a-t-elle pensé, alors qu'elle creusait dans la pommade pour hydrater sa peau. Les gens faisaient souvent des remarques sur son apparence plus jeune que son âge, une caractéristique qu'elle attribuait à la Vaseline qu'elle utilisait depuis l'enfance.

Le ronflement d'Elmer l'a brutalement sortie de ses songeries. Il faisait la grasse matinée aujourd'hui. Il était sept heures et, après plus de trente-cinq ans d'enseignement, sa propre horloge interne lui enjoignait encore de se lever et de partir ; elle devrait donc commencer sa journée sans lui. Elle s'est rendue dans la cuisine. Ouvrant les stores de la fenêtre, elle s'est demandé si Elmer avait remarqué qu'elle avait vieilli. Il ne le semblait pas, mais c'est qu'Elmer ne remarquait presque rien. Comme au temps où Mlle Lucille, sa voisine, avait couru sur leur pelouse et vers la boîte aux lettres en écrasant leurs bégonias. *Si Elmer n'avait pas remarqué ça, comment aurait-il pu se rendre compte que ma jeunesse s'est doucement évanouie*, a-t-elle raisonné, presque en souriant.

Mme Monroe a commencé à préparer le café qu'elle aurait préféré partager avec Elmer. L'arôme de vanille française valsait autour d'elle, comme pour la taquiner. Ne tenant pas compte de son appel, elle a lissé ses cheveux doux et argentés et a boutonné le haut de son peignoir, qui rapetissait sa silhouette de plus en plus menue, et elle est sortie pour ramasser le journal. Ses yeux ont scruté le voisinage, dont le charme discret lui revenait à l'esprit. Malgré le détachement de ses voisins, c'était là qu'elle avait voulu vivre, surtout depuis sa retraite. L'activité y était plutôt somnolente. On était samedi, et la seule chose qui bougeait, c'étaient les écureuils traversant les rues à toute vitesse et grimpant dans les cyprès.

En rentrant, elle n'a pu s'empêcher de penser aux moments où les résidants n'étaient pas si distants et où sa maison était un genre de pavillon pour les enfants du voisinage. Sans qu'on ne sache trop pourquoi, les enfants finissaient par se retrouver chez elle après l'école, après l'église et après le temps obligatoire passé auprès de leur famille. Et les parents ne semblaient avoir aucune objection à ce qu'elle prenne soin de leurs enfants comme une mère. « Oh, il est chez les Monroe », ou « Elle est avec le professeur », disaient-ils. Maintenant, elle connaissait à peine les enfants du voisinage.

Installée à la table de cuisine avec sa tasse de café, elle l'a remarqué immédiatement : c'était le silence d'une maison sans enfants. Les siens avaient grandi et étaient déménagés. Ses petits-enfants étaient devenus des adolescents, trop occupés par la musique, la mode et les rendez-vous pour souhaiter sa compagnie ou celle de Elmer, spécialement le samedi. Et les enfants auxquels elle avait enseigné n'étaient plus que de simples souvenirs — mais au moins il lui restait les souvenirs.

Elle aimait beaucoup se rappeler le premier jour d'école. Avant l'arrivée de ses élèves, elle transformait soigneusement la salle de classe en un paradis des enfants, avec des images aux couleurs brillantes et vives et des accessoires de théâtre animés. Peu importe l'atmosphère accueillante et chaleureuse dont elle avait doté la classe, au moins un de ses enfants de maternelle pleurerait pour retourner à la maison. D'autres se pendaient à ses basques comme si c'était elle qui les avait mis au monde. À la fin de l'année scolaire, ils étaient aussi à l'aise dans sa classe qu'ils ne l'étaient dans leurs propres arrière-cours. Si leur aisance dans sa classe n'était pas évidente en juin, elle l'était certainement en août lorsque l'école recommençait. Un ou deux de ses anciens élèves sortiraient inévitablement en douce de leur classe de première année pour se pointer dans sa classe, à la recherche de ce qui leur était familier et précieux.

La sonnerie retentissante du téléphone a brusquement interrompu sa rêverie.

« Allo », a-t-elle répondu.

« Mme Monroe ? » Elle ne reconnaissait pas la voix.

« Oui. »

« Mme Monroe, l'enseignante au primaire ? »

« Oui. »

« C'est moi, Amy », a répondu la personne qui appelait.

Il y a eu beaucoup d'Amy, a pensé Mme Monroe sans rien dire.

« Amy Binkingham. Je veux dire Amy Wilson. Vous m'avez enseigné à l'école J.T. Butler Elementary. J'étais dans votre classe de troisième année. »

« Oh, mon Dieu ! Amy ! Bien sûr ! Qui pourrait oublier cette chevelure rougeoyante... et toutes ces taches de rousseur ! » a répondu Mme Monroe d'une voix mugissante de plaisir. « Comment allez-vous, ma chérie ? »

« Je vais bien, merci. » Amy a parlé à son ancien professeur de l'organisme à but non lucratif qu'elle venait tout juste de démarrer. C'était un service de tutorat pour les élèves ayant besoin d'une aide d'appoint, que les parents ne pouvaient se payer. La cérémonie d'inauguration aurait lieu le lundi suivant à deux heures de l'après-midi. « Pouvez-vous y assister ? »

« J'aimerais beaucoup », a dit Mme Monroe.

« Formidable. C'est au coin des rues Apple et Hickory, a précisé Amy. Merci, Mme Monroe. »

« Je vous en prie, Amy. Et quel est le nom de votre organisme ? »

« Le petit pavillon de Mme Monroe. »

Comme Mme Monroe raccrochait le téléphone, Elmer est entré dans la cuisine et elle a levé vers lui un visage radieux. Après tout, elle avait eu une vie remplie et épanouie. L'enseignement avait été sa grande réalisation — et, ayant inspiré une de ses élèves (et d'autres sans aucun doute) à poursuivre la tradition en son honneur, c'était aussi son héritage. Peut-être que maintenant Adèle pourrait faire la grasse matinée de temps à autre et profiter d'un samedi tranquille avec Elmer.

— *Mikki Hollinger*

 # Dans la lumière
d'un maître

ercée par le bourdonnement caverneux de l'autobus, je succombe presque au sommeil. Par la
fenêtre, je regarde la sinistre obscurité d'une nuit
d'hiver sans lune. Il fait si froid à l'extérieur que la
neige craque sous les pieds ; à l'intérieur, la température est à peine plus élevée. La route est déserte. Il est
quatre heures et nous sommes samedi matin. Le
moment parfait, la température idéale pour un chaud
édredon et un rêve nostalgique. Qui serait assez
insensé pour s'aventurer dehors par un temps pareil ?

Lorsque Donna Frenzel m'a recrutée pour l'équipe
oratoire, elle ne s'est pas donné la peine de me parler
des heures singulières qui seraient les miennes le
week-end. Peut-être estimait-elle qu'il ne s'agissait pas
d'un détail important. Après tout, elle n'avait jamais
semblé préoccupée par les questions d'horaire. Année
après année, depuis une trentaine d'années, elle a toujours été la première dans l'autobus. Que son énergie

lui vienne de son amour des tournois, ou du temps passé avec des amis, ou des cartons de six Pepsi Diète qu'elle a absorbés, ou de toutes ces choses à la fois, c'est difficile à dire. Mais ce matin n'est pas différent de tous les autres.

Pendant que certains élèves discutent des derniers et des meilleurs éléments de preuve et idées des récentes joutes, les autres essaient de dormir, malgré les sièges cahoteux de l'autobus scolaire et l'incessant bruit environnant. Mme Frenzel et son équipe de juges (la plupart des professeurs) sont assis dans les quatre premiers sièges. Les échanges de commentaires ont des allures d'un match de ping-pong. Les rires jaillissent comme un volcan agité. Puis, soudainement, le silence. Quelqu'un fait circuler quelques bribes de potins trop savoureux pour les partager avec un trop grand nombre de personnes.

Après trois heures passées dans l'autobus, nous arrivons dans une école éloignée. Comme à l'accoutumée, nous sommes la première équipe arrivée. Mme Frenzel n'aime pas être en retard. Nous nous séparons et attendons ; des nœuds chroniques se forment dans nos estomacs à la pensée des trois heures exténuantes de débat public qui nous attendent. Mme Frenzel semble aussi un peu soucieuse. Elle nous tend nos horaires tout en criant des instructions par-dessus le vacarme de l'équipe. Entre les tâches à accomplir, elle accueille chaleureusement les coentraîneurs des écoles adverses. Au fil des années, ils sont devenus des amis.

Les mots habituels de « bienvenue » prononcés dans les haut-parleurs stridents interrompent un moment la conversation, mais le bruit nerveux des porte-documents, des boîtes d'éléments de preuve et du papier se poursuit. « Bonne chance », dit la voix anonyme. Puis c'est le temps de tester nos capacités de raisonnement et nos prouesses oratoires.

Lorsque nous revenons à la cafétéria de l'école, il est presque midi. Nous mangeons les pizzas graisseuses qui nous ont été livrées alors que Mme Frenzel aide à compter les points. Elle est facile à repérer, faisant abondamment étalage de ses excentricités. Ses cheveux poivre et sel sont savamment décoiffés. Un énorme diamant hérité de sa famille orne son annuaire. Elle porte des vêtements quelque peu démodés, non par manque de sens de la mode ou de moyens d'en acheter de meilleurs, mais parce qu'elle les aime. Ses pantalons, son col montant et son veston n'ont rien à voir avec les vêtements typiques des professeurs (vous connaissez le genre… jolie salopette en denim avec des appliqués de pommes et de lettres de l'alphabet).

Finalement, on est prêt à annoncer les gagnants. Nous félicitons nos camarades débutants et juniors de l'équipe inter-écoles qui rapportent des trophées à la maison, pendant que nous écoutons nerveusement pour savoir si nous serons nommées. Je suis certaine que mes voisins peuvent entendre battre mon cœur alors qu'on annonce l'équipe en troisième place, puis celle en deuxième place, et finalement les gagnants. C'est difficile à croire, mais nous avons réussi. Nous avons gagné ! Cela signifie que nous participerons au tournoi national. De plus, ma partenaire et moi ramenons à la maison un précieux trophée d'orateur.

Mme Frenzel sourit et applaudit. Elle est contente, mais pas vraiment surprise. Elle lit mon incrédulité sur mon visage. Elle demeure silencieuse, mais son regard semble dire : *Je savais que vous aviez ce talent. Pourquoi êtes-vous si surprise d'avoir gagné ?* Elle me connaît bien.

Nous montons dans l'autobus. Tout le monde bavarde à propos de la journée remplie d'excitation. Mme Frenzel nous félicite chaleureusement pendant qu'elle nous tend les feuilles d'évaluation des juges. Je peux voir la fierté dans ses yeux. « Je savais que mes filles gagneraient aujourd'hui », nous dit-elle.

Au début, dans la chaleur de la victoire, les kilomètres défilent rapidement. Mais à mesure que les heures traînent en longueur, encore une fois bercé par le bourdonnement de l'autobus, mon corps fatigué est presque gagné par le sommeil. Je regarde le ciel hivernal aux tons orangés se dissipant avec l'obscurité grandissante et je réfléchis à mes trois dernières années dans l'équipe oratoire.

En trois brèves saisons de compétition, j'ai acquis certaines techniques des plus précieuses. Je suis maintenant capable de trouver des sujets de recherche qui m'intéressent, de comparer des informations de différentes sources et de tirer des conclusions logiques. De plus, je peux me présenter aisément devant une salle bondée et exposer mes idées avec compétence, même si je dispose de peu de temps pour préparer un discours. J'ai davantage confiance en moi, je suis plus raisonnable et plus disposée à relever de durs défis.

Je ferme mes yeux dans l'espoir de m'assoupir, mais mes pensées me tiennent éveillée. Une voix dans ma tête me rappelle : *Ce n'est pas seulement toi. Chaque élève de cet autobus, chaque élève de tous les autres autobus*

*des trente dernières années ont appris ces choses et probable-
ment encore plus.*

Puis, finalement, les choses m'apparaissent clairement ; je comprends. Ce n'est pas le Pepsi Diète qui
donne de l'énergie à Mme Frenzel (même si cela y est
peut-être pour quelque chose). Elle tire son énergie de
voir ses élèves retirer tout ce qu'elles peuvent de l'expérience oratoire. Elle provient de son désir de prendre
une adolescente maladroite en communication, et de
l'aider à accomplir un ballet linguistique. Elle provient
de sa conviction que ce que nous apprenons maintenant nous aidera tout le long de nos études et de nos
carrières, notre vie durant.

C'est pourquoi, depuis toutes ces années, elle se
lève à trois heures le samedi matin. C'est pourquoi elle
s'aventure dans le froid glacé et l'obscurité quand son
lit chaud l'invite à demeurer chez elle. C'est pourquoi,
après une bonne semaine de travail à l'école, elle
accepte de passer ses samedis dans un autobus scolaire bruyant et cahoteux.

L'autobus s'immobilise en face de notre école.
Après avoir fait mes adieux, je m'arrête un moment.
J'essaie d'imaginer qui je serais devenue sans l'influence de ce professeur tout spécial. Plus timide ? Peut-
être. Moins articulée ? Probablement. Moins bien
organisée ? Très probablement. Lancée sur une voie
professionnelle différente ? Assurément. Mais ayant
bénéficié de la lumière d'un maître, je vois maintenant
clairement mon chemin. Peut-être que je serai un jour
moi aussi un excellent professeur.

— *Michelle (Mann) Adserias*

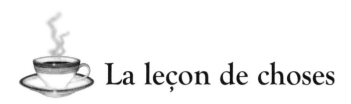 La leçon de choses

J e n'avais pas cru qu'il en serait ainsi avec la « leçon de choses ». Mais, de fait, l'ensemble de la tâche elle-même était une surprise. J'avais soumis ma candidature au diocèse pour enseigner les arts, pas la maternelle. Comment se faisait-il que le directeur ait pu retenir ma demande ?

« Je n'ai pas d'expérience… »

« Vous serez parfaite », m'a dit la souriante religieuse qui m'a interviewée. « Après tout, a-t-elle ajouté, jetant un regard sur ma demande, vous avez enseigné à ce groupe d'âge pendant votre stage en éducation, vous avez des enfants de cet âge, et en maternelle, on fait beaucoup d'arts. »

Elle a jeté un regard approbateur sur ma modeste tenue, une blouse à carreaux bleus et une jupe croisée en denim. « Maintenant, dites le *Je vous salue Marie* et faites le signe de la croix. »

Je dois avoir réussi le test, même si je n'étais pas catholique romaine, car elle m'a alors serré la main en me disant : « Les classes commencent dans trois jours. »

Lorsque j'ai hésité, elle a rendu l'offre plus alléchante en me rappelant que mon fils pourrait fréquenter l'école sans frais, ce qui, en réalité, augmentait passablement mon salaire et éliminerait les problèmes d'horaire. J'avais besoin d'un emploi, j'ai donc accepté.

Ma première tâche a consisté à me procurer des livres de méthode d'enseignement en maternelle à la librairie de l'université. Je devais ensuite consulter ma fille de six ans, qui était une experte, ayant récemment obtenu son diplôme de maternelle. Ces deux sources affirmaient que la leçon de choses était essentielle. Ma fille m'a informée que c'était le meilleur moment de la journée. Mais quand j'ai suggéré qu'on pourrait faire cette leçon de choses à partir de nos pupitres, un regard horrifié a balayé son petit visage.

« Non, Maman. Sur le tapis. Tout le monde s'assoit sur le tapis en cercle. »

« Mais il n'y a pas de tapis dans la classe, juste un plancher de tuiles. Ils doivent avoir fonctionné sans tapis l'an dernier.

Par l'expression sur son visage, je pouvais dire que ce n'était pas une excuse.

« Je n'ai pas les moyens d'acheter un tapis. En plus, je n'ai pas le temps. »

« Ils peuvent utiliser mon tapis jaune. »

« Es-tu certaine ? »

Le hochement de tête affirmatif a fait rebondir ses boucles rousses. D'accord, c'était donc réellement important. Ma Suzie était une enfant extraordinaire, mais elle ne se séparait pas facilement de ses objets.

Lorsqu'elle a vu le grand tapis ovale installé dans la classe, elle a approuvé la disposition des tables, des chaises et des jouets. J'étais prête... du moins je le croyais.

J'avais vingt élèves. La moitié des enfants étaient blancs, l'autre moitié étaient noirs ; la moitié des filles, la moitié des garçons ; la moitié des catholiques, la moitié des baptistes ; et la moitié des catholiques appartenait à une ancienne croyance religieuse d'origine russe dont je n'avais jamais entendu parler. Voilà qui promettait d'être intéressant. Leurs capacités variaient de celle d'une petite fille qui pouvait lire n'importe quel livre dans la classe à celle de David, qui n'était même pas capable de reconnaître la lettre D dans son propre prénom. Certains étaient bien vêtus ; d'autres portaient des vêtements qui avaient dû se retrouver plusieurs fois dans les boîtes du centre d'entraide de la ville. L'un habitait dans une douillette maison de briques ; l'autre résidait dans un vieil appartement tellement négligé que l'on pouvait presque voir à travers les murs.

Mais lorsque nous nous sommes assis en cercle sur le tapis jaune, toutes les différences se sont effacées. Pour la leçon de choses, tous étaient égaux.

« J'ai été frappé par un vélo. C'est à cause de cela que j'ai une jambe dans le plâtre. »

« Mon cousin Christopher a une tumeur au cerveau. »

« Voulez-vous entendre la chanson que nous chanterons demain à la réunion de prières ? »

Nous avons appris des prières russes, des chansons baptistes, et l'histoire détaillée de ce qui arrivait quand votre cher cousin avait une tumeur au cerveau. J'ai rapidement découvert que les enfants avaient beaucoup de « choses » à raconter. Mais il ne s'agissait pas de jouets, d'autocollants et des jolies pierres, comme je m'étais imaginée. Mes enfants de maternelle soulevaient souvent des questions difficiles et les réponses recherchées n'étaient pas écrites dans le programme.

« Ma maman a un bébé qui grandit dans son ventre. »

« Nous portons des branches de saule au lieu des branches de buis le dimanche des Rameaux. »

« Comment grandissent les bébés ? »

Nous avons appris le *Je vous salue Marie*. Nous avons parlé du « fruit de ses entrailles ». Nous avons parlé des fruits et de la façon dont pousse la graine du fruit pour devenir un arbre ou une plante qui produit des fruits à son tour. Nous avons observé des pommes, examiné les graines à l'intérieur et mangé la chair croustillante et sucrée. Nous avons appris que les bébés grandissent dans l'utérus, et non dans l'estomac, et proviennent de la semence et des ovules, qui sont les graines des humains, et qui se transforment en d'autres humains.

« Je suis allé à la fête de Christopher. Il a eu huit ans. »

Les anniversaires étaient célébrés, et quand ils ont découvert ma date d'anniversaire, ils ont insisté pour que je leur dise mon âge, tout comme ils le faisaient à leur propre anniversaire.

« Trente et un ans. »

« C'est *vieux* ! Tu es aussi vieille que ma grand-mère ! »

Ils ont ri joyeusement, et j'ai ri avec eux. J'ai été étonnée quand j'ai abordé les maths, mais je n'avais pas de raison de douter de leurs capacités. Ils connaissaient maintenant leurs nombres et leurs lettres, même David. Et certains avaient des grands-mères dans la trentaine.

« Comment les bébés sortent-ils ? Est-ce que ma maman va éclater ? »

« Ma maman a été coupée. Elle m'a montré sa cicatrice. »

« Est-ce que ça fait très mal ? »

J'ai admis que cela faisait mal, parfois très mal, mais que les bébés en valaient la peine. Non, la peau n'éclate pas, même si cela peut sembler être le cas. Nous avons appris qu'il existe une ouverture spéciale par laquelle les bébés sortent et qu'ils ne sont pas « projetés » à l'extérieur. Parfois, il est nécessaire de couper les mamans, mais les médecins s'assurent que la région est insensibilisée, pour qu'elles ne sentent pas la coupure. J'ai répondu aussi sincèrement que je l'ai pu et j'ai soulagé autant de peurs que j'en ai été capable.

« Pouvons-nous encore chanter la chanson de l'alphabet à l'envers ? »

« Je ne suis pas certaine que la chanson fonctionnera ainsi. »

« Tu es capable. »

J'étais mise au défi. Ils avaient plus de foi en mes habiletés musicales que moi, mais après de multiples essais et erreurs, je me suis organisée pour intégrer les lettres à la musique. Nous avons appris l'alphabet à l'endroit et à l'envers, aussi bien que le son de chaque lettre et la manière de l'écrire.

Nous avons regardé les images dans nos livres de sciences.

« Voyez-vous comment la maman oie protège son petit en attirant le renard loin de son nid ? »

« Ouais, c'est ce que ma mère fait quand mon père arrive saoul à la maison. »

« Ma mère nous cache dans le placard, moi et ma sœur, quand son petit ami vient à la maison, pour éviter qu'il nous frappe. »

Des murmures de compréhension ont balayé le cercle. Personne n'était choqué, sauf moi.

« Christopher est à l'hôpital. »

« Je suis capable d'épeler "hippopotame". »

Épeler « hippopotame » s'est révélé tellement amusant que nous avons tous appris comment le faire, même David. Puis nous avons fait une visite de l'école, nous promenant de classe en classe, montrant nos merveilleuses connaissances. Ils adoraient chanter, alors j'ai pensé qu'il serait amusant de leur apprendre le merveilleux refrain « Jésus aime les petits enfants/ Tous les enfants du monde/Rouges et jaunes/Blancs et noirs/Pour lui, ils sont tous précieux[6] ». Ils formaient un groupe si diversifié, ils adoreraient cette chanson.

Je venais tout juste de commencer la chanson quand une main s'est levée.

---

6. NDT : Extrait du poème «Jesus Loves the Little Children» deClare Herbert Woolston, pasteur à Chicago (Illinois). Traduction libre.

« Il n'y a pas de personnes rouges ! »

Des hochements de tête ont traversé le cercle. Ils connaissaient leurs couleurs. Une rapide comparaison des couleurs de peau a suivi ; on a placé des bras foncés contre des bras pâles. Ils étaient d'accord : personne n'était rouge, jaune, noir ou blanc.

« Nous sommes tous de la couleur de la peau ! »

Les enfants avaient raison. J'aimerais que le reste du monde ait leur sagesse.

Nous sommes arrivés aux fractions. Diviser une chose en éléments égaux était un concept très facile pour eux.

« C'est le partage. »

Les sourires de compréhension irradiaient encore plus que le tapis jaune. Les fractions étaient simples. Nous avons partagé des petits gâteaux et des biscuits Graham et nous avons appris les demies et les quarts. C'était une bonne journée. Puis c'était le temps de la leçon de choses.

« Christopher est mort. Ils ne m'ont pas laissé le voir. »

Ma voix s'est cassée lorsque j'ai essayé de parler. Je ne pouvais pas être le professeur courageux et calme ; je ne pouvais être qu'une autre personne en deuil. Il n'y avait pas de raison d'essayer de leur cacher mes sentiments. Des larmes ont mouillé le tapis jaune, des mouchoirs en papier ont circulé dans le cercle, et des paroles de sagesse ont été échangées. J'ai été étonnée de voir à quel point des enfants de cinq ans savaient ce qu'était la mort, à quel point ils étaient capables de se réconforter les uns les autres. Presque des théologiens.

« Mme Edwards, est-ce vrai que les gens peuvent venir vous enlever de votre famille ? »

« Ils seraient mis en prison, n'est-ce pas ? »

« Personne ne peut faire ça, n'est-ce pas ? »

La colère et la peur ont balayé le cercle ; le tapis jaune a tremblé. Je détestais devoir leur dire que les services sociaux pouvaient le faire et ne pas être mis en prison. Certaines leçons de choses n'étaient pas réconfortantes.

Le dernier jour d'école, j'ai pris une photographie de tous ceux qui étaient assis sur le tapis jaune. Ma fille avait eu raison : c'était important. Ce cercle représentait la table ronde où des égaux se rencontraient et communiquaient leurs opinions — leurs idées sur les problèmes sociaux, la religion, la vie et la mort, la joie et la tristesse, toute la gamme des composantes de la vie. Ce n'était certainement pas ce à quoi je m'étais attendue, mais pour rien au monde je n'aurais manqué la leçon de choses.

— *Kathleen Edwards*

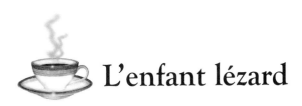 # L'enfant lézard

J'ai toujours pensé que ma profession d'enseignante me donnerait un avantage lorsque je deviendrais parent. D'une certaine façon, j'ai cru que je trouverais magiquement toutes les réponses. J'étais déterminée à ce que mon enfant ne soit pas handicapé par le stigmate des troubles d'apprentissage, des mauvaises habitudes d'étude ou d'un problème de coordination sur le plan des habiletés motrices. Je suppose que le fait de bénéficier de plusieurs années d'expérience dans une salle de classe m'avait convaincue que j'étais un maître de sagesse en matière d'éducation.

Chaque éducateur est formé de façon intensive pour être capable d'enseigner à tous les degrés de l'apprentissage. Nous sommes bombardés de statistiques soulignant l'importance d'enseigner aux enfants à tous les niveaux de leur développement. Nous sommes encouragés à maîtriser l'art de varier les styles d'enseignement. Cependant, rien ne pouvait m'avoir préparée adéquatement pour la tâche d'enseigner à mon propre enfant.

Matthew est le garçon de neuf ans typique. Il adore les voitures de course, les armes à air comprimé et les sports. Il aime même l'école, même s'il faut admettre que cela altère indéniablement son statut d'enfant super *cool*. La seule chose qui gâche son petit monde parfait est sa réelle aversion pour tout ce qui ressemble vaguement à la lecture. Il déteste au plus haut point la lecture. Dans un foyer où l'on peut compter plus de cinq cents livres, le refus de lire de mon fils m'a totalement consternée. Étant une lectrice passionnée, je suis tout simplement incapable de comprendre comment il est possible que quiconque, encore moins mon propre enfant, puisse ne pas aimer l'infinie magie que l'on retrouve entre les couvertures d'un bon livre.

Au cours des premières années d'études de Matt, je me suis simplement persuadée que c'était la faute de ses professeurs. Ils n'avaient pas réussi dans leur tâche d'insuffler en lui la joie de la lecture. Je ne parvenais pas à comprendre pourquoi un enfant qui obtenait d'excellentes notes en lecture refusait d'aimer lire, même un peu. Quelles que soient les raisons de cette aversion farouche de mon fils, j'ai décidé de trouver une façon de le faire tomber en amour avec le merveilleux des mots écrits.

Ma recherche m'a d'abord conduite vers les innombrables piles de livres d'enfants que j'ai achetés au cours des années. Matt et moi, nous nous sommes assis ensemble sur le plancher, entourés de monticules de livres. Nous cherchions tout ce qui pourrait capter son intérêt assez longtemps pour le persuader de lire les pages jusqu'à la fin du livre. Notre quête n'a donné aucun résultat.

Péniblement, j'ai poursuivi mon exploration, passant désespérément en revue les étagères de notre bibliothèque publique locale. J'ai essayé d'anciens classiques comme *Charlotte's Web*[7]. J'ai désespérément recommandé des prix littéraires et une série complète de contes de Beverly Cleary[8].

J'ai essayé de l'obliger à en lire un certain nombre de pages chaque soir. Grave erreur. Les cauchemars quotidiens des devoirs n'étaient rien à côté du combat quotidien durant la période de lecture du soir. Il s'est traîné d'ennui. Il a pleuré. Il a crié. Rien ne fonctionnait.

J'ai donc commencé à lui faire plutôt la lecture moi-même, croyant que si je pouvais seulement découvrir cette histoire magique qui piquerait son intérêt, il finirait par prendre lui-même le livre. Je lui ai fait la lecture tous les soirs pendant plusieurs semaines, après quoi je l'encourageais à terminer de lui-même le livre que nous lisions. Peine perdue. Alors qu'il aimait m'entendre lire toutes ces histoires, à ma grande déception, rien n'avait réussi à faire naître en lui le désir que j'espérais.

Le plan H — du moins, c'est ce que je croyais — m'a menée à la conclusion que j'avais négligé l'évidence. Matthew était un joueur de baseball passionné. Chaque été, il jouait dans trois équipes différentes. Il

---

7. NDT : E(lwyn) B(rooks) White (1899-1985), *Charlotte's Web* (1952), l'histoire d'un jeune cochon, Wilbur, qui se lie d'amitié avec une araignée sympatique, Charlotte. Version française : E.B. White, *La Toile de Charlotte*, Paris : École des loisirs, coll. « Neuf en poche », 1984, illustré par Garth Williams.
8. NDT : Plusieurs titres de cette auteure anglophone ont été publiés en français, notamment chez l'éditeur École des loisirs.

mangeait, dormait et respirait le baseball. C'était ça ! Je le savais ! Je suis retournée en courant à la bibliothèque et j'ai emprunté toutes les histoires liées au baseball que j'ai pu trouver. Les résultats de ma recherche allaient des histoires détaillées sur les différents joueurs de la ligue majeure jusqu'aux simples chapitres de livres écrits pour les fans des ligues mineures. Je suis rapidement revenue à la maison remplie d'enthousiasme.

Matt a aperçu Mark McGwire et il m'a instantanément arraché des mains le sac plein de livres. Il s'est assis pendant des heures, passant d'une page de statistiques à l'autre. Il a porté une attention particulière aux photographies et aux illustrations. Il était au septième ciel et moi aussi. Épuisée, je me suis donné une tape dans le dos, croyant que j'avais finalement gagné.

Quelques jours ont passé avant que je ne remarque qu'il n'avait finalement lu aucun des livres. Il avait simplement parcouru les sections qui l'intéressaient, glanant un petit fait par-ci par-là. Même s'il avait lu quelques chapitres des romans, c'était comme lui arracher une dent que d'arriver à les lui faire terminer. Nous étions tous les deux habités par la plus vive des frustrations. Mon obstination à le pousser à lire le rendait malade, et quant à moi, j'étais irritée d'être incapable de l'atteindre.

J'ai décidé d'abandonner. Peut-être n'aimerait-il jamais la lecture ; peut-être traversait-il simplement une phase. Même si mon cœur de mère savait qu'il était temps de battre en retraite, l'éducatrice en moi trouvait difficile de lâcher prise. J'ai continué à faire des visites hebdomadaires à la bibliothèque avec lui, mais je ne l'ai plus obligé à lire un livre chaque soir. J'ai laissé à sa discrétion à la fois son choix de lire et la durée de l'activité de lecture.

Matthew a récemment gagné un coupon-cadeau dans une librairie locale. Enthousiaste, j'ai fait le trajet de trente minutes et l'ai laissé prendre tout son temps pour passer les étagères au peigne fin. En peu de temps, je me suis retrouvée à lui faire des suggestions. Il les a toutes rejetées. Après deux longues heures, tout ce qu'il a fini par rapporter était un livre grand format sur le système solaire. J'ai suggéré que nous explorions un autre coin du magasin. Je me suis retenue de lui imposer mes choix. Au lieu de cela, j'ai demandé quel type d'histoire il aimerait.

« N'importe quoi de court et de pas trop fillette », a-t-il dit.

Il a commencé à chercher des couvertures de livres avec des « images *cool* ». Après plusieurs rejets, il a sorti un petit livre de poche avec en page couverture une drôle d'illustration représentant un lézard gecko et un oiseau moqueur dans la cafétéria d'une école : *Farewell My Lunchbag,* l'un des livres-mystères de Chet Gecko écrit par Bruce Hale. Chet est un lézard détective de quatrième année intelligent, maniant habilement facéties et traits d'esprit. Matthew a décidé que c'était son choix final.

J'ai silencieusement espéré qu'il ne s'agissait pas simplement d'une autre addition à nos piles de livres non lus relégués aux oubliettes. J'ai été secouée quand il a finalement commencé à lire le livre dans la voiture. Il riait même en lisant. Ses yeux brillaient d'excitation.

Lorsque nous sommes revenus à la maison, il avait lu plus de seize pages. Alléluia ! Il lisait et il adorait cela.

Plusieurs semaines et trois romans du détective Gecko plus tard, il mange, étudie et prend son bain un livre à la main. Il tombe endormi avec un lézard chaque soir. Il marche autour de la maison, n'arrêtant pas de se vanter de ses connaissances de détective. Aucune affaire n'est trop complexe pour Matt Law, maître limier. Pendant que mon enfant lézard de neuf ans résout le mystère du bas perdu, je suis soudainement frappée par l'idée qu'il a, à lui seul, résolu le cas du lecteur capricieux et de la mère paranoïaque.

— *Christine Guidry Law*

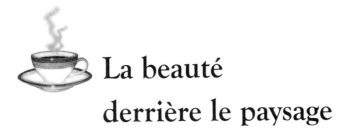 # La beauté
derrière le paysage

On n'a pas l'habitude de qualifier de « superbe » le South Bronx. Les trottoirs sont lézardés et désagrégés, et tellement crasseux que même les mauvaises herbes n'ont pas assez de persévérance pour y pousser. Des journaux abandonnés se retrouvent en bordure du trottoir, formant progressivement une espèce de magma. Des clôtures rouillées en maillons de fer ceinturent les immeubles et les terrains abandonnés. La plupart des édifices sont en briques rouges défraîchies ; les fenêtres sont brisées et la peinture craquelée et écaillée. Les immeubles d'habitation s'élèvent très haut dans l'air poussiéreux, leurs fenêtres tristes et désolées semblant regarder d'un air absent le sombre monde qui les entoure.

La première fois que j'ai posé les yeux sur le South Bronx, j'étais une enseignante de première année qui venait tout juste de décrocher son diplôme universitaire et qui cherchait à réaliser quelque chose de notable et d'intéressant dans sa vie. Même si je n'étais pas allée à l'école pour devenir enseignante, il existait un certain nombre de programmes destinés à attirer de jeunes diplômés de l'enseignement dans les quartiers urbains déshérités et, sur un coup de tête, je me suis inscrite à l'un d'eux. Six mois plus tard, je me suis retrouvée dans une classe du South Bronx, à enseigner les sciences à cinq classes de sixième année.

Il est peu fréquent pour les professeurs que leur première année soit réussie. On m'a maintes fois avertie que les défis seraient nombreux et les moments libres rares. Enseigner est une tâche difficile, peu importe l'endroit où vous êtes affecté. Mais il y a plus qu'un fond de vérité dans le fameux slogan associé à New York : « Si vous pouvez le faire ici, vous pouvez le faire partout. » C'est une ville d'extrêmes, arborant le meilleur et le pire de tout : la culture et l'affairisme, la haute société et les quartiers pauvres et délabrés, l'intelligentsia et l'analphabétisme, la richesse et la pauvreté, le crime et la compassion.

Lorsque mon premier groupe d'élèves est entré dans ma classe en ce premier matin de ma première journée d'enseignement, j'avais la bouche sèche, les yeux écarquillés, et une voix qui ne ressemblait pas à la mienne est sortie de mes lèvres. Je n'avais pas de liste de mes élèves et je ne connaissais aucun nom, j'ai donc assigné des sièges au hasard et rapidement, pointant un élève et puis un siège. J'ai distribué des copies de mes « Règles et attentes dans la classe » soigneusement dactylographiées sous forme d'une énumération. Point par point, nous sommes passés à travers ce qui constituait ma perception de l'organisation de la classe.

Je peux seulement imaginer ce que mes élèves ont dû penser. Ils étaient plutôt tranquilles, n'écoutant pas réellement, me dévisageant curieusement, m'évaluant. Il était évident pour eux que j'enseignais pour la première fois, même si personne ne leur avait dit. Ils savent toujours, et la présentation rigide de mes règles et attentes avait révélé mon inexpérience et mon insécurité.

Le lundi suivant, les enfants avaient formé des alliances et étaient déjà lassés de la sixième année. Ils cherchaient maintenant à s'amuser. J'ignorais toujours leurs noms. Avec quatre classes de trente-deux élèves chacune et une classe d'éducation spécialisée de dix élèves, j'étais débordée. Il n'y avait pas de rapports personnels entre nous. J'étais simplement une adulte devant la classe, qui plus est une autre figure d'autorité, essayant de les obliger à faire des choses qui ne les intéressaient pas. Ils m'ignoraient tout simplement et parlaient entre eux. Lorsque j'ai tenté de les faire taire, ils ont haussé la voix. Devant ma frustration, quelques-uns n'ont pas mâché leurs mots : « Je m'ennuie », « Vous ne nous enseignez rien », « Arrangez-vous pour que ces idiots d'enfants se taisent ».

Au beau milieu de ce chaos, j'ai remarqué un ou deux élèves assis en silence, les cahiers sur leurs pupitres et les stylos à la main, me regardant avec de doux yeux de biche. Ces quelques précieuses âmes symbolisaient la patience et l'endurance tranquille. Ils étaient habitués à cette scène infernale, ayant passé six années d'école à attendre patiemment que leurs professeurs prennent le contrôle des autres élèves et leur enseignent quelque chose. Parfois, je détectais des traces de leur frustration ; ils soupiraient et fermaient leurs cahiers, baissaient la tête, regardaient par la fenêtre. Le spectacle de cette discrète capitulation me jetait dans une rage silencieuse. J'étais contrariée et me sentais coupable de ma propre maladresse. Et je ressentais de la colère face au comportement grossier des voyous qui couraient dans ma classe, lançant des craies et volant des crayons, frappant d'autres enfants et les faisant trébucher, crachant des insanités et faisant du tapage.

Je les détestais. Pourtant, j'essayais de bien faire mon travail, travaillant de longues heures le soir pour préparer les leçons et écrire des notes. J'ai essayé d'imaginer des choses qui les intéresseraient et qui attireraient leur attention. Chaque jour, ma planification méticuleuse était foulée aux pieds, puisque la plupart des enfants prenaient le premier vingt minutes pour s'installer, après quoi une poignée d'autres continuaient leurs bouffonneries pendant les vingt minutes qui restaient.

J'ai essayé de ne pas crier, parce qu'ils trouvaient habituellement cela amusant. D'une voix calme, je parlais fermement et j'essayais de les forcer à modifier leur conduite : « Vous devez vous asseoir », « Vous devez écouter », « Vous devez arrêter de parler ».

Un garçon demandait continuellement d'aller à la salle de bains, mais chaque fois qu'il partait, il se promenait dans les couloirs. Un jour, je lui ai dit qu'il n'avait pas la permission d'y aller. Il m'a suivie dans la pièce, gémissant et criant. Il s'est traîné sur le plancher, s'est accroché à mes chevilles et a donné des coups de pied. Je l'ai ignoré. Il a empoigné un livre et l'a lancé contre le tableau. Le choc a produit un violent bruit mat et le livre est tombé sur le sol, le dos déformé et les pages déchirées. J'ai regardé l'élève comme si c'était la chose la plus ennuyeuse que je n'avais jamais vue. Il s'est relevé, s'est approché à cinq centimètres de mon visage et a hurlé un torrent de blasphèmes contre moi. Pourtant, j'ai continué à le regarder sans rien dire. Il est parti en coup de vent de la pièce et en claquant la porte.

« Bien, bon débarras », ai-je commenté et je suis retournée au tableau.

La classe gloussait, et pendant quelques moments, ils m'ont écoutée leur enseigner.

Après seulement deux semaines d'enseignement, j'étais épuisée. Je dormais seulement quatre heures par nuit, ne mangeant qu'un repas par jour, et j'étais presque constamment stressée. Un après-midi, une classe d'élèves est arrivée en riant et en bavardant fort ; ils se sont assis et se sont mis à faire du bruit et à m'ignorer comme à l'accoutumée. J'ai tenté d'attirer leur attention ; amusés, ils ont simplement ri de moi. Quelques-uns ont commencé à scander leur rengaine : « Donne-moi un crayon », « J'ai oublié mon cahier », « Vous ne nous enseignez jamais rien », « Je vous déteste ».

Plus j'essayais de reprendre le contrôle, plus ils résistaient. Quelques-uns de mes élèves étaient tranquillement assis sur leurs sièges, et un autre groupe sautait et courait autour de la pièce, se frappant mutuellement, lançant des papiers, hurlant et renversant les pupitres. Le bruit est devenu assourdissant, et un autre enseignant est entré dans ma classe pour voir ce qui se passait.

Ils se sont calmés instantanément. L'autre professeur leur a dit qu'ils agissaient comme des animaux et qu'il appellerait leurs parents. Il les a obligés à réparer leur désordre et à me présenter des excuses pour leur comportement. Sous sa direction, ils ont trottiné autour comme des chiots, ils ont ramassé les débris sur le plancher et ont redressé les pupitres. Il les a fait se mettre en ligne et sortir de la pièce, parfaitement droits et silencieux. Aussitôt que la porte s'est refermée derrière eux avec un clic discret, j'ai fondu en larmes. Je me suis assise sur le plancher et j'ai enlacé mes genoux pendant que je pleurais comme jamais auparavant — un grand nuage de détresse déversée en profonds sanglots et en chaudes larmes, épanchement qui a duré près de vingt minutes.

Les mois suivants, je me suis débrouillée tant bien que mal. Certaines journées étaient pénibles et d'autres pas trop difficiles. J'ai téléphoné aux parents des enfants qui se comportaient particulièrement mal. J'ai écrit les noms sur le tableau et j'ai donné des retenues pendant l'heure du lunch. J'ai essayé de faire preuve de plus d'assurance, de mieux contrôler la classe. J'ai travaillé fort le soir, réduisant parfois mon sommeil à trois heures.

Dans un effort pour éveiller l'intérêt de mes élèves, j'ai mis certaines expériences pratiques à l'essai. Lorsque nous étudiions le corps humain, j'ai apporté un cœur de vache et, chose inhabituelle, la classe était bruyante d'enthousiasme plutôt que de désordre. Le succès a renforcé ma confiance, et j'ai apporté d'autres objets pour que les élèves les explorent : des morceaux d'écorce d'arbre, des mottes de mousse, du duvet d'asclépiades et des roches contenant de petits fossiles. Les enfants ont peu à peu réagi, se comportant mieux car ils étaient plus intéressés aux leçons.

Pourtant, de nombreux matins, je rêvais de demeurer dans le métro et de ne jamais plus retourner à l'école. Les week-ends, j'étais tellement épuisée que je dormais pendant la plus grande partie de la journée, dénuée du désir ou de l'énergie nécessaires pour sortir du lit. Le dimanche soir, je restais étendue éveillée, songeant avec crainte au jour qui viendrait. Ma vie était des plus misérables.

J'ignore exactement quand les choses ont commencé à changer. Je suis certaine que c'est arrivé progressivement, mais je suis aussi sûre qu'il y a eu des signes annonciateurs que je n'ai pas décelés à ce moment-là. Puis, un jour de la mi-avril, j'ai fait le tour des travaux des élèves affichés sur les murs dans ma classe — des cahiers de dessins aux couleurs brillantes sur le corps humain, des affiches de réseaux tropiques, des diagrammes de la méiose et de la mitose fabriqués avec des chocolats M&M's et du fil — et je me suis rendu compte que j'avais appris quelque chose aux enfants. J'ai regardé leurs examens de la mi-trimestre, où la plupart avaient obtenu de bonnes notes, et j'ai pensé à ce qu'ils avaient réussi et aux choses que nous avions accomplies ensemble. Ils ont crié de plaisir quand j'ai coupé en deux le cœur d'un mouton et que je les ai laissés insérer leurs doigts dans les cavités. Ils ont avidement épinglé les parties des fleurs pour les étiqueter. Ils ont ri quand nous avons conçu et écrit des textes sur les animaux imaginaires dont ils ont décrit une large gamme d'adaptations insolites, à partir des ongles de pied garnis de pointes jusqu'aux écailles résistantes à la chaleur. J'ai ri nombre de fois devant leurs pitreries et j'ai écouté leurs histoires sur leurs week-ends. Il y avait longtemps que le nuage noir de la haine s'était dissipé.

Les « voyous » qui m'avaient harcelée et maudite sans arrêt au commencement de l'année n'étaient certainement pas maintenant des élèves modèles, mais ils ont cessé de jurer. Deux ou trois d'entre eux ont même cherché à ramener l'ordre dans le groupe lorsqu'ils bavardaient trop, en aboyant : « Taisez-vous. Laissez-la parler. »

Ils ont raconté leur vie à la maison, relatant parfois des histoires abominables et déchirantes. Ils ont parlé avec simplicité et sincérité, sans se plaindre, ne cherchant nullement à s'attirer ma sympathie, souhaitant simplement que je les connaisse mieux. Les parents de nombreux enfants avaient le sida, d'autres parents étaient en prison, certains autres abusaient des drogues ou de l'alcool, ou de leurs enfants. La plupart des élèves vivaient dans des immeubles d'habitation ou des refuges pour sans-abri, ou encore faisaient la navette entre des membres de leur parenté, personne ne voulant les prendre en charge et prendre soin d'eux.

Durant la dernière semaine d'école, j'ai pris conscience que j'étais en amour avec ces enfants et qu'ils étaient en amour avec moi. Ils m'ont aidée à nettoyer ma classe et à emballer mes affaires. Les garçons ont fait preuve d'une galanterie surprenante et ont insisté pour transporter les objets lourds. Les filles ont soigneusement enlevé les travaux des murs et nettoyé le dessus des pupitres. Les élèves ont bavardé avec moi à propos de leurs projets estivaux et m'ont dit qu'ils voulaient que je leur enseigne en septième année.

Le dernier jour d'école, ma classe a été envahie par des élèves qui me disaient au revoir. Ils ont apporté des cadeaux et des caméras pour prendre des photographies. Ils ont promis de venir me rendre visite l'année suivante et m'ont remerciée d'avoir été gentille avec eux. Un garçon, reconnu pour ses jurons et son caractère explosif, m'a timidement fait une étreinte et a retenu ses larmes en clignant des yeux.

Lorsque vous enseignez à des enfants des quartiers urbains déshérités, ils sont durs avec vous. Ils ont appris à ne pas trop attendre de la vie, et ils n'en attendent rien. Ils ont appris à se débrouiller tout seuls, et c'est ce qu'ils font. À l'adolescence, ils traînent des fardeaux que nombre d'entre nous ne transportent jamais comme adultes. Il est facile de se fâcher contre eux, de ne pas les aimer à cause de leur égoïsme, de leur comportement épouvantable. Parfois, ils font en sorte qu'il soit insupportable de les côtoyer et d'essayer de leur enseigner. Mais quelque part, profondément caché dans chaque fauteur de trouble, il y a un enfant — un enfant qui a besoin d'amour et d'attention, et d'une direction attentive. Vous ne pouvez être leur ami ; vous devez être leur professeur ; et pour y arriver efficacement, vous devez vous préoccuper d'eux et vouloir les aider à réussir. Ils ne seront pas des enfants parfaits, et il est possible que vous ne puissiez pas les sortir de la rue. Mais, pendant le temps où ils sont dans votre classe, ils sauront qu'ils sont aimés et qu'ils sont en sécurité. Et ils apprendront.

Le South Bronx n'est toujours pas un très bel endroit. Mais derrière le paysage crasseux, un peu de beauté réussit à percer, dans les âmes des enfants.

— Cecilia M. Dobbs

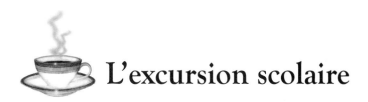 # L'excursion scolaire

Ma première école n'avait qu'un seul étage et qu'une seule pièce. C'était un vieux bâtiment blanchi à la chaux, avec un toit rouge et une girouette sur le faîte, érigé au sommet d'une colline non pavée entourée de terres arables (incluant une ferme remplie d'animaux d'élevage), dans un secteur non encore commercialisé d'Urbana, dans l'État de l'Illinois. L'école abritait l'ensemble des six premiers degrés et, dans mes souvenirs, nous étions trente-cinq, la plupart très jeunes, même si, bien sûr, certains élèves avaient douze ou treize ans.

Nous étions en 1953, et j'avais six ans. J'étais en première année, et j'étais le fils d'un étudiant au doctorat de l'Université de l'Illinois. Mes camarades et les élèves plus âgés étaient des enfants de fermiers ou des enfants d'étudiants de premier ou de deuxième cycle profitant du GI Bill[9]. Certains étaient simplement trop pauvres pour habiter en ville, ce qui leur aurait valu autrement d'être admis dans une école urbaine. (Je soupçonne que mes parents avaient jugé la première année sans intérêt, puisque la majorité de mon éducation, reposant de toute façon entre leurs mains, se faisait à la maison.)

Le seul professeur de cette école était aussi classique que le bâtiment lui-même. Mme Knapp était une maîtresse d'école de profession et, disait-elle, elle avait fait cela toute sa vie. À ce moment-là, j'imagine que cela signifiait trente-cinq ou quarante ans de travail. Elle devait être dans la soixantaine, les cheveux blancs parfaitement coiffés. Elle était petite ; dans mes souvenirs, elle mesurait à peine un mètre cinquante, pesant peut-être quarante-cinq kilos. Anguleuse, avec une peau tendue et des traits prononcés. Des jointures saillantes. Des dents parfaites. Elle brossait ses cheveux après le repas et s'assurait que nous le faisions nous aussi.

Devant nos intelligences diversifiées, elle savait s'y prendre avec un parfait aplomb, guidant ceux d'entre nous qui savaient bien lire à travers les plaisirs de la poésie de Stevenson et de M. Popper, et ceux qui avaient des difficultés en lecture à travers les joies de Dick et Jane. Si chaque degré scolaire était une contrée différente, Mme Knapp parlait couramment les six langues que nous connaissions, sachant toujours comment aborder n'importe quel sujet, scolaire ou non — dont avait hérité notre curiosité. Par exemple, elle

---

9. NDT : Aux États-Unis, programme d'études s'adressant aux militaires en service actif et aux vétérans.

en connaissait plus que mon père sur le baseball et son histoire, et était toujours prête à discuter des mérites de Pee Wee Reese (son arrêt court favori) par opposition à Chico Carrasquel (le mien).

Mais le seul incident que j'ai vécu avec Mme Knapp et qui restera toujours gravé dans ma mémoire ne s'est pas passé à l'école. Il est survenu un après-midi du dernier jour de ma première année d'école à plein temps, sur une route déserte de campagne bordée de champs de maïs. Pour célébrer la magnifique température, elle nous avait emmenés dans une excursion scolaire, dans le sens littéral du terme, à travers le jaune et le vert brillants des épis de maïs et de blé qui s'élevaient au-dessus de ma tête (et de la sienne aussi), mais qui n'auraient atteint leur maturité que dans deux ou trois mois.

Nous nous sommes promenés çà et là, comme les grands groupes d'enfants ont coutume de faire, nos yeux captant avec fascination chaque insecte, chaque oiseau, chaque feuille. Pour chacun d'eux, Mme Knapp avait infailliblement une explication à nous donner. Nous avons cheminé sur les routes de terre et de gravier que le bouldozeur avait dégagées juste assez larges pour laisser passer un tracteur ou une simple voiture, et où il n'y avait presque pas de circulation. Il n'y avait pas d'arbres : les prairies de l'Illinois étaient plates, et seuls le bleu de l'horizon et à l'occasion la maison d'un fermier s'offraient à la vue, au-delà des champs de grains. Nous avons mangé les sandwiches de nos lunchs en bordure de la route, écoutant le bruissement du vent à travers les cultures qui ondulaient doucement, les cris des corbeaux, les stridulations des criquets et des scarabées.

Après le lunch, nous avons marché un peu plus. Toutefois, l'excursion devenait maintenant répétitive — encore plus de champs, plus de cultures, plus de cris d'oiseaux — et personnellement, certainement comme d'autres de mes camarades, je devenais impatient. Puis, c'est arrivé : là, au beau milieu de nulle part (le paysage semblait surgir, ai-je pensé plusieurs années plus tard, de *The Twilight Zone* ou d'un roman de Stephen King), sur le bord d'une autre route à une voie, à des centaines de mètres de tout ce qui ressemblait à la civilisation, se dressait un kiosque de crème glacée. Rien de spécial, juste un comptoir de bois de deux ou trois mètres de large, d'un mètre et demi de haut, de moins d'un mètre de profond, avec des poteaux supportant une plate-forme de bois, qui servait à protéger du soleil l'homme grisonnant d'un certain âge, mais souriant, qui se tenait derrière. Les mots « Crème glacée – 10 saveurs » étaient bien en évidence à l'avant.

L'homme et Mme Knapp se sont salués l'un l'autre comme de vieux amis. Elle s'est tournée vers nous et a déclaré que chacun de nous pouvions avoir un cornet de glace de la saveur que nous désirions ; c'était elle qui payait. Nous débordions naturellement d'enthousiasme, et le cruel dilemme de savoir s'il fallait nous en tenir aux délices connues du chocolat ou de la vanille, ou plutôt expérimenter l'exotique Rocky Road ou les bleuets, se posait à nous tous. Mais chacun a fait son choix, et l'homme a inséré de larges cuillérées dans des cornets gaufrés qu'il nous a tendus. Nous avons savouré et dévoré.

Puis il a demandé à Mme Knapp : « Qu'est-ce que vous désirez ? » J'aime à penser qu'il lui a posé la question avec une étincelle dans les yeux, et que la suite était un rituel entre eux, bien que le petit nombre d'enfants qui sont passés dans la classe de Mme Knapp les années précédentes n'étaient pas allés au kiosque.

Elle a réfléchi un moment, puis a dit : « Je pense que je prendrai un cornet avec une cuillérée de chacune. »

Il n'a pas sourcillé, mais nous, oui ! *Une cuillérée de chacune ? Toutes les dix saveurs ? Dans un cornet ? Mme Knapp, cette femme qui était plus petite que le plus âgé de ses élèves, dégusterait un cornet de crème glacée de dix cuillérées ?*

Avec le même aplomb qu'elle affichait dans la classe, elle a pris avec soin la montagne de glace qu'il lui tendait et elle a léché le dessus. Elle a dit quelque chose comme « Mmm » et a souri. Et nous avons regardé, brûlant d'envie, alors qu'elle avalait chaque petit monticule sucré, bougeant sa langue de haut en bas de la vanille aux fraises, au caramel et aux pacanes, ne perdant pas une goutte malgré la chaleur de l'après-midi.

Après, nous sommes revenus à l'école, à peut-être près d'un kilomètre et demi de distance, nous avons emballé nos affaires, nous lui avons dit au revoir, ainsi qu'à chacun de nous, et nous avons marché vers notre maison, ou avons attendu que nos parents nous ramènent.

Bien sûr, j'ai raconté l'événement à mes parents et, bien sûr, ils ont souri. La semaine suivante, nous avons fait un tour en voiture près de l'école. Elle était fermée pour l'été, et Mme Knapp était partie quelque part, avec M. Knapp je suppose, mangeant de copieuses quantités de crème glacée empilées sur des cornets hauts comme le ciel. Je ne l'ai jamais revue, et même si nous avons cherché, je n'ai jamais non plus retrouvé le kiosque de crème glacée.

Maintenant, cinquante années plus tard, même s'il ne me reste que quelques souvenirs vagues de cette première année d'école, celui que je me rappelle le mieux, c'est Mme Knapp avec son cornet de dix cuillérées de crème glacée. Et souvent, quand je regarde les jeunes assis au soleil devant des bars laitiers modernes offrant vingt ou trente saveurs, je me demande si elle ne se trouverait pas là quelque part à regarder autour, tenant à la main un cornet gaufré bien rempli, et le dégustant encore avec une délectation infinie.

— *Evan Guilford-Blake*

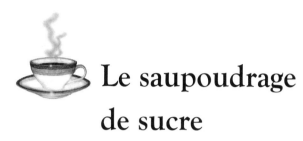

Le saupoudrage
de sucre

Tôt un matin, alors que les enfants et moi nous activions pour aller à l'église, Pamela, mon adolescente autiste, m'a appris une autre leçon sur le pouvoir des « enthousiasmes ». *Enthousiasmes* est le terme imaginé par Jessy Parks, une artiste autiste en arts visuels, pour décrire les obsessions — ou intérêt démesuré pour certaines choses, habituellement des objets — caractéristiques des personnes souffrant d'autisme. Maints thérapeutes essaient de purger les enfants autistes de leurs obsessions dans une tentative de les amener à adopter un comportement plus « normal ». J'ai découvert que le fait d'incorporer les « enthousiasmes » de Pamela à sa thérapie, à ses activités scolaires et à sa vie quotidienne procure souvent cette petite quantité de sucre qui transforme la corvée en plaisir.

Alors que nous nous rendions en voiture comme d'habitude à l'église ce matin-là, Pamela s'est emparée d'un crayon et du feuillet paroissial, et a commencé à consigner mécaniquement les années de sortie de ses vidéos préférées : 1989, 1959, 1950, etc. Son attention a dévié vers un article dans le bulletin portant sur l'origine du Memorial Day [Jour du Souvenir], et sous l'année 1868, elle a écrit « M » et a demandé : « Qu'est-ce qui vient ensuite ? » Supposant qu'elle voulait que j'épelle soit « Memorial Day » ou « Mai », je lui ai demandé de quel mot elle parlait.

« Non, a dit Pamela. « M-C-M-X-L-II, *Bambi*, 1942. M-C-M-L-C-C-III, *Charlotte's Web*[10], 1973. »

Soudainement, une idée m'a traversé l'esprit et j'ai compris. Les génériques de cinéma fascinaient Pamela, et en comparant les chaînes de lettres montrées à l'écran avec la date de sortie imprimée sur la cassette vidéo, elle a déchiffré le code numérique des chiffres romains. Mais comme les films n'existaient pas avant le vingtième siècle, elle ne connaissait pas la transcription de 1900.

J'ai répondu à la question de Pamela, me demandant si elle savait vraiment comment interpréter les chiffres romains. Lorsqu'elle a ensuite traduit plusieurs nombres en anglais, j'en ai été bouleversée, le cœur rempli d'excitation. Encore une fois, l'enthousiasme de Pamela pour le bizarre et l'inhabituel lui avait permis de maîtriser une nouvelle habileté, l'inspirant davantage que les explications ultra-arides des manuels courants.

J'ai initialement soupçonné l'existence de ce processus déductif instructif quand Pamela avait cinq ans.

---

10. NDT : La version française du film, *La Toile de Charlotte*, est en cours de production et la sortie est prévue en 2006.

À ce moment-là, son vocabulaire était limité : quelques noms, quelques thèmes propres au préscolaire (couleurs et formes), des expressions consacrées, et des cris perçants. Son professeur de maternelle et moi avions déterminé des objectifs pour l'année à venir. Nous avions remarqué que, même si Pamela était capable de distinguer les majuscules et les minuscules, elle ne démontrait aucune conscience de la phonétique, et ses capacités d'écoute étaient quasi inexistantes. Par conséquent, sa préparation à la lecture avait stagné, et nous avons décidé de reporter les exercices de lecture jusqu'à ce qu'elle ait amélioré son langage. Tout le long de cette année-là, alors que nous, les « experts » en éducation, le professeur et moi, jonglions avec ces problèmes de taille, Pamela s'est tranquillement glissée sous le chapiteau. Son adroite chevauchée à travers ses vidéos préférées l'a conduite à faire des associations de mots avec des titres familiers de films. Un soir, je l'ai regardée agencer des cassettes vidéo aux boîtes correspondantes, même si aucune image ne donnait d'indices. Fascinée, j'ai observé Pamela qui comparait les lettres imprimées sur les cassettes à celles imprimées sur les boîtes, un mot à la fois, et un sourire m'est monté au visage quand je me suis rendu compte que ma fille savait lire.

Pamela m'a donné un cours d'appoint en matière d'enthousiasmes la première année où mon mari et moi avons fait l'école à la maison avec elle et son frère. J'étais très inquiète de son manque d'aptitude à utiliser son imagination lorsqu'elle jouait, et j'ai passé à l'alerte rouge quand les assortiments les plus bizarres d'objets se sont mis à orbiter dans son univers de jeu : une couverture de bébé, une énorme fenêtre en Legos jaunes et une lampe de lecture orange clair. Elle insistait fermement pour jouer avec ces mêmes trois jouets au même endroit dans notre chambre à coucher. Puis elle a traîné la radio réveille-matin avec elle sur le plancher. Toutes les tentatives pour aiguiller Pamela vers sa propre chambre menaçaient de causer son effondrement. Malgré tout, j'ai tracé une ligne nette sur le tapis lorsqu'elle a invité notre aspirateur Kirby dans son cercle d'amis bizarre.

Mon cerveau lessivé était incapable de décrypter les mystères de son univers jusqu'à ce qu'elle commence à ajouter des mots à son jeu : « Blanky », « Bonsoir, tête fendue », et « M. Grande gueule ». La clef de ce mystère a pulvérisé toutes mes peurs : Pamela rejouait les scènes de son film préféré *The Brave Little Toaster*[11].

Elle avait parcouru des années-lumière en matière de jeu de rôles, ayant bien largement dépassé le stade de siroter du thé invisible dans une tasse en plastique. Pamela avait transformé des objets ordinaires par des moyens extraordinaires alors qu'elle confiait le rôle de vedette du spectacle au Lego jaune, le grille-pain intrépide. Durant cette année-là, Pamela a mis une robe bleu pâle, a sauté du haut des lits superposés et s'est

---

11. NDT : Il existe une version française de ce film américain en dessins animés réalisé par Jerry Rees et produit en 1987. Titre original : *The Brave Little Toaster*, basé sur la nouvelle du même nom écrite par Thomas M. Disch (1980), Hoboken (NJ) : The Magazine of Fantasy and Science Fiction. Première version française : *Le brave petit grille-pain* (1981), traduite par Daniel Lemoine, parue dans la collection «Fiction» no 318. Une autre version traduite par Rose-Marie Vassallo est parue dans la collection «Castor poche Junior» no 264, Paris : Flammarion, 1989. Aussi parue dans le recueil de nouvelles de Thomas M. Disch (1981), *Le Livre d'Or de DISCH Thomas M.*, Paris : Éditions Presses-Pocket, coll. « Presses-pocket science-fiction » n°5103, traduction de Jean-Pierre Pugi.

imaginé qu'elle était Alice sautant en parachute au Pays des merveilles. Les lits superposés formaient une chute d'eau parfaite pour Pocahontas. Les enthousiasmes de Pamela avaient accompli un autre miracle.

Entraînée dans son sillage, je me suis timidement mise au même pas que Pamela durant ces voyages, dans mes tentatives pour l'aider à apprendre. La tâche qu'elle détestait le plus, le laçage, réduisait Pamela en une flaque de larmes. Des pages élimées de ses livres préférés de Disney ont redonné de l'inspiration à mon cerveau : les ennuyeuses cartes à lacer se sont retrouvées à la poubelle et j'ai recyclé des images de ses personnages favoris en des cartes à lacer avec un peu d'aide de ma plastifieuse pour les pauvres, mieux connu sous le nom de papier contact. Lorsqu'elle a commencé à se servir de ses nouvelles cartes à lacer, les yeux de Pamela ont brillé de joie, plutôt que de chagrin.

Quelques mois plus tard, Pamela a fomenté une mini-révolte contre son régime sans blé et sans produits laitiers, m'obligeant à lui fournir une explication. La plupart des enfants autistes interprètent mal ce qu'ils entendent, et ils comprennent mieux l'information si elle leur est présentée sous forme d'histoires écrites. Mes premières tentatives de rédaction de leçons de nutrition à l'intention de Pamela ont été plutôt insipides et inefficaces. Par conséquent, faisant appel à la passion de Pamela pour la répétition de messages publicitaires de céréales, j'ai écrit une histoire intitulée : « Pourquoi mes céréales sont comme la télévision », rapidement suivie par sa suite : « Pourquoi ma nourriture est comme la télévision ». Pamela était tellement intriguée par les nouvelles cartes à lacer et les histoires de diététique qui les accompagnaient qu'elle me les a littéralement arrachées des mains tellement elle avait hâte de les utiliser.

L'écholalie — la répétition incessante de phrases à la manière d'un perroquet, qui est commune aux enfants autistes — peut rendre les parents fous, et je ne fais pas exception. Dans notre maison, mes phrases répétitives favorites « Plus de questions » et « Plus de verbiage » sont devenues des boucliers de protection contre la dixième diffusion consécutive de la même question ou d'un même message publicitaire télévisé. Soulevant une leçon du manuel de Pamela sur les enthousiasmes, j'ai décidé de désamorcer cette arme de destruction de maman et je l'ai transformée en une alliée. D'abord, j'ai trié toutes les phrases répétitives favorites de Pamela en deux catégories : amies et ennemies. En adaptant par le jeu les phrases utiles en énoncés du langage quotidien, j'ai montré à Pamela comment ces phrases (les amies) pouvaient être transformées en phrases pour exprimer ses besoins et ses pensées. Les phrases complètement hors de propos (les ennemies) ont été saupoudrées, comme du sucre, sur les tâches difficiles pour dissoudre la tension lorsque Pamela semblait frustrée.

Un message publicitaire en particulier a révélé de nombreuses avenues utiles pour favoriser l'évolution scolaire de ma fille. Pamela aimait chanter « C'est dimanche », un refrain destiné à publiciser une émission de télévision reléguée aux oubliettes. Ce seul petit air est devenu tout à fait méconnaissable avec sa transformation en des leçons pour apprendre les jours de la semaine, les mois de l'année, les saisons, les prévisions d'aujourd'hui et de demain, les fêtes, et la négation (« Ce n'est pas vendredi »). Au lieu de me hérisser quand Pamela intégrait une phrase qui l'avait séduite dans son lexique *du jour*[12], j'ai commencé à sourire et à imaginer des façons de me servir de l'écholalie sur notre chemin vers l'acquisition du langage.

Pamela m'a ensuite enseigné la patience lorsque j'ai observé ses intérêts prendre des virages inattendus sur la voie vers l'utilité. Elle a développé une obsession au sujet d'une série télévisée intitulée *Blue's Clues*[13] et, devant son obstination, notre horaire d'enseignement à la maison a dû être écourté d'une demi-heure deux fois par jour pour qu'elle la regarde. Au début, ses injonctions me rebutaient, mais j'ai choisi de réorganiser notre journée et j'ai passé ce moment à nettoyer la maison et à classer des dossiers. Même si mon cerveau gauche soutenait que nous perdions un temps précieux pour une émission en reprise du mardi au vendredi, mon cerveau droit répliquait que le comportement mystificateur de Pamela portait souvent ses fruits, et qu'il fallait donc laisser jaillir son potentiel créatif. Après quelques mois d'immersion dans l'émission, cette enfant, que toutes les activités avec crayon, papier et marqueurs répugnaient, a commencé à

---

12. En français dans le texte.
13. NDT : La série disponible sur DVD créée par Traci Paige Johnson, Todd Kessler, Angela Santomero *et al.* raconte les aventures d'un jeune garçon, Joe, et de son chien bleu, Blue. *Blue's Clues* est une série éducative où chacun des épisodes aborde des thèmes bien précis.
Une émission télévisée (1996) a été créée à partir de la série, où Blue est un chien qui veut toujours faire quelque chose, que Steve (un homme dans la vingtaine qui est le seul personnage vivant dans un monde animé) doit trouver, avec l'aide des téléspectateurs, à partir des indices laissés par Blue. Steve a été remplacé par Joe dans les épisodes à partir de 2001.

remplir des pages avec des dessins. Pourquoi ? Parce que Pamela avait passé ces heures précieuses à regarder dessiner le personnage de l'émission, Steve. Son tout nouveau talent artistique s'est épanoui en une écriture lisible, ce qui constituait justement l'un de mes objectifs à son endroit cette année-là.

J'ai reçu une autre leçon de patience quand je me suis rendue dans sa chambre et que j'ai surpris Pamela en train de découper à petits coups de ciseaux son bien-aimé Beanie Baby. J'ai résisté à mon premier instinct de soustraire un castor impuissant à l'assaut de ses ciseaux sauvages. J'ai hésité à intervenir, en partie parce que le jouet appartenait à Pamela, qui n'avait pas l'habitude d'endommager la propriété ou de blesser des animaux. Devant son comportement calme, je me suis demandé si cet acte n'était pas simplement le résultat de sa curiosité naturelle.

Quelques instants plus tard, Pamela est sortie de sa chambre en sautillant et m'a demandé : « Quel animal ? »

J'ai négligemment répondu : « Un castor ».

Ses cris m'ont appris que j'avais échoué ce test.

Puis elle a laissé échapper : « Non, c'est un écureuil. »

Une observation méticuleuse a révélé que le castor n'avait pas de dents et qu'il ressemblait plutôt à un écureuil. Pamela a rebroussé chemin vers sa chambre, revenant quelques minutes plus tard avec l'« écureuil » qui n'avait plus de queue. Sans tarder, j'ai pris le risque d'affirmer que l'écureuil sans queue pouvait être un tamia, et le sourire éclatant de Pamela m'a confirmé l'exactitude de ma réponse. Puis Pamela a fait une boule avec le tamia, qui s'est retrouvé dans une position des plus bizarres, tout en lui défroissant les oreilles.

J'ai hasardé une réponse : « Une grenouille ? »

Elle s'est lancée dans une danse de victoire. La transformation finale de la « grenouille » s'est opérée quand Pamela a enlevé ses pattes d'avant, celle-ci étant devenue un phoque. Cet incident a renforcé l'évidence que les enthousiasmes, si on les entretient patiemment, portent leurs fruits.

Jusqu'à ce jour, Pamela et moi continuons nos journées parallèles dans la vallée des enthousiasmes. Plus tard, elle a mené une série d'expériences avec de la glace. Lorsque je rencontre des icebergs captifs dans notre congélateur, je me demande quels nouveaux horizons s'ouvriront à Pamela.

Dans l'entre-temps, j'ai amorcé une nouvelle thérapie du langage qui incorpore des éléments qui font à coup sûr naître un sourire sur son visage : Beanie Babies, jeux Disney, photographies de ses personnages favoris de bandes dessinées et histoires sur des animaux. En seulement trois semaines, sa syntaxe et sa structure de phrases sont devenues plus consistantes. Elle s'exprime plus fréquemment à l'aide de phrases complètes, et pose des questions et y répond avec davantage de confiance.

Maintenant, Pamela a vraiment hâte à ses séances quotidiennes de thérapie, grâce à cette idée du saupoudrage de sucre. Cela me donne à penser à sa prochaine leçon. Peut-être Pamela aimerait-elle une histoire sur la glace avec en vedette un objet inanimé, ou une histoire sommaire sur les montagnes de glace dans le congélateur, ou une autre sur une expérience pratique traitant de la fabrication de la glace.

— *Tammy Glaser*

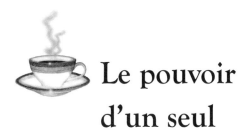 # Le pouvoir
d'un seul

« Quelqu'un a des questions ? ai-je demandé. Comment ça va dans la cour d'école ? »

Je rencontre les gestionnaires de conflits de notre école — quarante Asiatiques, Latinos, Noirs et Blancs de cinquième année — pour pratiquer les habiletés de résolution de conflits que je leur ai enseignées il y a quelques mois. Les enfants sont dispersés sur les estrades recouvertes de tapis de la bibliothèque de l'école, une sorte de mini-amphithéâtre, du haut desquelles ils me regardent, comme si j'étais une actrice sur la scène. Pour le moment, ils sont calmes, mais si je ne garde pas les choses en mouvement, je les perdrai.

« Y a-t-il eu beaucoup de conflits à résoudre ? »

Une grande fille dégingandée avec des tresses lève la main, puis lance à haute voix : « Un élève de première année m'a lancé une motte de terre, alors je la lui ai renvoyée. »

Ils ont eu quelques mois pour dépasser l'excitation de traîner des blocs-notes et de porter des T-shirts marine trop grands avec un logo doré arborant une poignée de mains ; j'espère donc aujourd'hui régler tous les problèmes d'horaire, vérifier ce qu'ils ont oublié et, si nécessaire, repasser les étapes de la gestion de conflits par un jeu de rôles. C'est apparemment ce qu'il me faudra faire.

J'aime cette partie de mon travail comme psychologue scolaire à l'école primaire de la ville, un poste lié au plan antiviolence du district. Les administrateurs veulent couper court aux commérages et aux excursions dans le bureau du directeur. De mon côté, j'ai de plus vastes visées.

Lorsque mes propres enfants ont fréquenté l'école préscolaire coopérative où je travaillais un matin par semaine, ils ont appris à « se servir de leurs mots ». Je connaissais le pouvoir qu'acquièrent les enfants lorsqu'ils résolvent eux-mêmes leurs propres problèmes. Ils apprennent ainsi bien plus que lorsque les adultes le font à leur place ou qu'ils reçoivent des punitions répétées parce qu'ils se querellent dans la cour d'école. La masse de cinq cents enfants de notre école quitte l'édifice pour les classes mobiles dans la cour de récréation. Nous devons affronter les disputes dans les files, les bagarres avec les ballons et des bousculades occasionnelles.

« Que faisons-nous si les enfants se sauvent de nous ? » a demandé un garçon en pantalons amples et en pull-over de tricot trop grand pour lui.

La mère de Michael est en prison pour avoir vendu de la cocaïne ; son père occupe deux emplois. Michael se retrouve dans plusieurs conflits chaque semaine — pas encore de bagarre à coups de poing, mais il est tout proche. Il s'est qualifié pour le programme des doués et talentueux, mais il s'exhale une telle colère de lui, comme une bombe qui explose, que je crains qu'il ne soit aspiré dans le cycle de la violence que nous essayons de rompre. Son professeur et moi accordons ce privilège à Michael dans l'espoir qu'il apprendra quelque chose d'utile pour le reste de sa vie.

« S'ils courent, me demande-t-il maintenant, est-ce qu'on les poursuit ? »

Mes mains sur les hanches et ma tête penchée sur le côté, je gémis. Je dois l'avoir répété au moins dix fois auparavant. *Peut-être est-il trop tard pour certains de ces enfants*, ai-je pensé.

Mais un garçon à l'arrière répond correctement. « Nous demandons à un surveillant de récréation de nous aider. »

Ils m'ont donc entendue.

Puis, une petite fille assise en avant les jambes croisées demande : « Si les enfants nous frappent, est-ce qu'on a la permission de les frapper en retour ? »

Cette fois, je m'arrache vraiment les cheveux. « Les frapper en retour ? ai-je crié. Combien d'entre vous pensez que vous devriez les frapper en retour ? »

La moitié des mains se lèvent. Quelques-uns crient leur accord. Les autres paraissent confus.

« Vous êtes des gestionnaires de conflits, leur dis-je, ma voix s'élevant encore une fois. Que croyez-vous devoir faire ? »

Personne ne répond.

Une autre fille lève la main. « Ma tante m'a dit que si quelqu'un me frappe, je suis mieux de lui rendre son coup. »

Je connais les règles non écrites de leur milieu. Ces enfants ne vivent pas dans la partie la plus rude de la ville, mais ils ont encore besoin de se défendre. Malheureusement, c'est souvent interprété comme du combat. Ce n'est pas un nouveau dilemme pour moi, j'explique donc aux enfants ce que je dis d'habitude.

« Non, quand vous êtes à l'école, vous ne le frappez pas. » Je hoche la tête. « Qu'est-ce que les gestionnaires de conflits sont censés démontrer aux autres élèves ? »

Je croise des regards hébétés et quelques mains timidement levées.

« En parler », ai-je dit.

Deux ou trois d'entre eux agitent leurs mains en signe de désapprobation. « Alors nous serons des punks. »

« D'ailleurs, ignorant le dernier commentaire pour le moment, si vous frappez quelqu'un à l'école, vous ne serez plus gestionnaire de conflits. »

Ils savent que deux élèves ont déjà été renvoyés cette année pour s'être battus à coups de poing.

« Et, ai-je ajouté, vous serez suspendu. »

Je les convaincrai avec cette menace, je crois, mais la fillette dans la première rangée parle encore.

« Si on me suspend, ma mère me dira : "Oh, d'accord, tu as été suspendue. Au moins, tu as rendu les coups." »

Les enfants murmurent leur accord et commencent à parler entre eux.

Je demeure silencieuse. Je n'avais jamais entendu cela auparavant. J'ignorais totalement que la suspension était considérée comme un prix négligeable à payer pour sauver la face. La situation est inextricable. Et elle perpétue la violence.

« Pourquoi croyez-vous qu'il y a des guerres ? ai-je crié au groupe, consciente que j'étais en train de m'emporter un peu. Parce que tout le monde doit sans cesse remettre les coups. »

J'obtiens maintenant leur attention.

« Quel mal y a-t-il à cela ? Nous devons agir différemment. Nous devons résoudre les conflits de façon pacifique, avec des mots. » Je leur rappelle que nous venons tout juste de célébrer l'anniversaire de Martin Luther King. « S'il vous plaît, suivez simplement le scénario sur votre bloc-notes. Aidez tout le monde à bien s'entendre. »

Pourquoi est-ce que je fais tout cela ? Leur apprendre des habiletés qu'on ne leur permet pas d'utiliser à l'extérieur de l'école et, pire, où ils se retrouvent piégés s'ils s'en servent. Dans des moments comme ceux-ci, j'ai envie d'abandonner.

Une semaine plus tard, Michael me rejoint dans la cour durant la récréation. Sa chemise de gestionnaire de conflit pend presque sur ses genoux ; il presse son bloc-notes sur sa poitrine.

« Mme Briccetti, je viens juste de résoudre un conflit ! » Il est resplendissant. « Ces deux garçons se battaient en jouant au ballon captif et j'ai dit : "Voulez-vous de l'aide pour résoudre ce problème ?" Et ils ont dit "Oui" et j'ai dit : "D'accord, d'après vous, quel est le problème ?" » Sa voix roucoule d'excitation, et en même temps qu'il laisse tomber son bloc-notes à côté de lui, je peux finalement le voir se redresser, avoir l'air un peu plus grand pendant un instant.

« C'est fantastique, Michael ! Et est-ce qu'ils ont imaginé quelques solutions pour résoudre leur conflit ? »

« Ouais, ils vont le faire à tour de rôle, juste comme nous avons pratiqué quand vous nous l'avez appris. » Il promène son regard autour du terrain de jeu, soit qu'il cherche d'autres affaires à régler, soit qu'il essaie de voir si on l'a remarqué, je ne sais trop. « Maintenant les enfants me suivent dans la cour, et me demandent s'ils peuvent aider eux aussi. » Son visage est ouvert, attendant ma réaction.

« Je suis fière de toi, dis-je, le serrant par les épaules contre moi. Peut-être seras-tu celui qui commencera à renverser la situation autour de toi. »

Il me fait un drôle de sourire, comme s'il voulait m'amadouer, puis il s'éloigne en se pavanant, manifestement de retour en service. *Au moins*, pensai-je en moi-même, *c'est un début.*

— *Kathy Briccetti*

 # Je parle, tu parles, nous parlons tous anglais... finalement

J'ai récemment enseigné l'anglais langue seconde (ALS) dans une classe d'alphabétisation pour adultes, où j'ai compris un point essentiel : il est trop difficile de gagner sa vie comme professeur. Pour mon prochain emploi, je choisirai quelque chose de facile, comme nettoyer les déversements radioactifs à Chernobyl ou enseigner aux chats à venir quand on les appelle.

Même si j'avais acquis pas mal d'expérience en enseignant l'anglais aux débutants, aussitôt que j'en ai eu l'occasion, j'ai choisi des classes intermédiaires et avancées. Mon année d'enseignement aux débutants est devenue un cauchemar rempli de ciseaux, de magazines et de crayons. Mes tiroirs et mes chemises étaient pleins de toutes sortes d'images, à partir des fruits jusqu'aux vêtements, aux ordinateurs, et aux pompiers.

Je n'ai pas lu un magazine ou un journal sans une paire de ciseaux à côté de moi pour découper toute image dont je pourrais me servir pour la classe d'ALS. J'ai même « libéré » deux ou trois magazines des salles d'attente des médecins, découpant des images intéressantes à ajouter à ma collection.

Soyons lucide : il est beaucoup plus simple d'expliquer ce qu'est un fruit si on montre des images de pommes et d'oranges. Ou de parler de vêtements si on utilise des catalogues remplis d'images de robes, de vestons, de manteaux et de chemises. Je suppose qu'il m'aurait été possible de pointer différentes pièces de mes propres vêtements, mais j'ai fixé des limites à montrer mes dessous.

J'ai passé la plus grande partie de cette année-là à danser autour de la classe. Officiellement, on appelle ça la méthode de la « réaction globale du corps », ce qui signifie que vous vous servez de votre corps pour expliquer les choses. Par exemple, si vous voulez montrer la différence entre marcher et courir, d'abord vous marchez, ensuite vous courez. On applique le même principe pour des gestes comme se tenir debout, s'asseoir, s'accroupir et sauter. Heureusement, j'ai terminé l'année en bien meilleure forme physique que lorsque j'ai commencé. Bien sûr, cette méthode ne s'applique pas à tout, c'est pourquoi je disposais de ma réserve d'images.

Et j'ai peut-être exagéré un peu quand j'ai parlé d'un cauchemar, car certains moments ont été amusants. Comme lorsque j'ai enseigné à la classe des verbes associés à la salle de bain, tels que « laver », « sécher », « tirer la chasse d'eau » et « essuyer ».

Puisque je n'avais pas trouvé d'images pour illustrer certains de ces verbes, ce qui est probablement une bonne chose, j'ai simplement emmené toute la classe dans la salle de bain et j'ai fait la démonstration des verbes. Bien, mimer est probablement un mot plus exact. Il y a des limites à ce que je suis prête à faire pour une classe.

Il y a eu aussi la fois où je leur ai enseigné les couleurs. J'avais mis des bas verts ce matin-là ; ainsi, pour leur enseigner la couleur verte, j'ai levé ma jambe sur une table, monté ma jambe de pantalon et pointé mon bas — qui était bleu. J'ai fait la même chose avec l'autre jambe, et cette fois le bas était vert. Ils ont appris deux couleurs pour le prix d'une, et j'ai cessé de m'habiller dans le noir.

Même si les élèves débutants ont incroyablement tendance à apprécier ce que vous faites, ils ont aussi besoin de beaucoup d'attention. J'ai découvert que je serais émotionnellement épuisée après avoir enseigné à une classe. Peu importe combien j'avais donné, ils en voulaient plus. Je ne les blâmais pas. Ils vivaient dans un nouveau pays et voulaient désespérément apprendre la langue. Et j'étais leur bouée de sauvetage.

Mais après une année, j'ai « gradué » à des classes d'un plus haut niveau et je ne suis jamais revenue sur le passé. Jusqu'à la semaine passée.

Une collègue, Kathy Simo, m'a demandé de la remplacer, et j'ai accepté, supposant qu'elle enseignait toujours le même niveau qu'on lui assignait habituellement. C'est alors qu'elle m'a donné la mauvaise nouvelle. Au lieu d'enseigner aux classes supérieures et intermédiaires pendant l'été, elle enseignait aux premier et deuxième niveaux d'alphabétisation. Ainsi, non seulement les élèves étaient-ils incapables de parler anglais, mais en plus, ils ne pouvaient l'écrire.

Il semble que, pour la session d'été, le conseil d'administration de l'école avait temporairement réassigné des enseignants, en se basant sur un certain algorithme connu seulement des membres de ce conseil. Nombre d'instructeurs ont abouti dans des écoles différentes, enseignant des niveaux différents, et voulant à toutes fins pratiques assassiner ceux qui leur avaient donné leurs affectations pendant qu'ils se démenaient pour trouver du matériel pour leurs nouveaux niveaux.

C'est ainsi que j'ai abouti dans une classe d'alphabétisation d'ALS. Malheureusement, après sept ans à enseigner à des classes de niveau supérieur, j'avais, dans un moment d'emballement, jeté presque tout mon matériel pour débutants. J'ai fouillé frénétiquement dans mes boîtes de chemises et j'ai trouvé deux ou trois prospectus qui pourraient convenir en situation critique. Et c'était vraiment une situation critique.

La plupart des étudiants pouvaient écrire l'alphabet anglais à divers degrés, la situation n'était donc pas aussi lamentable qu'on aurait pu croire, même si quelques femmes plus âgées luttaient pour en venir à bout. Heureusement, en guise de remerciement, Kathy m'avait donné deux ou trois idées à essayer, et je ne commencerais donc pas sans la moindre préparation.

Cinq heures plus tard, je suis sortie de la classe dégoulinant de sueur, et ce n'était pas seulement parce que j'enseignais à plus de trente degrés dans une école sans air conditionné, mais plutôt parce qu'il était sacré-ment difficile d'enseigner à des débutants.

Entre écrire des mots sur le tableau noir, montrer des images, courir autour de la pièce à pointer des objets de différentes couleurs (l'un des thèmes du jour était les couleurs), remplir des feuilles de travail, corri-ger les travaux des élèves, et calmer certains d'entre eux qui avaient de la difficulté à réussir, je ne me suis pas assise une seule fois. Heureusement, je me souve-nais de certaines des exigences physiques des ensei-gnants débutants et j'avais mis mes souliers de course précisément pour cette raison.

Je suis sortie de cette classe avec deux principales idées en tête.

Premièrement, j'ai éprouvé encore plus de respect pour des gens qui ont le courage (ou la nécessité) de quitter leur propre pays pour un pays ayant une langue et une culture différentes. Ayant passé un été dans un pays où j'étais incapable de parler la langue, je savais comment on se sentait de devoir pointer les choses parce qu'on ignorait les mots. En un instant, j'étais passée d'un fonctionnement adulte à celui d'un enfant. C'était profondément humiliant. Alors que je savais personnellement que je retournerais chez moi à la fin de cet été-là et que je retrouverais instantanément mon statut d'adulte, ces gens étaient ici pour rester. Ils ne pouvaient plus revenir en arrière. Pour le meilleur ou pour le pire, l'anglais serait leur nouvelle langue.

Deuxièmement, je me suis rendu compte que ce déplacement des instructeurs autour de moi produi-sait un résultat imprévu. En travaillant avec les classes de débutants, les instructeurs de niveaux intermédiaire et avancé apprenaient à respecter tous les efforts déployés par les élèves pour apprendre une nouvelle langue. Ils voyaient les progrès qu'ils accomplissaient pour passer de l'hésitation à l'aisance d'élocution. Inversement, les instructeurs débutants s'apercevaient qu'ils posaient des fondations ; des élèves qui pouvaient à peine placer deux mots ensemble font maintenant des phrases cohérentes.

Alors que je sortais tant bien que mal de la classe, j'ai éprouvé de la reconnaissance envers Kathy de m'avoir donné la chance de travailler encore une fois avec des débutants. J'ai aussi espéré qu'il lui reste encore quelques élèves et que je ne les aie pas tous effrayés au point d'abandonner. Je l'ai rappelée le soir suivant et elle m'a assurée que ses élèves étaient tous présents et qu'ils avaient beaucoup aimé mon cours. Du moins, c'est ce qu'elle croyait qu'ils avaient dit.

Ses paroles m'ont fait pas mal de bien. Mais pas assez de bien pour que je ne lui dise pas que, si elle tombait encore malade cet été, elle devra se débrouiller seule.

— *Harriet Cooper*

Cette histoire a été publiée pour la première fois dans l'édition du *Toronto Star* du dimanche, 6 octobre 2002.

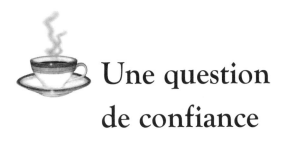# Une question de confiance

J e ne m'étais pas rendu compte de mon propre potentiel jusqu'à ma rencontre avec M. Roach.

Tu peux tout faire. Tu peux être la personne que tu veux. Tu peux apprendre et développer ton esprit. J'avais reçu ce message de mon père, mais je n'y avais jamais cru. N'était-ce pas la perception attendue d'un père au sujet de sa fille ? Il doit s'agir d'une règle écrite dans le manuel à l'intention des parents.

Mais M. Roach a répété le même message à sa manière, et je l'ai cru. Il m'a démontré que c'était vrai. Il était simplement mon professeur débordé de travail, mais il avait remarqué que j'avais besoin de certains conseils pour trouver mon propre chemin.

J'ai rencontré M. Roach le premier jour de collège. Il enseignait les mathématiques. Chaque jour pendant une semaine, je me suis assise sur ma chaise au milieu de la pièce. Puis est arrivée l'interrogation surprise. J'étais nerveuse. Je n'avais pas étudié avant le cours.

Il m'a tendu la feuille. C'était facile. Juste de l'algèbre. Les soupirs et les bruits de la classe se sont évanouis. Ne subsistaient que les mathématiques. Tout ce que je devais faire, c'était de résoudre quelques équations. La dernière était un peu compliquée. C'était amusant. J'ai terminé la première.

J'ai déposé mon crayon. Les minutes s'écoulaient. Je n'entendais plus que le rythme de l'horloge et le frémissement des crayons se déplaçant à travers la page, un bruit sourd, ponctué de toux, de craquements de chaises, et de l'occasionnel vif grattement de gomme à effacer. J'ai regardé autour de moi ; personne n'avait terminé. Dix minutes ont passé. J'ai aperçu M. Roach assis à son bureau qui m'observait tout en frottant sa barbe.

Pourquoi personne d'autre n'avait-il terminé ? Je me suis inquiétée. La dernière question était difficile. *Était-ce une question piège ? Avais-je fait une erreur ? Peut-être ai-je oublié quelque chose. Est-ce que j'ai le temps de vérifier mes réponses ?* J'ai repris mon crayon, et j'ai révisé mes calculs. J'ai obtenu les mêmes résultats. J'ai regardé encore une fois autour de moi, et personne n'avait encore terminé. Vingt minutes avaient maintenant passé.

M. Roach a annoncé la fin. Les grognements se sont élevés comme une vague. Je tremblais en tendant ma feuille à M. Roach. Il m'a à peine jeté un regard pendant qu'il enlevait les crayons aux autres élèves. « J'ai dit que c'était terminé », a-t-il mugi.

La cloche a sonné. Les élèves se sont précipités vers la sortie, me balayant sur leur passage. Puis j'ai entendu M. Roach prononcer mon nom. Je me suis retournée ; j'avais l'impression que l'air s'était épaissi. J'ai vu mon questionnaire dans sa main. J'ai figé. J'ai oublié de respirer. Mon cœur semblait s'être arrêté et me donnait de grands coups dans la poitrine. *Qu'est-ce que j'ai fait de mal ?*

« Venez me voir dans le bureau après la dernière cloche », m'a dit M. Roach.

Plus tard, quand la cloche a sonné, j'avais l'estomac dans les talons. J'ai marché jusqu'à son bureau. La secrétaire m'a dirigée vers l'un des bureaux de conseillers. J'ai frappé, et M. Roach a répondu. À l'intérieur, un autre homme nommé M. Kirk s'est présenté comme mon nouveau conseiller. Lui et M. Roach avaient discuté de mes cours. M. Kirk a expliqué qu'on m'avait placée dans la mauvaise classe et qu'il faudrait une semaine pour corriger la situation.

M. Roach s'est assuré que je sois dans la bonne classe. Je ne veux pas imaginer ce qui serait arrivé s'il ne s'en était pas inquiété. J'aurais pu ne pas réussir sur le plan académique. Mais si c'était tout ce qu'il avait fait pour moi, j'aurais pu l'oublier.

M. Roach était mon professeur de mathématiques, de chimie et de physique. Un jour, pendant le cours de physique, M. Roach a amorcé une discussion sur la physique quantique, sur les électrons que l'on retrouvait à différents niveaux d'énergie, sur la probabilité établissant leur position approximative dans le nuage d'électrons. Il a dit qu'il était impossible de déterminer la position exacte d'un électron ni son comportement. Tout s'expliquait par le saut quantique et la probabilité.

J'ai argumenté avec lui. C'était faux. Il devait y avoir une formule. Il y en avait une pour toutes les autres théories. J'ai demandé à connaître la formule. Il devait plaisanter. Tout le monde dans la classe disait que c'était facile ; nous n'avions qu'à accepter ces hypothèses. J'étais embarrassée. Il ne blaguait pas. Pourtant, je refusais d'admettre les hypothèses. Les hypothèses dérangeaient mon sens de l'ordre. Finalement, je me suis tue. Un soupir a parcouru la classe. Une fois encore, M. Roach m'a demandé de rester après les cours.

La cloche a sonné, plongeant encore mon cœur au creux de mon ventre. *Étais-je stupide ? Pourquoi ces problèmes de physique quantique étaient-ils si compliqués ? C'était insensé.*

M. Roach m'a demandé si je voulais réaliser un projet spécial. Alors, mon estomac est tombé jusqu'en Chine. *J'étais stupide. J'avais besoin d'obtenir des crédits supplémentaires.*

« Quel projet ? »

« J'en ai un en tête, m'a-t-il dit tout en frottant sa barbe. Je crois qu'il vous intéressera. Venez à mon bureau après l'école. »

J'ai été confuse tout le reste de la journée. J'avais l'esprit engourdi. Après la dernière cloche, je me suis dirigée à contre-courant vers la salle d'entreposage du département de chimie et de physique, qui était aussi le bureau de M. Roach. Des produits chimiques et des objets de verre étaient alignés sur les murs. Sur les comptoirs, il y avait un équipement bizarre avec des cadrans et des voyants lumineux. Un cocktail d'odeurs de produits chimiques a envahi mes narines : vif, mordant, âcre. Ce n'était pas une très belle pièce.

M. Roach m'y attendait. Il a dit : « Je suis content de vous voir ici. Ce projet est conçu uniquement pour le plaisir. Pas de note. Pas de crédit. Seulement pour vous. Pour votre propre connaissance. Vous pouvez me poser des questions ici. Je répondrai si je le peux. »

« Quel est le projet ? Est-ce que j'ai besoin de crédits supplémentaires ? »

« Besoin de crédits ? Vos notes sont parmi les meilleures de la classe. Je veux que vous rédigiez un rapport sur la théorie générale de la relativité d'Einstein. »

« J'en suis incapable ! »

« Oui, vous êtes capable. »

« Je ne peux arriver à comprendre la physique quantique. Comment pourrais-je comprendre Einstein ? »

« Vous en êtes capable. Au fait, Einstein n'aimait pas non plus la physique quantique. »

J'ai passé de nombreux après-midi dans le bureau de M. Roach à lui poser des questions. C'était le meilleur moment de l'école. J'ai eu de la chance de le rencontrer dès mon premier jour. J'ai été bénie de l'avoir comme professeur de physique.

Quand je lui ai remis mon rapport sur la relativité, M. Roach m'a tendu une carte de souhaits. Sur la carte, il y avait un portrait d'Einstein avec la citation : « Dieu ne joue pas aux dés avec l'Univers. » J'ai gardé la carte. Pour me souvenir de me faire confiance.

— *Mary Paliescheskey*

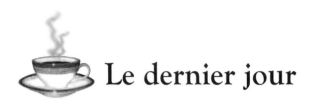 # Le dernier jour

Durant ma première année d'enseignement, j'ai enseigné à deux classes d'élèves de septième année, et l'expérience a dépassé mes espérances. J'étais en amour avec ma profession.

À mesure que la fin de l'année approchait, je devenais de plus en plus nostalgique. Après tant de temps à côtoyer mes élèves, je pouvais difficilement m'imaginer passer l'été sans eux. Je les avais vus grandir pendant qu'ils vivaient les expériences du premier cycle de l'école secondaire, caractérisées par une diversité de professeurs, le changement de classes et les casiers. Comme professeur en tout début de carrière, j'avais moi aussi vécu une expérience de croissance.

En cette dernière semaine, durant mes allers-retours quotidiens à l'école en voiture, je me rappelais les événements de l'année. Je me souvenais des problèmes des élèves avec leurs casiers au début de l'année en septembre. Avant le début des cours, je me tenais juste à l'extérieur de ma porte de classe au cas où on aurait besoin de moi, observant les élèves qui se battaient chaque matin avec les casiers alignés dans le corridor.

« Est-ce que je peux vous aider ? » ai-je demandé à Dewey, un garçon frustré qui semblait sur le point de pleurer. Bien sûr, il ne le pouvait pas puisque ses amis le regardaient.

« Tout le monde a essayé d'ouvrir mon casier, Mme Walker. Je crois qu'il est brisé. »

« Quelle est ta combinaison ? » ai-je demandé.

À l'aide des chiffres qu'il m'avait donnés, j'ai expliqué la méthode pour ouvrir les serrures tout en en faisant la démonstration. À l'étonnement de Dewey, la serrure s'est ouverte.

« Vous êtes la seule capable de l'ouvrir », a-t-il dit avec admiration.

Me sentant utile et importante, je me suis avancée vers un autre élève dans le besoin, transportée de joie d'être une enseignante et de pouvoir aider mes élèves à résoudre leurs problèmes.

Cette dernière semaine, je me suis aussi souvenu de mes petites victoires, comme la fois où j'ai écrit négligemment « bon » en haut du travail de Debbie. Le jour suivant, comme je remettais les travaux, j'ai remarqué qu'elle regardait sa feuille un peu hébétée.

« Quelque chose ne va pas ? » ai-je demandé, en revenant vers son pupitre.

Elle a pointé le mot que j'avais écrit. « Personne n'a jamais écrit ça sur ma feuille avant », a-t-elle répondu.

Au début, j'ai pensé qu'elle me faisait marcher. Puis, je me suis rendu compte avec tristesse que ce n'était pas le cas.

« Tu as fait un bon travail », l'ai-je rassurée.

Pendant qu'elle montrait fièrement sa feuille aux autres élèves autour d'elle, je me suis dit qu'il me faudrait écrire autant de jolies choses qu'il m'était possible sur les travaux de mes élèves.

Maintenant, en juin, il me fallait dire au revoir aux enfants que j'en étais venue à aimer. Je m'étais particulièrement prise d'affection pour une fillette prénommée Anne. Ayant sauté une année d'école primaire, Anne avait dix ans et elle était à la fois la plus jeune de la classe et la plus mature. Tous les jours, elle venait bavarder avec moi après l'école. Elle m'a étonnée en me révélant que, comme moi, elle était une admiratrice du poète John Donne.

Au cours de ces derniers jours avant la pause d'été, j'ai repassé dans mon esprit tout ce que j'avais appris cette année-là sur les enfants, réalisations jamais discutées dans mes cours universitaires en sciences de l'éducation. La plus grande de mes surprises a été la découverte que de nombreux élèves détestaient carrément l'école. Étant donné que presque toutes mes amies et moi avions adoré l'école, je supposais naïvement que la plupart de mes élèves l'aimeraient aussi.

Heureusement, mon enthousiasme s'est reporté sur les enfants de la classe. Ils savaient que j'adorais leur enseigner, noter leurs travaux, planifier les unités d'apprentissage et inventer des projets, et ils voyaient que j'éprouvais du plaisir à les voir réussir. Bien sûr, mes cours n'étaient pas tous nécessairement des réussites et mes élèves n'apprenaient pas tous à aimer l'école, mais pour la majorité, nous avons appris les uns des autres, nous nous sommes amusés et nous nous sommes mutuellement respectés ; et à la fin de l'année, j'étais très fière de constater les progrès que nous avions accomplis.

Ayant été responsable de ces élèves pendant neuf mois, j'avais l'impression qu'il me fallait les aider à se préparer pour l'été et pour la prochaine étape de leur vie. Je voulais les envoyer sur leur chemin avec de bons souvenirs, de bons conseils, et un chaleureux au revoir. À cette fin, j'ai minutieusement composé un discours d'au revoir pénétrant et inspirant.

Je n'ai donc pas été du tout réceptive au conseil que j'ai reçu de Jeanie Lizer, ma directrice de département, l'avant-dernier jour de l'année. Je venais tout juste de terminer ma classe du matin et me dirigeais vers la salle des professeurs pour le lunch.

« Bonnie, nous devons parler », m'a lancé Jeanie alors que je passais devant sa porte.

Pendant que j'attendais qu'elle me rejoigne, je me suis demandé ce que j'avais fait ou ce que je n'avais pas fait pour justifier son ton sérieux. Peut-être que mon livre de comptes n'était pas équilibré, ou que j'avais oublié de remettre l'un des rapports de fin d'année.

« Je dois vous dire quelque chose, a-t-elle avancé, hésitante. Laissez-moi vous parler de mon dernier jour d'école lors de ma première année d'enseignement. »

« Tout a bien fonctionné, l'ai-je interrompue. Je n'ai pas eu de problèmes de discipline. »

« Non, ce n'est pas ça. » Elle a fait une pause, puis elle a rapidement cessé de tergiverser. « Je ne veux pas vous blesser. »

Elle avait mon attention. « Blesser ? Blesser comment ? »

« Vous adorez ces enfants, et je vous connais. Demain, vous vous lèverez devant la classe et vous ferez un discours larmoyant, et ils lanceront des confettis et des hourras en sortant de la classe en courant.

Jeanie m'avait parfaitement bien décrite, mais je me suis immédiatement tenue sur la défensive. Voyant ma réaction, elle a modifié son approche.

« Regardez, vous êtes un bon professeur et les enfants vous aiment, mais ils partiront en courant de toute façon. Ce n'est pas personnel. Je veux tout simplement que vous vous y prépariez, c'est tout. »

Nous avions atteint la porte de la salle des professeurs à ce moment, et l'occasion d'une conversation intime s'était envolée.

« D'accord, ai-je répondu. Merci. »

Jeanie avait été consciente de mes émotions et de mon état d'esprit, ce qui n'était pas mon cas, jusqu'à ce moment. De chaudes larmes ont rempli mes yeux.

« Est-ce que ça va, Bonnie ? » a demandé Jeanie.

« Bien sûr. Je vais bien. »

Jeanie a continué vers les toilettes des femmes, et je suis entrée dans la salle des professeurs. J'ai pris mon lunch dans le réfrigérateur et un soda dans la distributrice, et j'ai avalé rapidement mon repas. Quand je suis revenue à ma classe pour rencontrer mes élèves de l'après-midi, j'étais plutôt silencieuse, ce qui ne me ressemblait pas.

Les petits ingrats, ai-je pensé avec colère, en jetant un regard mauvais aux élèves que j'avais adorés pendant toute l'année. *Je ne leur manquerai pas un seul instant.*

Voyant leurs visages souriants, écoutant leur bavardage au sujet de leurs projets d'été, je me suis soudainement rendu compte que Jeanie avait raison. Si cette journée avait été la dernière, et que la cloche avait sonné à ce moment précis, j'aurais crié : « Bon débarras, petits vauriens ! », et j'aurais fermé bruyamment mon livre de présences pour leur montrer que je me foutais royalement du fait qu'ils ne reviennent pas dans ma classe.

Lorsque la cloche a sonné, signalant la fin de la journée, j'ai annoncé froidement qu'ils pouvaient partir. Debbie est restée derrière pour voir à quoi ressemblait sa note de fin d'année. Me trouvant inhabituellement peu réceptive, elle est aussitôt repartie.

Bien, l'an prochain, elle aura de nouveaux professeurs autour desquels tourner, ai-je songé avec amertume.

Sur le chemin de retour du travail ce jour-là, j'ai révisé mon discours d'au revoir. Le nouveau était destiné à me séparer d'eux avec le moins de douleur possible. *Est-ce possible qu'il soit vrai qu'ils ne penseront plus jamais à moi ? Certainement, la plupart d'entre eux vont m'oublier. Je m'y attendais. Mais pas Debbie, dont j'ai aidé à accroître la confiance. Pas Dewey. Pas Anne.*

Le dernier jour est arrivé, et j'ai rassemblé mes forces pour me préparer au pire. J'ai donné mes cours de la matinée en me composant une attitude du style

« la vie continue ». Les élèves et moi avons joué une partie de Password avec le vocabulaire de sciences que nous avions ramassé pendant l'année. Je me suis tenue entre les joueurs en face de la classe, servant de modératrice comme des douzaines de fois auparavant. Tous étaient désireux de jouer à leur tour, même s'il n'y aurait pas de notes pour ce travail. Les élèves adoraient ce jeu, et les mots, les définitions et même les trucs pour gagner étaient gravés dans leur mémoire.

Quelques minutes avant le son de la cloche et avant leur dernier départ, j'ai saisi l'occasion de me retirer momentanément du jeu. Malgré l'avertissement de Jeanie, j'étais déterminée à faire un discours d'au revoir.

« J'ai aimé travailler avec vous cette année », ai-je commencé, puis je me suis arrêtée pour lutter contre la boule dans ma gorge. Avant que j'aie pu me calmer pour continuer à parler, la cloche a sonné et ils ont tous applaudi très fort, puis ils se sont précipités vers la porte — exactement comme l'avait prédit Jeanie. Cette petite phrase constituait la totalité de mon discours. Je n'avais aucune idée du nombre d'élèves, s'il y en avait, qui l'avaient même remarquée.

Je suis demeurée seule et pathétique, en avant et au milieu de la pièce où j'avais été au centre de l'attention toute l'année. Mon entourage s'était envolé. Seule Anne demeurait.

« Ils ne sont pas très matures, a-t-elle dit avec bienveillance, lisant en moi comme dans un livre. J'espère que vous aurez un merveilleux été, Mme Walker. »

« Vous aussi, Anne. »

« À l'an prochain », a-t-elle dit, me donnant l'espoir que mon affection pour mes élèves n'avait pas été unilatérale.

J'ai respiré profondément et me suis préparée à répéter tout le processus de l'au revoir avec la classe de l'après-midi, déterminée à montrer plus d'indifférence. Je ne suis demeurée seule que quelques secondes avant que les élèves n'entrent dans la classe en sautant, se parlant les uns aux autres avec animation. En les observant, il m'est venu à l'esprit que ces garçons et ces filles, qui étaient entrés neuf mois plus tôt dans la classe comme des enfants de douze ans effrayés, étaient maintenant des adolescents détendus, et sûrs d'eux, riant, plaisantant, et ayant hâte aux jours de liberté de l'été.

J'ai commencé à jouer une partie de Password avec eux. J'ai souri intérieurement quand j'ai vu Clarence, l'une de mes élèves problèmes, déjà endormie sur son pupitre. Lorsque j'ai trouvé l'occasion de faire mon discours d'au revoir, je me suis arrangée pour prononcer deux phrases avant de craquer.

« J'espère que vous aurez un bon été, ai-je dit. J'ai beaucoup aimé apprendre à vous connaître, chacun d'entre vous. »

Puis la cloche a sonné, réveillant Clarence. En quelques instants, ils étaient tous partis. Le dernier jour de ma première année d'enseignement était terminé. Comme tous les véritables amours, je ne l'oublierai jamais.

— *Bonnie L. Walker*

 # Le moment de vérité

Mme Vancleave porte aujourd'hui le costume que je déteste le plus : une jupe et un blazer assortis. Le motif — de minuscules carrés bleu marine, blanc et vert lime — me fait tourner la tête. Cette texture et ces couleurs affreuses donnent l'impression qu'elle a déchiré le tissu d'un vieux sofa de polyester provenant d'un magasin d'articles usagers qu'elle a recousu pour en confectionner un costume, simplement pour le plaisir de paraître horrible.

« Classe, si vous voulez ouvrir vos livres à la page de votre devoir, nous le réviserons. Aujourd'hui, vous vérifierez vous-mêmes votre travail. »

Je saisis mon crayon de bois brun clair et commence à gribouiller dans les marges de mon cahier. Pendant que je note les réponses que j'ai manquées, je me rends compte que je n'ai pas tellement bien réussi ce travail. J'ai recouvert ma page et jeté un regard autour pour voir combien d'autres petites mains agitent leur crayon à chaque mauvaise réponse. J'ai les idées toutes embrouillées alors que Mme Vancleave nous interrompt.

« Classe, veuillez corriger vos fautes. »

La classe renvoie l'écho des gommes à effacer qui sillonnent le papier, dont la poussière tourbillonne dans les airs. Je corrige rapidement mes fautes, nullement ébranlée par les épaisses traînées de plomb que je laisse sur le papier.

Mme Vancleave enseigne la prochaine leçon et nous tend ensuite des fiches d'exercice de mathématiques. Elle retourne à son bureau. J'entends le bruit de son tiroir qui s'ouvre — le bruit qui ne peut signifier qu'une chose en ce moment : *des autocollants* !

Mme Vancleave est maintenant derrière moi et elle parle à mes camarades de classe en même temps qu'elle marche lentement d'un pupitre à l'autre, un léger murmure parvenant jusqu'à moi. Je tends le cou pour examiner l'autocollant du jour. *Oh !* Ils sont merveilleusement beaux. Et ils sont aussi grands que ma main. Ce sont de grosses montgolfières aux couleurs vives, et j'en veux une.

Soudain, le murmure se transforme en un chant scandé clairement audible alors que ma chance d'obtenir mon superbe autocollant se rapproche de plus en plus.

« Vos réponses étaient-elles exactes avant la correction ? »

Mon estomac s'effondre et la classe s'estompe lentement alors que je baisse les yeux vers ma feuille, juste pour voir le travail clairement corrigé avec des marques irrégulières d'efface rose. Comme dans un son d'ambiance au ralenti, j'entends la partie adhésive d'un autocollant qui se décolle doucement pour être posée sur la page rugueuse du livre de classe, puis les petites mains malpropres et les petits doigts trapus de Jason Gregory qui lissent l'autocollant, émettant un couinement ténu.

Le désespoir commence à s'insinuer en moi et je sens une légère sensation de picotement alors que l'anxiété envahit tout mon corps. Mme Vancleave est juste derrière moi. Je peux sentir la vieille odeur de moisi du polyester de son affreux costume. Je porte l'ongle le plus long de ma main gauche à mes dents et me mets à le ronger, évaluant soigneusement mes options.

Avant même de m'en apercevoir, Mme Vancleave est déjà à côté de mon pupitre et je peux voir juste devant moi l'autocollant que toute ma vie j'avais espéré ramener à la maison. Ses mots se transforment en un bruit de tambour battant à tout rompre, et sans réfléchir, j'ouvre ma bouche et un rapide « oui » aigu retentit. Une bouffée de chaleur monte depuis mes orteils, passant par ma colonne vertébrale jusqu'aux lobes de mes oreilles, l'autocollant m'appartient et l'épreuve est terminée. Elle n'a même pas regardé ma feuille.

Encore une fois, mon estomac s'affaisse pendant que je regarde la brillante montgolfière. Ce n'est même pas l'autocollant que je voulais.

Je glisse mon cahier à l'intérieur de mon pupitre et commence mon travail de mathématiques. Sur la feuille, il y a un gros hibou ressemblant à de l'origami et des images de pièces de cinq sous, de vingt-cinq sous et de dix sous alignées pour être comptées et calculées.

Je me retourne pour regarder Mme Vancleave. Elle a enlevé son blazer, révélant sa blouse à manches courtes en soie bleu marine. Je l'observe pendant qu'elle met ses lunettes de lecture sur le bout de son nez et qu'elle se penche sur son cahier de notes. J'essaie de me concentrer sur mes problèmes de mathématiques, mais j'ai l'estomac douloureux et la tête confuse.

Je promène mon regard autour pour m'assurer que personne ne m'observe, je sors mon cahier, et je marche les deux mètres qui me séparent du bureau de Mme Vancleave. Elle lève les yeux vers moi à travers ses petites lunettes de vieille dame comme pour dire *Puis-je vous aider ?* De chaudes larmes remplissent mes yeux et, avant que j'aie le temps de m'en rendre compte, elles se mettent à couler sur mes joues. En pleurant comme une Madeleine, je lui explique que j'ai menti.

J'attends, puis je regarde horrifiée mon professeur exceptionnellement sage décoller la montgolfière de ma feuille, la déchirant pendant l'opération. Mme Vancleave se penche et rouvre cet excitant tiroir d'autocollants, en sort une feuille remplie de visages jaunes souriants (ceux qui exhalent un parfum après avoir été grattés) et, délicatement, en pose un sur ma feuille.

« Voilà, dit-elle, c'est pour avoir dit la vérité. »

Elle me serre tendrement, contre son costume affreux et tout le reste, et je retourne à mon pupitre, complètement inconsciente des regards, des larmes, et de la morve sous mon nez.

Je suis aux anges.

— *Tanya M. Showen*

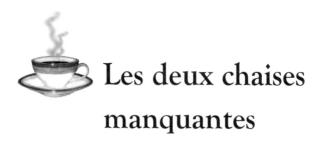# Les deux chaises manquantes

Il nous manquait deux chaises, nous nous sommes donc assis en cercle sur le plancher. Vingt paires d'yeux — de larges et rondes flaques boueuses d'une profondeur insondable — me regardaient inquiets. Les classes de maternelle étaient surpeuplées et tous ces enfants avaient été arrachés à leur professeur deux mois après le début de l'année scolaire et déposés dans une pièce vide dans la salle de troisième année. Ma classe. J'ai galopé dans ma nouvelle — et ma première — classe, comme Déméter, prête à accueillir tous les enfants contre ma poitrine pour leur insuffler la connaissance.

La réalité m'a frappée de plein fouet à mon arrivée, lorsque j'ai découvert la pièce complètement dénudée. Où étaient les décorations, la craie pour le tableau noir, et mon aide-éducatrice ?

J'avais planifié les leçons pour les deux premières semaines, supposant qu'on me fournirait le matériel usuel de maternelle : des crayons, du papier, de la peinture, un chevalet, des livres, de la craie, des tables et des chaises. Les seuls éléments de la classe se réduisaient en un tableau noir et un jeu de blocs de construction.

J'ai rapidement découvert que, même si j'avais disposé du matériel, les enfants ne possédaient pas les connaissances de base pour suivre mon plan de cours. Ils ne connaissaient ni les couleurs, ni les lettres, ni les formes. Ils ressemblaient au tableau noir vierge à l'autre bout de la classe. Je voulais pleurer.

Désespérée, je me suis assise avec eux en cercle sur le plancher, et j'ai commencé par demander à chaque enfant : « Quel est ton prénom ? »

Cinq de mes élèves étaient incapables de répondre, parce qu'ils ne pouvaient parler l'anglais. L'une d'entre eux ne connaissait même pas son nom.

« Petite Maman », a-t-elle répondu lorsque je le lui ai demandé.

J'ai cligné des yeux.

« Le nom de sa jumelle est Grande Maman », a ajouté Mario. En fait, c'était le seul enfant qui parlait l'anglais dans ma classe d'anglais langue seconde.

« Non, ai-je dit, après avoir retiré le coton que j'avais dans la bouche, une fois le choc passé. Ton prénom est Ashley. » « Dans cette classe, ai-je continué en pointant mon doigt vers le bas, on t'appellera Ashley. »

Petite Maman, qui faisait partie des quelques élèves qui parlaient l'anglais, m'a regardée comme si je parlais le martien.

Après avoir fait le tour et entendu au moins la plupart de leurs prénoms, j'ai invité chaque enfant dans le cercle à nous raconter, à moi et à leurs camarades de classe, tout ce dont ils avaient envie.

« Quel est ton prénom, professeur ? »

« Ma mère a hurlé après moi ce matin parce que j'ai frappé ma sœur. »

« Je sais quand j'aurai neuf ans ; c'est quand mon papa sortira de prison. »

« Mlle Edwards, il y a un trou dans notre fenêtre. C'est à cause d'une balle. »

« Est-ce que c'est vrai que Jésus aime tout le monde ? »

Je leur ai donc donné mon prénom, et j'ai expliqué qu'il était important de bien se comporter à la maison et qu'il fallait faire attention aux fusils et que, oui, Jésus aimait tout le monde. Je savais que je marchais sur un terrain glissant en parlant de religion dans une école publique. Les scénarios ont commencé à défiler dans ma tête, avec le directeur adjoint entrant dans ma classe et me surprenant en train de commettre cet acte illégal et non professionnel.

À la fin de la journée, je me suis approchée de l'un des autres professeurs de maternelle. « Où est le placard de fournitures ? » ai-je demandé.

Elle me l'a montré. Il y avait du papier de construction et des panneaux comme ceux à l'endos de tableaux d'affichage. Rien d'autre.

« Où puis-je trouver des fournitures pour ma classe ? »

Elle m'a regardée pendant un long moment. « N'as-tu pas rapporté ton matériel de stage ? » m'a-t-elle demandé.

J'ai hoché la tête. « Il appartenait à la classe. »

« Il appartenait au professeur », a-t-elle dit.

Je me suis mise à pleurer.

Sur le chemin du retour à la maison, dans la quiétude de la voiture, la journée entière m'a frappée d'un coup. *Que vais-je faire ?* Je réfléchissais tout en essayant de ne pas céder à la panique. Je n'avais ni matériel, ni mentor, ni aide, ni expérience, et aucune idée de ce qu'il fallait faire avec ces enfants. Il était hors de question pour moi de simplement leur parler pendant toute l'année. Je me sentais comme si j'avais été dupée.

Quand je suis arrivée à la maison, ma mère, comme de raison, était vraiment scandalisée. « L'école ne t'a rien donné ? » m'a-t-elle demandé à plusieurs reprises.

Déjà que la taille de mon chèque de paie l'avait outrée, la situation a attisé le feu en elle. J'étais demeurée à la maison parce que je ne gagnais pas assez d'argent pour déménager. Maintenant, je devais puiser dans mes minces revenus pour approvisionner ma classe.

« Ne t'inquiète pas, a-t-elle dit, approchant de la table de cuisine et me donnant une petite tape sur la main. Nous trouverons quelque chose. »

Ce week-end, ma mère et moi nous sommes assises et avons fabriqué des objets pour ma classe. Je me suis rabattue sur des jeux de classement, des jeux d'association, des pièces de jeu fabriquées avec des livres à colorier, tout ce qui pouvait se confectionner rapidement, facilement et à bon marché. Je suis arrivée tôt le lundi matin et j'ai commencé à suspendre les décorations et à répartir le matériel pédagogique dans la classe.

Les semaines ont passé, et je n'avais toujours pas d'aide-enseignante. Les enfants utilisaient mon matériel maison, mais j'avais de la difficulté à le garder en bon état. Souvent, un jeu était détruit quand plus d'un enfant voulait s'en servir. Une partie de lutte s'ensuivait, et avant que j'aie eu le temps de m'approcher d'eux, il était brisé.

En décembre, la grippe a fait sa ronde parmi les enfants de troisième année, et s'est finalement infiltrée dans notre classe. Un jour, seulement quatre élèves se sont montrés, conduits par leurs parents.

« Il ne voulait pas demeurer à la maison, a dit une mère. Il voulait vous voir. J'aimerais que mes quatre autres aient le même sentiment. »

Ce jour-là, nous avons joué aux travaux domestiques toute la journée et avons bu du bouillon de poulet.

En mars, j'ai trouvé un nid d'oiseau. Je l'ai placé dans une boîte de plastique, qui ressemblait à un emballage de petits gâteaux à l'épicerie. Le nid a occupé le centre de la conversation pendant des semaines.

« Est-ce qu'il vient d'un arbre ? »

« Pourquoi les bébés oiseaux ne sont plus dedans ? »

« Comment font-ils pour faire tenir ça ensemble ? »

Je suis allée à la bibliothèque publique (la bibliothèque de l'école était un cimetière de livres de plus d'un quart de siècle) et j'ai emprunté tous les livres d'enfants que j'ai pu trouver sur les oiseaux. J'ai fait la lecture à mes élèves sur la migration, la construction de nids et la régurgitation. Nous avons fabriqué des nids avec des brindilles que nous avons trouvées dans la cour d'école. Nous avons fabriqué des oiseaux colorés avec du papier de construction et les avons peints avec de la gouache que ma mère avait achetée pour la classe et nous les avons suspendus au plafond.

Un jour, pendant les ateliers de mathématiques, l'un de mes élèves, Mario, est venu vers moi. Il tenait un jeu pour apprendre à compter, confectionné dans une boîte à œufs. Trois avaient été déchirés plus tôt dans la semaine. Maintenant, il en tenait un autre, brisé lui aussi.

Je le lui ai arraché des mains. « Comment est-ce arrivé ? » ai-je crié.

Mario a rougi. « Moi et Sergio, nous jouions… »

Avant qu'il ait pu terminer sa phrase, j'ai jeté le carton d'œufs par terre avec colère. J'ai fermé les yeux, frappé du pied, agité mes poings dans les airs et hurlé comme une perdue.

Une élève de troisième année de la classe voisine s'est montré la tête dans l'embrasure de la porte. « Mlle Edwards ? » a-t-elle demandé, l'air effrayé.

« Toi, tu restes ici », ai-je dit sans desserrer les dents. Je suis passée à côté d'elle en coup de vent et suis sortie de la classe.

J'ai marché autour de l'école pendant vingt minutes, fulminant silencieusement en moi-même. *J'ai travaillé tellement fort. J'ai fait tant de choses. J'ai tant donné. Et personne ne l'apprécie. Qui pourrait l'apprécier ? Les enfants ? Bien sûr, les enfants.* Mais aussitôt cette pensée dessinée dans mon esprit, je me suis calmée. *Ils ont cinq ans et j'agis comme si j'en avais deux.*

De retour dans ma classe, j'ai découvert que l'élève de troisième année avait fait asseoir les enfants en cercle sur le tapis. « Merci, lui ai-je dit, me sentant complètement folle. Je vais m'arranger maintenant ».

« Vous êtes certaine ? a-t-elle demandé. Parce mon professeur m'a dit de rester jusqu'à ce que vous soyez mieux. »

J'ai ri. « Je suis certaine, mon ange. »

Je me suis assise sur le tapis et j'ai regardé les enfants. Ils tournaient les yeux vers le plafond, le tapis, les décorations sur le mur. « Je n'ai pas très bien agi tout à l'heure, n'est-ce pas ? »

Personne n'a répondu.

« Je n'aurais pas dû agir comme ça», leur ai-je dit, regardant chacun de leur visage à tour de rôle.

Encore une fois, je ne pouvais obtenir aucun contact visuel.

« J'étais en colère, et je n'ai pas réfléchi, ai-je dit, avec l'impression d'être folle. Je n'ai pas d'excuses. J'ai eu tort. Je suis désolée. »

Tous les enfants ont levé la tête et m'ont regardée en silence.

Ashley a penché sa tête d'un côté : « Vous êtes désolée ? »

« Oui, lui ai-je répondu. Je suis vraiment désolée. Je comprends que vous puissiez être fâchés contre moi. » Je me suis adressée à tous. « Et c'est très bien si vous êtes fâché contre moi. »

« Vous êtes désolée ? » a demandé encore une fois Ashley.

« Vraiment désolée », ai-je murmuré.

Tous les vingt enfants se sont précipités sur moi et m'ont enveloppée dans une vaste étreinte.

Les enfants ont cessé de parler des « hurlements », et de leurs visites à des parents en prison. Après notre unité d'apprentissage sur les oiseaux, l'un des enfants a trouvé la carapace d'une cigale. Ils étaient aussi captivés qu'avec le nid, nous avons donc commencé une unité sur les insectes. Après cette leçon, l'un d'entre eux a pointé la glissoire sur le terrain de jeu.

« C'est un triangle », a-t-il dit.

« Où ? »

« Là », a-t-il pointé encore une fois, lançant son bras en direction de la glissoire. Il a bougé son doigt, traçant une ligne le long de la glissoire, de l'échelle puis du sol. « C'est un triangle. »

Voilà qui lançait notre unité sur la géométrie.

À la fin de l'année, dix-neuf de mes élèves de maternelle pouvaient écrire leur nom en entier. Ashley savait que son nom était Ashley. Tous mes élèves d'anglais langue seconde parlaient un anglais fonctionnel. Le développement de tous mes vingt élèves avait progressé de un à trois ans — une progression plus élevée que n'importe quelle autre classe de l'école. Ma propre croissance était infinie. Nous ne sommes jamais allés chercher les deux chaises manquantes.

— *Katherine L.E. White*

 # Un mérite
additionnel

Lorsqu'elle est entrée à l'école située sur une route de campagne à l'extérieur de la ville de Macon au Missouri, Diana avait les genoux éraflés et portait une robe trop-grande-pour-elle fabriquée avec de la toile de sacs à fourrage. Elle a suspendu sa pèlerine sur la patère, s'est servie à boire au robinet de la cruche et a soigneusement replacé sa tasse sur le crochet. Arrachant ses livres de son cartable vert écossais, elle s'est lancée à la recherche de son pupitre. Il n'était pas difficile à trouver, étant le plus petit. Mais il était pourtant si grand pour cette minuscule enfant que le professeur, Mme Miller, a déposé à sa place une caisse de bois — de celles qu'on utilise pour le transport de boissons gazeuses — comme marchepied pour qu'elle puisse grimper sur le siège. Dans cette école d'une seule pièce, un professeur enseignait les huit années.

Plus tard, ce matin-là, Mme Miller s'est arrêtée au pupitre de Diana. « Lis-moi ta leçon », a-t-elle dit.

Diana a pris son livre de lecture bleu.

« Tu vois… Dick… courir. Tu vois… Spot… courir. Tu vois… Dick… et… Spot… courir. Je… vois… Dick… et… Spot. Cours, …Sally… a… euh… euh… »

« Épelle le mot », a suggéré le professeur.

« Ddd-i-t… dddit. Dit ! » a lancé Diana avec allégresse.

« Oui, Diana », a répondu Mme Miller avec un soupir résigné.

« Je lis bien tous les mots, sauf le dernier. Je l'épelle sans aide. » Les yeux de l'enfant cherchaient un peu de compréhension.

« Mais tu fais une pause entre chaque mot. Tu dois t'arranger pour lire d'une manière plus coulante, comme ceci : "Tu vois Dick courir ? Tu vois Spot courir ? Tu vois Dick et Spot courir ?" Alors les mots coulent doucement, au lieu d'être saccadés comme tu les as prononcés. »

Diana a baissé la tête. « J'essaierai de faire mieux. »

Diana a pratiqué et s'est quelque peu améliorée. Lorsqu'on le lui demandait, elle pouvait lire environ trois ou quatre mots sans une pause. « Je vois Sally faire voler… un cerf-volant. Dick… aime faire… voler un cerf-volant… aussi. Quand Sally court… Spot court aussi.

« Non, a dit Mme Miller. Cesse de faire ces pauses. Répète la phrase. »

Diana a encore lu, de la même manière. Mme Miller a hoché la tête et froncé les sourcils. Qu'il s'est agi de son intention ou non, elle envoyait un message à l'enfant : *Tu n'es pas bonne en lecture.*

Diana a reçu le message. *Je ne suis pas bonne en lecture*, s'est-elle dit, intériorisant la négativité perçue. Elle a commencé à craindre l'heure de la lecture des histoires, alors que les enfants devaient lire à voix haute.

L'année suivante, un nouveau professeur est arrivé à la petite école. Quand elle a demandé à Diana de lire, elle a dit : « Je ne sais pas bien lire. » Puis elle a lu de manière saccadée pour le prouver. Le visage sévère du nouveau professeur a semblé corroborer le verdict de Mme Miller.

Diana habitait sur une ferme à l'extérieur de la ville. Chaque semaine, ses parents l'emmenaient à la bibliothèque et lui permettaient d'emprunter sept livres, un par jour. Elle lisait et lisait et lisait encore. Elle a lu tous les livres de la série sur les enfants des autres pays et tous ceux de la série sur des hommes et des femmes pionniers de l'Ouest américain. Elle a lu d'autres séries sur la vie des présidents américains et de leurs familles et sur les animaux sauvages et leur mode de vie. Diana avait beaucoup de connaissances, et elle lisait bien lorsqu'elle le faisait silencieusement pour elle-même.

Mais elle était toujours incapable de bien lire à voix haute. Elle bégayait, elle balbutiait, elle perdait sa place, et elle sautait des lignes entières de texte. Elle détestait lire. Elle est donc devenue une adepte des stratégies pour qu'on ne l'appelle pas pour lire. Elle a appris à ne jamais établir de contact visuel avec le professeur et aussi à ne jamais regarder par la fenêtre en paraissant distraite. Elle a appris à tenir son doigt sur la bonne page et à feuilleter le livre avec l'autre main pour donner l'impression qu'elle n'avait pas encore trouvé la bonne place. Il arrivait alors souvent que le professeur appelle quelqu'un d'autre, voyant qu'elle n'était pas prête.

Diana a été placée dans une école catholique pour ses classes intermédiaires. Elle espérait que des professeurs pourraient l'aider dans sa nouvelle école. Les religieuses ont fait des suggestions : « Vous semblez perdre continuellement votre place, Diana ; déplacez votre doigt le long de la ligne pendant que vous lisez. » Cette méthode semblait fonctionner pour certains élèves, mais Diana continuait à bégayer et à faire une pause entre les mots et les phrases. Sœur Mary Lawrence lui a fourni une petite fiche pour qu'elle suive la ligne qu'elle lisait, mais cette suggestion n'a pas eu plus de succès que le mouvement de son doigt.

Lorsqu'elle se levait pour lire devant ses camarades de classe, elle était vouée à l'échec. Alors qu'elle trébuchait sur les mots, elle pouvait entendre leurs ricanements.

« Tu as bien fait ; ne t'inquiète pas », disaient ses amies.

Mais les garçons n'étaient pas aussi gentils. « Oh, mon Dieu, pas encore Diana. "Les étoiles sont… espacées dans le ciel… dans un motif… régulier." », se moquaient-ils.

Pendant qu'elle se levait pour lire, la sueur envahissait son front. Elle rougissait. Elle pouvait sentir ses joues s'empourprer de honte. Avec chaque épisode de mauvaise lecture, elle devenait de plus en plus embarrassée. Elle a essayé une diversité de méthodes pour parvenir à lire à voix haute.

Diana savait qu'elle devait participer dans la classe ; elle est donc devenue très habile à lever sa main durant les cours d'anglais, d'histoire, de mathématiques, de religion et de sciences. Chaque fois que le professeur posait une question, elle se tortillait sur son siège, élevant brusquement son bras, recherchant ardemment un contact visuel avec le professeur. Elle agitait son bras avec empressement jusqu'à ce que le professeur l'appelle ; elle dominait ensuite les discussions de classe, jusqu'à ce que le professeur finisse par lui dire : « C'est bien, Diana, baissez maintenant votre main. Donnons aussi une chance aux autres de participer. »

« D'accord, répondait-elle avec soulagement, sachant qu'elle était maintenant tirée d'affaire pour le prochain sujet — la lecture.

Ces deux méthodes perfectionnées à l'école primaire — la participation ultradiligente réunie avec l'évitement du contact visuel — ont fonctionné normalement pour éluder les demandes de lire en classe.

Puis elle est passée à l'école secondaire, où les cours se donnaient par différents professeurs dans différentes classes. À cet endroit, sa stratégie soigneusement conçue d'évitement du contact visuel et de monopolisation des discussions en classe est devenue dépassée. Elle était vouée à l'échec. Les professeurs l'ont appelée pour lire à voix haute. Humiliée, elle a bégayé pendant la lecture.

Kaye Robnett enseignait les sciences sociales aux élèves de première année. Elle avait toujours fait lire des sections de chapitre à voix haute. Diana appréhendait ses cours. Lorsque Diana s'est levée pour lire la première fois, elle a dit à Mme Robnett : « Je lis très mal. »

Mme Robnett a hoché la tête en signe de compréhension et lui a dit : « Laissez-moi en juger. »

Diana a lu comme à l'habitude, ses joues brûlant d'humiliation. Le reste de la semaine, Mme Robnett a demandé à ses étudiants de venir à son pupitre pour lire. Le vendredi, Mme Robnett a invité Diana à rester après la classe.

Diana était mortifiée. Après le départ des autres étudiants, elle a laissé échapper, avec colère : « Je vous l'ai dit que je lisais très mal. »

Mme Robnett a ri et a dit : « Vous ne lisez pas mal. En vérité, vous lisez trop bien. »

« Je lis trop bien ? » a répété Diana, incrédule.

« Oui, quand je demande à la classe de lire du matériel additionnel, vous êtes toujours la première à avoir terminé. Quand je vous fais passer un test, vous connaissez toujours la réponse. Il est donc clair que vous avez d'excellentes habiletés de compréhension et de lecture. Bien loin de lire mal, vous êtes la meilleure de la classe sur ce plan. »

« Quand je vous ai demandé de venir lire à mon bureau, a-t-elle continué, j'ai observé vos yeux. Ils oscillaient rapidement pendant que vous lisiez. Le problème, Diana, c'est que vous lisez plus vite que vous n'êtes capable de parler. Il existe une grande différence entre la lecture silencieuse et la lecture à voix haute. Si vous voulez mieux lire à voix haute, il vous faut ralentir vos yeux.

« Voici, essayez », a-t-elle dit en glissant un livre dans les mains de Diana.

« "Jefferson Barracks a été fondée… en 1828, devenant la première base permanente de l'armée à l'ouest du… euh… je suis désolée… Mississipi." C'est mieux, n'est-ce pas ? Oh, ça alors ! C'est trop beau pour être vrai ! »

Diana a repris sa lecture : « "Fort Bellefontaine, au nord de St. Louis au confluent des rivières Missouri et Mississippi, avait été fréquemment inondé par des déluges, ce qui a entraîné… euh… le déménagement de l'armée dans un autre fort." Oh, Mme Robnett ! C'était mieux, n'est-ce pas ? Je lis bien mieux, n'est-ce pas ? »

« Oui, a répondu Mme Robnett avec un large sourire, vous lisez très bien. Maintenant, Diana, il vous faut pratiquer. Lisez seulement plus lentement pour être capable de prononcer les mots avant de les oublier et de perdre votre place. »

Remplie de joie, la jeune fille a éclaté de rire et donné une grosse étreinte à Mme Robnett. Après cet épisode, une affection spéciale est née entre le professeur et l'étudiante, et elle a duré tout le long des études collégiales de Diana.

Diana est allée à l'université, elle s'est mariée, elle a eu des enfants, et elle est déménagée dans la région de St. Louis. Ses parents sont décédés, coupant ses liens avec la petite ville de Macon. Quand son mari l'a quittée, Diana a élevé ses enfants comme mère de famille monoparentale, elle est retournée à l'université, et elle a obtenu son baccalauréat puis une maîtrise ès arts en création littéraire.

Elle a été invitée à Macon pour la quarantième réunion d'anciens étudiants du collège. Une ancienne camarade de classe, Mary Anne, a téléphoné et a dit : « Viens nous voir, tu as encore de la famille ici — la mienne. Ma sœur Paula nous a invitées à demeurer chez elle. Nous nous rendrons à la fête annuelle et nous aurons beaucoup de plaisir. »

C'est ainsi que Diana y est allée. Mme Robnett vivait alors dans une maison de retraite à l'extrémité de la ville. Mary Anne et Diana se sont offertes pour emmener leur ancien professeur au repas des anciens élèves, mais Paula a expliqué que des arrangements avaient déjà été pris avec d'autres pour son transport. Elle a expliqué que Mme Robnett avait développé la maladie d'Alzheimer et souffrait du « syndrome crépusculaire ».

« Le syndrome crépusculaire ? » a demandé Diana.

« Oui, c'est quand les personnes âgées fonctionnent assez bien durant le jour, mais après le coucher du soleil, elles deviennent facilement confuses et agitées. Il est donc préférable que ce soit une personne familière qui prenne soin d'elles. »

À la réunion, Diana s'est dirigée vers la chaise de Mme Robnett et a pris sa main. « Je suis Diana Angelo, a-t-elle dit. Vous souvenez-vous de moi ? Vous m'avez appris comment bien lire à haute voix. »

« Pourquoi, je n'ai pas fait ça, a dit Mme Robnett avec mauvaise humeur. Je n'ai jamais enseigné la lecture. J'ai enseigné l'histoire et les sciences sociales. »

« Oui, vous avez bien raison, a répondu Diana, et vous étiez un merveilleux professeur. »

Mme Robnett l'a regardée d'un air absent et puis elle l'a écartée. « Je veux parler à Paula », a-t-elle dit.

Diana s'est déplacée sur le côté et a observé. Même si elle était triste de constater que sa vieille enseignante ne se souvenait pas d'elle, elle s'est sentie réconfortée de savoir que Mme Robnett se souvenait du travail qu'elle avait si bien accompli et pendant si longtemps. Elle avait effectivement enseigné l'histoire et les sciences sociales... et bien plus encore.

Diana, son ancienne élève, est maintenant l'assistante-directrice des admissions à l'University of Missouri-St. Louis. Au nom des anciens élèves du département d'anglais, on lui demande souvent de parler à divers groupes sur le sujet de la création littéraire. Chaque fois que c'est possible, elle accepte et lit à haute voix à partir de ses propres créations.

— *Diana Davis*

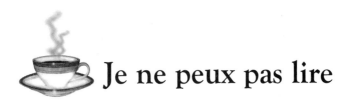 # Je ne peux pas lire

Un garçon aux cheveux roux avait de la difficulté à réussir les tests dans ma classe de deuxième année de menuiserie. Pat était l'un de mes élèves les plus enthousiastes, et je me demandais pourquoi c'était si difficile pour lui. J'ai découvert la cause de ses problèmes le jour où je lui ai demandé de vérifier un message affiché dans le bureau de l'inspecteur et de me rapporter l'information. Il est sorti lentement de la pièce et est revenu quelques minutes plus tard.

Les larmes aux yeux, il m'a dit : M. Malsam, je ferai tout ce que vous voulez, mais ne me demandez pas de lire quelque chose. » Il a baissé la tête et a confessé : « Je ne peux pas lire. »

Je pouvais difficilement croire qu'il s'était rendu jusqu'en deuxième année de collège sans avoir appris à lire. Il semblait bien qu'il s'était arrangé pour passer à travers ses études en mémorisant les paroles du professeur et en les répétant verbalement. J'ignore comment il a pu réaliser les travaux écrits et les tests nécessaires pour réussir ses cours, mais je soupçonne qu'on l'a simplement « fait passer ».

Après que j'ai eu découvert qu'il était incapable de lire, j'ai fait en sorte que mon assistant étudiant lui lise les questions de tests à choix multiples au moment de l'examen et qu'il lui encercle ses réponses. Quand j'avais le temps, je l'attirais parfois à part et lui lisais les questions d'examen, notant ses réponses sur place. Dans ma classe de menuiserie, aucun devoir n'était requis tout comme dans les autres classes d'art industriel au Westminster High, ce qui l'aidait à obtenir de bonnes notes dans ces cours.

Pendant les deux années qui ont suivi, j'ai appris un peu plus sur Pat alors qu'il continuait à suivre mes classes d'art industriel. Il m'a expliqué que son père était électricien et qu'il l'avait vu lorsqu'il avait été accidentellement électrocuté et en était décédé. À cette époque, Pat n'avait que cinq ans.

Je me suis demandé si le traumatisme de voir mourir son père et les années difficiles qui avaient suivi, à un moment où tous les enfants apprennent à lire, pouvaient avoir causé ou au moins contribué à la déficience de Pat en lecture. Mais comme je ne suis pas un professeur de lecture, ni un psychologue scolaire, je n'ai pas tenté d'analyser la situation ni de résoudre le problème. J'ai simplement fait plus d'efforts pour en enseigner davantage à Pat sur la menuiserie. Il était avide d'apprendre et obtenait des A dans ma classe et dans les autres cours d'art industriel, mais il a continué d'obtenir des notes faibles dans ses cours théoriques.

Un été, j'ai emmené Pat et mon fils pour un voyage de pêche dans les montagnes. Une autre fois, il est venu avec nous dans un voyage d'une nuit pour ramasser du bois dans les montagnes. Nous sommes devenus des amis, et je crois que j'ai en quelque sorte fait office de père de remplacement.

Contrairement à certains autres parents de mes élèves, la mère de Pat, veuve et sur le marché du travail, assistait toujours aux rencontres parents-professeur. Elle m'a remercié à plusieurs reprises pour avoir aidé Pat à réussir dans son travail scolaire.

À la fin de sa dernière année, Pat s'est arrangé pour obtenir assez de crédits afin d'obtenir son diplôme de collège. Chaque année, avant la remise des diplômes, les professeurs de chaque département choisissent un étudiant exceptionnel dans leur secteur scolaire. À l'instar des boursiers et des athlètes remarquables, ces élèves sont reconnus lors d'une soirée spéciale de remise de prix de fin d'études. Les professeurs du département d'art industriel se sont entendus pour que Pat reçoive le prix de l'élève s'étant le plus illustré dans notre secteur parce qu'il avait démontré de notables améliorations et une grande compétence dans toutes ses classes d'art industriel. Non seulement était-il un expert dans ces cours, mais il excellait aussi à assister les autres élèves et à les aider à ajuster leurs machines de façon sécuritaire. Certains des conseillers de l'école, ayant déterminé que Pat était un élève lent, se sont opposés à lui accorder ce prix de réussite en art industriel. Nous avons insisté pour que son nom soit retenu sur la liste des récipiendaires et avons gagné notre point.

Pendant la cérémonie, après que tous les élèves ont eu reçu leur récompense, Pat s'est levé soudainement. « Je ne peux rester assis plus longtemps. Il y a quelque chose que je dois dire. Je n'ai obtenu aucune bourse, mais j'ai mérité un diplôme de fin d'études comme tout le monde. Je ne me serais jamais rendu si loin si un professeur n'avait pas pris le temps de travailler avec moi et ne m'avait pas encouragé quand je me décourageais dans d'autres cours. » Il a marqué une pause. « Ce professeur, c'est M. Malsam. »

Les professeurs, les parents et les élèves ont applaudi son discours impromptu. J'étais étonné de recevoir cette reconnaissance publique imprévue, et surpris que ce jeune homme timide ait eu le courage de parler de manière si éloquente. Ce moment a été l'un des plus gratifiants de toute ma carrière de vingt-sept années dans l'enseignement.

Mais l'histoire ne se termine pas ici. Le matin suivant, avant le début de la classe, le directeur m'a dit : « Pendant toutes mes années dans le domaine de l'éducation, je n'ai jamais vu un élève se lever et parler si sincèrement avec son cœur. »

« J'aimerais faire quelque chose de plus pour cet élève », lui ai-je dit.

« Qu'est-ce que c'est ? » a-t-il demandé.

« Je veux l'aider à obtenir un emploi, ai-je répondu. Le chef menuisier du département d'entretien de notre école prend sa retraite. Je crois que Pat exécuterait très bien ses tâches. Il ferait un excellent employé sur lequel on peut compter pour la commission scolaire. Il est habile, loyal, et c'est un travailleur acharné. »

Après que j'ai eu convaincu le directeur des habiletés de Pat pour ce poste, il a appelé le superviseur de l'entretien. On a offert le poste à Pat tout de suite après la remise des diplômes, et il s'est révélé un employé exceptionnel. Il accomplit bien ses tâches et est aimé de ses collègues de travail.

Lorsque Pat s'est marié, il nous a invités ma femme et moi à son mariage. À la réception, il m'a fièrement présenté à ses invités comme son professeur préféré. Quelques années plus tard, Pat a utilisé ses habiletés en menuiserie pour sa nouvelle famille en construisant une charmante maison sur un terrain à la campagne.

Presque vingt années se sont écoulées depuis que Pat s'est levé pour me rendre hommage à la cérémonie de remise de prix des élèves diplômés. Je suis maintenant retraité de l'enseignement, mais il me téléphone encore à l'occasion ou arrête chez moi pour me voir. J'ignore s'il a appris à lire après la remise des diplômes du collège, mais je soupçonne qu'il a développé des habiletés minimales en lecture à son travail. Je sais qu'il continue à travailler avec enthousiasme et compétence comme chef menuisier de la commission scolaire.

Comme enseignants, nous ne réussissons pas toujours à remettre sur la voie chaque élève qui a des problèmes. Non plus qu'on ne peut toujours mesurer sa réussite — ou la nôtre — sur la base de ses résultats scolaires. Parfois, le mieux que nous puissions faire, c'est d'aider un élève à réussir dans la vie. Ma contribution à la réussite de Pat m'apporte une grande fierté d'être un enseignant.

George Malsam

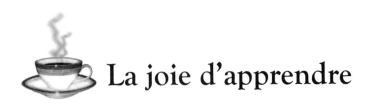 # La joie d'apprendre

À l'âge de quatorze ans, je n'avais au fond rien réussi, sinon me déprécier aux yeux des professeurs du Mather Junior High School. À dessein, j'étais devenue le pire cauchemar de tous les enseignants. Je me délectais à perturber chacun de mes cours, sans me préoccuper des retenues ou des suspensions qui s'ensuivaient.

Tout cela a changé la minute où je suis entrée dans la classe de sciences sociales de M. Kaplan. Jeune et beau, il était appuyé contre le tableau noir, les mains dans ses jeans, comme si le monde entier lui importait peu. Mais ses yeux bleu acier, ombragés par une mèche de cheveux blond sable, disaient tout autre chose. Ce professeur cool dans ses jeans Calvin Klein et son chandail tan à encolure en V avait un regard qui disait *Ne jouez pas au plus fin avec moi*. Vraiment intéressée et un peu intimidée, j'ai décidé sur-le-champ de bien me comporter.

« Bonjour », nous a-t-il dit en guise d'accueil, puis il s'est éloigné du tableau et a commencé à marcher dans les allées entre les pupitres. « Mon nom est M. Kaplan, et nous sommes tous sur le point de nous engager dans une aventure. »

Comme l'estomac me palpitait, je me suis demandé si je n'étais pas malade, puis j'ai pris conscience que j'étais tout simplement excitée. Souriant intérieurement, alors que M. Kaplan retournait à son bureau, j'ai ressenti une étincelle d'espoir que cette classe serait peut-être amusante.

Soudain, M. Kaplan a sauté sur son bureau.

« Écoutez-moi, a-t-il demandé, comme si nous pouvions faire autre chose. Il ne s'agit pas de l'école. Il s'agit d'apprendre et de la joie que cela peut apporter, si vous faites seulement preuve d'ouverture. »

« C'est de vous qu'il s'agit », a-t-il dit, sautant de son perchoir avec la grâce d'une panthère. « Et de vous », a-t-il ajouté, pointant plusieurs élèves pendant qu'il continuait à répéter ces mots.

Quand son long et gracieux doigt s'est posé sur moi, j'ai cru que mon cœur éclaterait. Jamais auparavant je n'avais pensé qu'apprendre pouvait nous donner de la joie. Jamais auparavant je n'avais supposé que l'apprentissage pouvait me concerner.

Puis, d'une voix feutrée, à peine plus élevée qu'un murmure, il a dit : « L'histoire est un mystère, et nous faisons tous partie de ce mystère. »

Dans la classe, vous auriez pu entendre une aiguille tomber.

« Nous ne serions pas ici si nos ancêtres ne s'étaient pas battus pour leurs croyances, pour leur indépendance. Nous ne serions certainement pas libres », a-t-il déclaré avec un tel sérieux que j'ai eu l'impression qu'il était de mon devoir de l'écouter jusqu'au bout.

Serrant le poing avec passion et le brandissant devant lui, il a continué : « Chacun de vous a une histoire. Nous avons la responsabilité de nous souvenir de ceux qui nous ont précédés et d'apprendre d'eux. »

J'ai dû m'empêcher de crier : « Alléluia ! »

« Maintenant, je vous demande de vous joindre à moi dans cette aventure de la vie. Je vous demande d'oser apprécier ce voyage. Si vous êtes d'accord avec ma proposition, levez-vous et déplacez vos pupitres au bout de la pièce. »

C'était un défi. Il nous demandait de participer de manière active dans sa classe, pas seulement d'attendre la fin du cours. En quelques minutes, la pièce était dégagée.

« Maintenant, a-t-il dit, je veux que vous vous étendiez sur le plancher les uns à côté des autres. »

La salle auparavant silencieuse a éclaté de rires nerveux alors que nous nous rassemblions côte à côte sur le plancher. Les coudes et les genoux se touchaient et quelques têtes se sont frappées, mais nous nous sommes organisés pour nous placer tous ensemble, composant une forme désordonnée.

Une fois le calme retrouvé, il a parlé à nouveau, se frottant le menton et nous regardant comme si nous étions sa plus récente sculpture. « Bien, maintenant rapprochez-vous. »

Encore une fois, nous avons ri en même temps que nous nous exécutions. Même si c'était amusant, nous avons bientôt commencé à nous sentir inconfortables à cause des crampes qui nous gagnaient et de la chaleur grandissante.

« Bien, a-t-il dit, alors qu'il marchait à pas lents autour de nous. Maintenant, imaginez que vous êtes enchaînés l'un à l'autre dans un espace si petit que vous pouvez à peine vous mettre debout, et avec juste une minuscule fente comme fenêtre. La chaleur est tellement étouffante que, en comparaison, nos étés de la Nouvelle-Angleterre paraissent cléments.

« Imaginez que, à la fin de la journée, on vous sert de la bouillie comme repas, si vous avez survécu à la chaleur du jour, à l'odeur nauséabonde, et aux coups. Imaginez que vous dormez coincés les uns sur les autres sur un plancher dur, comme vous l'êtes maintenant, pratiquement l'un sur l'autre.

« Imaginez ce cauchemar », a-t-il dit, ses yeux brillant d'une juste indignation.

Je voulais hurler.

Puis, avec le sérieux d'un moribond, il a dit : « Voilà comment se sentaient les esclaves africains pendant leur transport dans la cale des bateaux vers l'Amérique, pour finir par être vendus, à leur arrivée, à l'encan comme du bétail, puis être forcés de travailler presque à en crever dans les plantations. Vous voyez, le cauchemar que vous mettez en scène ici sur ce plancher, tout en demeurant libres de vous lever et de sortir de cette pièce, n'était que le début du cauchemar sans fin de l'esclavage. »

C'est alors que cela m'a frappée : M. Kaplan nous enseignait. Sans livres ennuyeux ni examens fastidieux. J'apprenais. Et ce n'était que la première journée.

Le même scénario a continué, jour après jour, semaine après semaine. Un jour, nous étions debout sur nos pupitres traversant les hautes mers sur la *Nina*, la *Pinta* et la *Santa Maria*. Un autre jour, nous étions des combattants de la Guerre civile avec nos contingents de l'armée et nos fusils de papier. Une autre journée, nous sommes arrivés costumés pour la signature de la Déclaration d'indépendance. J'étais John Adams.

J'ai appris beaucoup dans cette classe. Oh, nous avons lu des livres et passé quelques examens, mais comme nous avions tellement de plaisir, je ne m'en faisais pas et j'ai bien réussi. J'avais hâte de venir en classe, non seulement parce que M. Kaplan était jeune, beau et cool, mais beaucoup plus parce que c'était un remarquable professeur activement engagé dans le processus d'apprentissage. Je le respectais, et lorsqu'il nous a dit que tous les sujets étaient importants dans l'aventure de la vie, j'ai fait un effort pour assister à tous mes cours et j'avais hâte de venir à l'école.

Mes parents étaient enchantés et s'émerveillaient de la magie de ce professeur qui avait transformé leur fille rétive en une élève modèle. Les parents, les élèves, les collègues de travail — tout le monde aimait M. Kaplan. Spécialement moi.

Par conséquent, quand les rumeurs ont commencé à circuler que M. Kaplan était congédié pour avoir fait fi de la demande du conseil d'administration de l'école de s'en tenir au programme, et ce de manière répétée, personne n'y a cru. M. Kaplan était le meilleur professeur de notre école. Pourquoi congédierait-on un professeur qui avait rendu l'histoire tangible et mémorable pour ses élèves, qui leur apprenait à aimer apprendre ?

Mais nous avons rapidement compris que les rumeurs étaient fondées. M. Kaplan luttait contre l'ordre établi, contre un système qui mesurait le rendement d'un professeur à son adhésion à une formule, à un programme imposé, et aux élèves qui régurgitaient avec succès certains faits, au lieu d'avoir des élèves qui apprenaient vraiment et qui comprenaient et retenaient. Pour le conseil d'administration, la qualité de l'enseignement ne constituait pas le facteur le plus important mais plutôt la méthode d'enseignement, et l'enseignement de M. Kaplan n'était pas très orthodoxe.

Lorsqu'on a annoncé qu'il partirait, tous les élèves et de nombreux parents ont protesté en vain. Toujours optimiste, M. Kaplan a accepté les choses sans se laisser démonter. Il nous a encouragés à « épouser le changement » parce que, nous a-t-il dit, ceux qui en sont incapables nuisent inévitablement aux autres aussi bien qu'à eux-mêmes. Même si nous savions qu'il avait raison, nous ne pouvions rester calmement assis et le regarder partir. Après tout, c'était M. Kaplan qui nous avait tout appris sur nos ancêtres qui s'étaient battus pour leurs croyances. La classe de huitième a donc élaboré un plan pour faire la grève en signe de protestation le dernier jour de classe de M. Kaplan. Tout le monde avait juré le secret, mais il y a eu une fuite et bientôt le directeur donnait des avertissements par interphone selon lesquels tous ceux qui seraient surpris à débrayer ou à planifier une grève seraient suspendus indéfiniment.

Le jour est finalement arrivé, et quand la cloche a sonné pour le lunch, tous les élèves de huitième année ont déposé leurs livres et se sont dirigés bras dessus bras dessous vers les portes de l'entrée. Rapidement, les élèves de septième année nous ont rejoints, vidant pratiquement l'école. Pendant que nous nous dirigions vers la sortie pour nous rendre sous la fenêtre de la classe de M. Kaplan, les professeurs nous ont suppliés de cesser cette démarche insensée et de réfléchir aux conséquences. Mais M. Kaplan nous avait parlé des conséquences et du courage requis pour prendre position. Nous avons ignoré leurs avertissements et avons scandé des slogans aussi fort que nos voix pouvaient les porter.

« Gardez M. Kaplan ! Gardez M. Kaplan ! »

Les parents se sont montrés et, au lieu de réprimander leurs enfants, ils se sont pris par la main et ont formé un large cercle autour des élèves, scandant des slogans avec nous. Les stations de nouvelles locales se sont présentées et ont interviewé quelques élèves. Puis, M. Kaplan est apparu à sa fenêtre, des larmes ruisselant sur son visage. Il nous a fait signe de la main, a murmuré « Merci » et s'est éloigné de la fenêtre.

Le bruit a diminué en même temps que nous étions tous paralysés, les yeux rivés à la fenêtre, nous demandant où il était parti. Pour un moment, je me suis demandé si nous avions bien agi. *Était-il fâché contre nous ? Était-il fier que nous ayons pris position pour quelque chose en laquelle nous croyions ?* Ma réponse est venue quelques moments plus tard lorsque M. Kaplan, revêtu de son costume de Sitting Bull et de sa perruque, est réapparu à la fenêtre et a ouvert les bras dans un vaste geste englobant.

L'un des élèves a levé le drapeau américain sur son mât, criant : « M. Kaplan a des tripes ! » Les applaudissements de la foule ont éclaté. À ce moment, j'ai bien compris une autre leçon que M. Kaplan nous avait enseignée : j'avais le pouvoir de changer et l'habileté d'influencer les autres.

Malgré tous nos efforts, M. Kaplan a été congédié. Mais étant donné l'énorme soutien des parents et des stations de nouvelles locales, aucun des élèves n'a été suspendu.

M. Kaplan a accepté un emploi dans un autre État dans une nouvelle école dirigée par des parents. Ces « écoles à charte » sont maintenant très populaires. Chaque fois que j'entends parler de l'une d'elles, je pense à M. Kaplan. Et je remercie cet extraordinaire professeur dévoué, qui a pris des risques et s'est servi de ses connaissances, de sa créativité et de son humour pour donner à certains élèves aux yeux éteints le cadeau de toute une vie : la joie de l'apprentissage.

— *Jacqueline D. Cross*

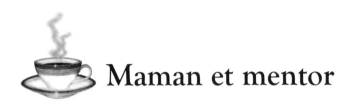# Maman et mentor

Ses longs cheveux bruns retombant sur son visage, Karen était assise sur le devant de l'inconfortable chaise de bureau, se tortillant légèrement. Elle paraissait mal à l'aise quand je lui ai demandé ce que je pouvais faire pour elle.

« Bien… hum. »

J'étais surprise de la voir hésiter. Le premier jour de la classe, elle avait jeté un regard sur le plan de cours et annoncé : « Je déteste *Jane Eyre*. » Une telle assurance émanait d'elle. D'après mes souvenirs, j'ai répliqué : « Vous ne la détesterez pas quand vous l'aurez lue avec moi » — consciente que mon affirmation n'était qu'un leurre. C'était une élève de dix-sept ans de première année ; j'avais trente-deux ans et c'était ma première année dans ce poste de professeur avec possibilité de titularisation.

Dans mon bureau, elle est finalement allée droit au but. « Je suis ici parce que je veux vivre votre vie. »

Je me suis reculée dans ma chaise, surprise. Ma fille de quatre ans faisait des cauchemars nocturnes. Mon époux terminait sa thèse, combattant la dépression et l'isolement du fait de devoir écrire à cinq mille kilomètres de ses amis et collègues d'université. Je trouvais que mon département était un peu moins sympathique qu'il m'était apparu lors de mon recrutement ; mes tentatives d'humour tombaient à plat, et d'autres collègues plus jeunes paraissaient préoccupés et contrariés. Je n'ai rien dit de tout cela à Karen comme elle continuait.

« J'ai toujours voulu être professeur et avoir une famille. Et je n'ai jamais connu personne avant vous qui avait les deux. »

C'était la situation. D'une certaine façon, et involontairement, j'étais devenue un modèle d'identification.

Neuf ans après cette première conversation, Karen avait progressé sur sa voie : elle s'était engagée dans une maîtrise sans mémoire, elle était en amour et commençait à parler, concrètement cette fois-ci, de mariage et de famille.

Le sujet s'est présenté lorsque nous nous sommes retrouvées lors de la cérémonie de fiançailles d'un ami commun. Nous étions debout dans une pièce caverneuse faiblement éclairée qui avait été décorée pour un mariage. Je lui ai crié par-dessus la musique de danse :

« Si vous êtes prête pour le mariage et les enfants, Karen, vous pourriez envisager de commencer une famille pendant vos études supérieures plutôt que d'attendre. »

Je lui ai parlé d'un récent article de magazine qui traitait de la conjugaison des études supérieures et de la parentalité, ainsi que de mes propres expériences.

« J'ai passé mes examens oraux quand j'étais enceinte de six mois de mon premier enfant, ma fille, et lorsqu'elle est née, j'avais obtenu une bourse de maîtrise. D'une certaine façon, c'était le meilleur congé de maternité en Californie. »

Elle a ri, un peu incertaine.

« J'ai écrit le premier chapitre de mon mémoire alors que ma fille avait quelques mois, où elle passait entre dix et trente heures par semaine en garderie, selon la progression de mon écriture. Ce type de flexibilité était bon pour nous deux. Mais j'ai dû revenir en classe lorsque mon deuxième enfant, mon fils, avait six semaines. C'était beaucoup plus difficile. Je suis retournée au travail abrutie mentalement et privée de sommeil, et même si mes étudiants ne l'avaient pas remarqué — et je suis certaine qu'ils l'ont fait — moi je le sentais. »

Elle a posé des questions sur les politiques concernant les congés, sur les nounous, sur le temps additionnel nécessaire pour obtenir son grade par rapport au temps requis pour obtenir sa permanence. Pendant que les bruits d'un mariage tourbillonnaient autour de moi, j'ai fait du mentorat auprès de ma première fille d'adoption.

Elle n'est pas ma fille, bien sûr, et cela fait partie du plaisir. Je n'ai jamais eu à la discipliner, à lui faire manger ses légumes ni à lui choisir une école. Elle ne m'a jamais donné un cadeau pour la fête des Mères non plus, ni transmis un rhume. Même si Karen n'est pas ma fille, je suis une mère, et cela fait partie de mon identité que je n'ai jamais cachée, que ce soit dans la classe ou au bureau.

Bien sûr, les professeurs ne peuvent pas tous partager leur vie privée dans la classe. Nos propres conversations, entre Karen et moi, ont eu lieu pendant la cérémonie de fiançailles, comme c'est arrivé, pour une autre de ses mentors, l'une de mes collègues. Cette femme a choisi de ne pas avoir d'enfant et constitue une étoile montante dans son domaine (aussi celui de Karen) et, d'une certaine façon, un modèle d'identification évident pour Karen. Son association avec une autre femme a donné lieu à une célébration où elle n'a invité que quelques anciens étudiants ; les autres ne le sauraient jamais. Il est beaucoup plus facile de transformer mes choix plus traditionnels en une anecdote en classe, mon statut de femme mariée atténuant parfois mon statut de professeur d'études féminines. *Elle ne peut être une féministe radicale,* supposent les étudiantes. Pourtant, la combinaison de l'enseignement et de la maternité comme je l'ai fait constitue probablement ma profession de foi la plus radicale.

Lorsque je suis revenue à la maison ce soir-là, enrouée à force d'avoir essayé de converser par-dessus le bruit, j'ai ressenti une pointe d'envie envers Karen. Il y a plus de douze ans, lorsque j'avais son âge, j'avais envoyé une lettre à ma directrice de mémoire sans enfant à son lieu de résidence en France pendant son congé sabbatique, l'informant de ma première grossesse. J'avais écrit autant de brouillons de cette lettre que de mon projet de mémoire, finissant par choisir de communiquer cette nouvelle dans le contexte de mon sujet : les relations familiales dans les romans du dix-neuvième siècle. Nous n'avons jamais parlé de ma famille, en dehors des félicitations d'usage lorsque ma fille est née ; pourtant, mon sujet de maîtrise invitait à la discussion sur les relations familiales. Mon mentor de baccalauréat avait été effectivement marié et père de famille, mais il ne les avait jamais mentionnés dans la conversation ; j'ignorais donc tout de la manière d'en parler. Ces professeurs m'ont enseigné, en parole et en geste, que le professionnalisme était incompatible avec la parentalité — que je devais choisir et, implicitement, que la maternité serait de second plan.

Contrairement à mes propres professeurs, j'ai emmené mes enfants dans la classe quand ils avaient congé et moi pas. Les deux enfants sont demeurés assis pendant les discussions de classe, s'y joignant plus d'une fois (au grand amusement de mes étudiants). Le printemps dernier, j'ai enseigné le célèbre poème d'Edward Lear « The Owl and the Pussycat » à une classe remplie d'étudiants en littérature enfantine, accompagnée de mon fils de cinq ans qui a récité les vers avec nous. J'ai enseigné alors que ma grossesse paraissait de plus en plus évidente, découvrant à ces deux occasions que certaines des perceptions du féminisme semblaient plus réelles aux yeux de mes étudiants à mesure que mon corps se transformait devant eux. Et j'ai utilisé des anecdotes sur mes enfants et sur ma vie pour illustrer les points que j'amenais pendant mes cours. Comment mieux faire comprendre les implications féministes de la détermination d'un nom, par exemple, sinon en expliquant ma propre décision conflictuelle concernant le changement de nom quand je me suis mariée. Étant de nature incapable de compartimenter les divers aspects de mes vies privée et professionnelle, et non disposée à le faire sur le plan politique, j'ai involontairement présenté comme modèle à mes étudiants un type de vie que je n'ai jamais connu pendant mes études.

J'ai donc envié Karen du fait qu'elle m'ait eu comme mentor pendant ses études de baccalauréat, une personne dans une discipline différente, qui ne poserait probablement pas de jugement professionnel à son endroit. Je suis en mesure de donner des conseils librement, sans la compétition ou les jeux de pouvoir déguisés qui naissent parfois entre un mentor et son étudiant dans la même discipline. Je peux parler comme une personne qui a vécu quelques moments difficiles dans les tranchées et qui est capable d'en signaler les écueils. Et Karen avait d'autres mentors, par exemple ma collègue de même que d'autres professeurs féminins ayant des styles de vie différents et offrant d'autres choix en guise de modèles.

Durant mes années de baccalauréat, mes professeurs féminins étaient extrêmement rares. Au cours de ces quatre années d'études, je crois que j'ai suivi deux cours donnés par des femmes. Je me rappelle avoir admiré de loin une enseignante allemande brillante, sachant que je n'atteindrais jamais sa facilité apparemment sans effort, son intelligence quasi impitoyable. Ajoutons à cela des aides-enseignantes étudiantes aux études supérieures, et la liste est plus longue, mais je me souviens d'avoir éprouvé de la pitié, plutôt que de l'envie, pour ces oiseaux bizarres qui avaient elles-mêmes de la difficulté à décider si elles voulaient devenir nos amies ou faire office de figures d'autorité.

Je n'ai jamais su si, parmi les professeurs ou les aides-enseignantes, certaines avaient des enfants ou des partenaires de vie, ou si leur vie était difficile ou plaisante, ou si elles avaient dû faire des compromis. Je me demande maintenant à quel point mon enseignante allemande avait dû travailler fort pour que sa vie paraisse si aisément prestigieuse. Peut-être avait-elle passé des nuits sans sommeil à consoler des pleurs d'enfant avant de venir nous parler de Robert Musil et d'Herman Hesse ? Si c'était le cas, quel prix avait-elle eu à payer ?

J'ai dû façonner ma vie au fur et à mesure de son évolution, présumant que les victoires du féminisme étaient permanentes, et que, d'une certaine façon, je pouvais « tout avoir ». Quand j'en étais incapable, quand la situation devenait trop difficile ou trop compliquée, je le montrais. Si la vie privée est politique, après tout, l'inverse est aussi vrai, et je pouvais bien mieux livrer ce message en l'incarnant. Mes étudiants et mes enfants ont pu voir tout cela à l'œuvre, et continueront de le faire.

Ma propre fille a maintenant treize ans et elle soutient fermement qu'elle n'a pas l'intention d'être professeur d'université. Mais si elle doit me suivre, j'aimerais qu'elle connaisse Karen et d'autres femmes comme elle — des femmes qui peuvent agir comme mentors sans perdre leur crédibilité, qui peuvent être à la fois mères et enseignantes et qui savent qu'elles sont différentes, même si, en certains bons moments, elles se ressemblent toutes.

— *Elizabeth Rose Gruner*

L'innocence
et le divin

Depuis aussi longtemps que je peux me souvenir, ma mère a été professeur. De toutes les histoires qu'elle m'a racontées sur sa vie d'enseignante, l'une en particulier ne manque jamais de me faire sourire.

Dans les années 1960, elle enseignait dans une petite école à la campagne. L'école comptait des classes de la première à la douzième année et je serais surpris qu'elle n'ait jamais atteint quatre cents élèves. C'était une époque plus modeste, une époque où les tâches administratives ne constituaient qu'un irritant mineur et où certaines des plus grandes joies provenaient des plus petites voix.

Même s'il s'agissait d'une petite école, elle se distinguait sur un point : c'était l'une des premières de la région à être dotée d'un système d'intercommunication. Pas un modèle raffiné de table avec un affichage numérique et des capacités sans fil comme ceux d'aujourd'hui. Loin de là. Rappelez-vous, nous étions au début des années 1960. Nous n'avions pas encore mis le pied sur la lune et la télévision couleur ne pointait pas encore à l'horizon.

Un immense panneau qui occupait l'espace d'une table alimentait le dispositif d'intercommunication. Le microphone, un modèle industriel gris sur table, devait peser près d'un kilo et demi. Chaque classe avait son propre haut-parleur, relié à un interrupteur à bascule sur le panneau de contrôle, pour que le directeur puisse faire parvenir au besoin des messages aux classes individuelles, ou à l'ensemble des classes en actionnant l'interrupteur principal. Les professeurs pouvaient répondre et leur voix était ensuite entendue dans le gros haut-parleur fixé près du panneau de contrôle dans le bureau.

Oh, les joies de la technologie moderne.

Lorsque le dispositif est arrivé, ma mère enseignait à cette école. On l'a installé pendant le congé estival afin que tout soit prêt pour la nouvelle année scolaire lors de l'arrivée des élèves.

Vers la fin de l'été, quelques professeurs sont entrés à l'école pour préparer leurs classes. Ils ont apporté des craies neuves et de nouvelles brosses pour le rebord des tableaux noirs, ils ont découpé des tonnes de papier coloré pour les éléments visuels des tableaux d'affichage, ils ont vérifié les fournitures, placé les livres, et se sont chargés des centaines de tâches de dernière minute qui précèdent le début d'une nouvelle année.

À la même période, quelques membres du personnel de la cafétéria sont entrés pour achever leurs préparatifs de retour à l'école, et voir à ce que la cuisine soit équipée et approvisionnée pour la production en série des sandwiches au beurre d'arachides et à la confiture, des soupes, et de ces gâteaux étagés au citron qui avaient nourri des millions d'élèves pendant des années. Pendant que les préparatifs de la cuisine allaient bon train, une fillette nommée Mary s'est approchée calmement de la classe de ma mère pour y lire, pendant que sa mère triait, nettoyait et effectuait une dernière vérification des fournitures.

La mère de Mary travaillait à la cafétéria, et depuis qu'il y avait des étagères remplies de livres dans la classe de ma mère, cet endroit devenait le lieu parfait pour qu'une petite fille puisse s'asseoir et lire pendant que tout le monde terminait leurs menues tâches.

Vers le milieu de l'après-midi, ma mère s'est rendue au bureau pour obtenir la liste des élèves de sa classe à l'automne et pour prendre dans le petit placard de fournitures les quelques articles supplémentaires dont elle avait besoin pour ses cours. Pendant qu'elle était dans le bureau, la mère de Mary l'a aperçue et est entrée pour lui dire bonjour.

« Judy, j'espère que Mary ne vous a pas causé de problème. C'était gentil à vous de lui offrir de rester là avec vous. Dieu sait quel genre d'ennuis un enfant peut causer dans cette cuisine.

« Elle a été très sage, a dit ma mère. Elle ne m'a créé aucun problème. Elle s'est simplement assise pour lire, sans déranger personne. Tout à l'heure, elle m'a même aidée à installer un des tableaux d'affichage. Lorsque je suis partie, elle agrafait la bordure tout autour. »

Elles ont parlé un peu plus longtemps, puis la mère de Mary a dit qu'elle devait aller chercher sa fille dans la classe pour l'emmener à la maison.

« Vous n'avez pas besoin de vous rendre là-bas et d'aller la chercher. Nous pouvons simplement l'appeler par l'interphone et vous pouvez l'attendre ici. »

Les deux femmes ont regardé autour. Le directeur s'était affairé avec le système d'interphone pendant qu'elles parlaient et mettait la touche finale à ce qui deviendrait le premier « centre de commande » de l'école. Même si l'appareil était branché et prêt à être utilisé, le directeur posait encore des étiquettes sur le panneau de contrôle. Chaque étiquette portait le numéro de la classe correspondante. Il y avait des étiquettes additionnelles pour la cafétéria et l'auditorium, et même une paire de haut-parleurs à l'extérieur.

« Nous pouvons faire ça maintenant ? » La mère de Mary a regardé sur la table couverte de la technologie de l'âge spatial des années 1960.

« Certainement, a dit le directeur. Nous n'avons qu'à l'allumer, à le laisser se réchauffer une minute ou deux, et à ouvrir l'interrupteur de la classe 212. De toute façon, il nous faut tester le dispositif, c'est donc le moment ou jamais.

Il a tourné l'énorme bouton brun sur le côté du panneau, et un vrombissement grave a rempli la pièce. Sur le panneau indiquant que les tubes internes se réchauffaient, on pouvait voir la lueur de couleur ambre à travers les joints. Une minute plus tard, il a actionné le commutateur réservé à la classe de ma mère et le test suivait son cours.

« Mary. »

Le directeur a souri et a attendu qu'elle réponde. Quelques secondes ont passé, et il a actionné de nouveau le commutateur à bascule, ajusté le microphone et effectué un nouvel essai.

« Mary. »

Une demi-minute s'est écoulée, et toujours pas de réponse. Le directeur a demandé si Mary pouvait avoir quitté la pièce pour se promener dans les alentours, et sa mère l'a assuré qu'elle ne quitterait pas la classe.

Le directeur a réactionné le commutateur, s'est penché près du microphone, et a augmenté le volume.

« Mary, êtes-vous là ? »

Cinq secondes se sont écoulées, puis une petite voix a répondu.

« Oui, Dieu. »

Oh, la belle époque !

— *Thomas Smith*

 # La classe
de piranhas

C'était une expérience grisante que de s'asseoir là et de les regarder travailler, en observatrice isolée dans une masse de plumes silencieuses qui grattaient le papier. Dans des moments comme ceux-là, elle avait l'étrange impression que le temps s'était arrêté, comme si elle pouvait attirer à elle chaque élève en privé et lui parler longuement, sans interruption de temps ou de production, pendant que les autres se concentraient aveuglement sur leur propre texte. Mais l'illusion serait de courte durée. Quelques exquises secondes de réflexion de plus, et les premiers travaux commenceraient à se froisser, les élèves bougeant leurs corps d'adolescents inconfortablement installés à leurs pupitres exigus. Elle a jeté un regard à l'horloge. Il était maintenant temps de ramasser les tests, sinon la discussion de groupe ne deviendrait qu'un ridicule exercice de vitesse. Mais les élèves semblaient si sérieux.

Des examens, des notes, de la bureaucratie. Elle avait espéré — ce n'était pas la première fois — qu'elle pouvait ignorer les détails et simplement leur enseigner à écrire, à penser. Retenues pour le lunch, permissions d'aller aux toilettes, appels des parents. Dire à Andy d'écrire ce livre ; aider Rich à réunir, quoique difficilement, ses pensées dans un paragraphe. Des commandes de matériel, des séances d'encouragement.

Le premier jour de classe, ses élèves lui avaient dit qu'ils étaient incapables de penser. Mesures correctrices, exigences du programme spécialisé, contenu notionnel, réunions départementales. « Nous ne pouvons pas faire tout ce que vous nous demandez, Dr Reed. Vous êtes trop exigeante ; nous sommes juste de jeunes idiots. » Exercices d'évacuation, planification de réunion, retour à la maison. « Nous n'avons pas eu un bon professeur l'an dernier. » (Ils avaient excédé le pauvre type au point qu'il a quitté la profession.)

La classe de piranhas, des batailles à coups de poing, des sauts par les fenêtres. Incontrôlables. L'éclatement des familles, l'alcool, les drogues. Qu'était la littérature américaine à côté de tout cela ?

« Vous êtes capable de penser, leur a-t-elle dit, et je vous le prouverai. Voici votre premier travail. »

Et elle les avait notés comme s'ils pouvaient réaliser le travail, écrivant des notes dans les marges vis-à-vis les lignes soulignées en rouge sur leurs travaux, répondant à leurs plaintes par des défis.

« Définissez *ennuyeux*, a-t-elle écrit. Puis donnez-moi trois exemples dans le texte pour soutenir votre raisonnement. »

Lentement, alimentés par la colère, mus par la peur, ils ont écrit. Ils ont écrit des choses dont ils ne pouvaient parler, sur des gens qui étaient décédés ou peut-être qui auraient dû l'être, sur les fugues ou leurs amours, sur leur frayeur et leur confusion qu'ils refusaient d'admettre.

« La partie dans l'hôpital est vraiment forte, a-t-elle écrit dans les marges. Continuez avec cette idée — votre lecteur doit comprendre ce qui est arrivé la nuit où votre père est mort. »

Elle les a regardés et s'est efforcée de leur dire que c'était terminé, pour éviter de les réprimer par son acceptation. « C'est tout à fait contre ma personnalité de vous demander d'arrêter d'écrire, a-t-elle expliqué, feuilletant son plan de cours. Mais tout ce que je voulais, c'était de m'assurer que vous aviez écouté cette semaine. »

Elle a passé à chaque pupitre, recueillant les travaux d'un air détaché, permettant aux phrases gribouillées et désespérées de conclure juste comme elle arrivait.

« Je voulais en écrire plus ; je n'ai pas eu assez de temps. » Cette plainte, elle venait d'une jeune fille qui avait soutenu au début de l'année qu'un devoir d'une page était un complot vicieux pour l'empêcher de vivre sa jeune vie.

« Vous allez aimer celui-ci, Dr Reed. »

Je savais que vous pouviez le faire, Rich.

Un étudiant du programme de spécialisation parmi les meilleurs l'a regardée. « Il n'est pas possible de vous donner une analyse décente en seulement cinq minutes, Dr Reed. »

Elle a souri. Ils en avaient eu quinze.

Une rumeur d'assentiment inattendue s'est élevée dans la classe.

« Nous avons eu des exemples tirés du texte. »

« Qui peut donner des arguments à l'appui de ses opinions si rapidement ? »

« Je voulais parler de la philosophie de la douleur du personnage principal. »

La professeure s'est assise à un bureau vide, la tête lui tournant légèrement. « J'ai réussi », a-t-elle dit lentement.

Les élèves l'ont observée avec circonspection. De quelle nouvelle ruse d'autorité s'agissait-il ?

Elle les a regardés avec un air d'émerveillement. « La première journée de l'école, vous avez argumenté avec moi parce que je voulais que vous écriviez, que vous pensiez. Maintenant, vous êtes frustrés parce que vous voulez écrire plus, penser plus, donner plus que je vous en demande. » Elle a levé les bras au-dessus de sa tête dans une sorte de signe de victoire perplexe. « Cela signifie que j'ai fait ce que je devais faire. Je vous ai enseigné à penser avec plus de profondeur. J'ai réussi. »

La classe a regardé avec indulgence la personne bizarre que le destin et l'administration avaient assignée à leur classe. Derrière elle, quelqu'un a dit : « Non, ça veut simplement dire que vous ne nous avez pas donné assez de temps pour l'examen. »

— *Cheryl Reed*

 # Marchez sans bruit, enfants au travail

L'heure de pointe du début de la matinée a commencé. Les autobus, les motocyclettes et les voitures encombrent une rue affairée de Guatemala City. Des hommes en complets-veston et des femmes habillées à la dernière mode se rendent résolument au travail. Sur le trottoir, les jeunes cireurs de chaussures espèrent l'arrivée des clients.

Les jeans déchirés de Roberto sont attachés à ses chevilles par des ficelles. Une ficelle a glissé et entaille sa peau. Ses pieds sont insérés dans des souliers de coton déchirés. Un client s'assoit sur la chaise de bois dégrossi de Roberto. Des élancements se font déjà sentir dans ses genoux qui s'enfoncent dans le trottoir irrégulier. Roberto pose le pied de l'homme sur un petit tabouret et referme avec un bruit sec le protecteur de plastique autour des chevilles du client, protégeant le revers de ses pantalons. Avec ses doigts, Roberto recueille le cirage noir et l'applique rapidement sur les souliers éraflés de l'homme, en même temps que le garçon cireur près de lui crie : « Tsch ! Tsch ! » dans l'espoir d'attirer les hommes d'affaires vers sa chaise. Pendant que Roberto effectue un mouvement de va-et-vient avec le chiffon pour faire briller les souliers, il entend pleurer sa petite sœur. Sa grand-mère tire la petite fille vers le trottoir.

Crachant un nuage de gaz d'échappement, un autobus s'éloigne de la courbe pour rejoindre les quatre allées de circulation. La grand-mère de Roberto retourne à son kiosque de jus. Elle pèle adroitement des oranges et les presse dans son pressoir manuel de métal. Recouverts de plastique, deux grands verres de jus sont prêts pour les clients assoiffés. Pour ceux qui préfèrent ajouter un œuf cru dans leur jus du matin, une boîte d'œufs est posée sur la table. Solidement accrochée à la jupe de sa grand-mère, la petite sœur de Roberto pleure. À côté de son œil, une coupure rouge et à vif enfle rapidement.

Antonio, portant une chemise de couleur et un veston tissé à la main, s'arrête près de la petite fille. Il touche gentiment sa tête.

« Elle jouait sur ces poteaux de métal et est tombée dans la rue », crie la grand-mère à Antonio par-dessus le vacarme de la circulation.

Antonio fait un signe de la tête. Il dépose son attaché-case et regarde autour pour trouver Roberto. Les deux échangent un sourire silencieux. Pendant que le client de Roberto le paie, Antonio ouvre son attaché-case rempli de crayons, de craies, de papier et d'articles de journaux. Roberto fait « non » de la tête à un autre client potentiel. Antonio s'accroupit sur un banc alors que Roberto se hisse sur sa chaise de cireur de souliers. Antonio tend à Roberto un article à lire, portant sur la pollution à Guatemala City. Roberto tient la feuille, rassemblant pendant un instant ses pensées. Puis il commence à lire, articulant les mots silencieusement. Lorsqu'il a lu trois fois l'article, Antonio lui remet une feuille et quelques crayons.

Le professeur et l'élève échangent quelques mots. Roberto se penche sur la feuille pendant dix à quinze minutes, puis il la tend à Antonio.

« Écris ton nom et ton année », dit Antonio.

Lorsque Roberto tend de nouveau la feuille à son professeur, Antonio me la montre. Un sourire de fierté gagne peu à peu son visage. Sur la feuille, un énorme nuage de gaz d'échappement cache presque les voitures et les autobus et, sur la rue, un petit garçon maigre et frissonnant a de la difficulté à respirer.

« Il a compris l'idée principale », dit Antonio et, avec le plus grand respect, il met la feuille dans son attaché-case. Il serre la main de Roberto, lui disant : « Je te verrai demain à la même heure. »

Antonio enseigne à quelques douzaines d'enfants qui travaillent dans les rues de Guatemala City. Je suis un professeur canadien en congé et il me permet de le suivre pendant quelques jours alors qu'il donne ses cours. La semaine dernière, j'ai marché dans le principal terrain de décharge de cette ville immense. J'ai vu des amoureux s'embrasser dans la puanteur des ordures en putréfaction, le seul domicile que ces jeunes gens n'avaient jamais connu. Je suis allée dans d'immenses marchés et j'ai vu quantité d'autres jeunes enfants travaillant dix heures par jour, six jours par semaine, vendant des fruits, quêtant, offrant aux passants des bijoux sans valeur. J'ai aussi vu, à l'écart dans des coins inutilisés, des professeurs comme Antonio qui réunissaient ces enfants pendant une heure ou vingt minutes par jour, leur donnant une chance d'apprendre à lire et à écrire, de recevoir une éducation.

Nous sommes repartis. Antonio marche le long de la moitié d'un pâté de maisons. Derrière un petit kiosque d'arachides, se tient une jeune fille d'environ treize ans accompagnée de son père. Antonio leur serre la main et parle brièvement avec le père. Puis il se retourne vers la jeune fille : « Nous commençons les cours aujourd'hui. »

« Maintenant ? »

« Oui. »

La jeune fille retire deux contenants de plastique de dessous sa table, les empile l'un sur l'autre et s'y assoit.

« Elle est en troisième année », dit Antonio.

Son travail de rédaction est : *Pensez à une chose vraiment difficile dans votre travail. Que pouvez-vous faire pour la changer ? Qu'est-ce que vous avez fait ? Est-ce que cela a fonctionné ? Pourquoi oui ou pourquoi non ? Avez-vous besoin de l'aide de quelqu'un d'autre ? Qui est cette personne ? Que peut faire cette personne ?*

Peu de temps après, nous nous mettons en route dans la rue. Au coin suivant, une famille élargie tient deux boutiques, l'une de fruits frais, coupés et emballés dans des sacs de plastique, et une autre d'équipement électronique. Ici, les trois garçons sont plus exubérants.

« Nous commençons aujourd'hui ? Où est-ce qu'on s'assoit ? »

« Aujourd'hui, nous ferons une dictée. »

La simple chaise devient une table, et les garçons se calment pendant qu'ils s'agenouillent autour de la chaise et qu'ils peinent à écrire…

Aujourd'hui, c'est le 12 janvier. La plupart des écoles ont commencé aujourd'hui. J'ai regardé par ma fenêtre ce matin et j'ai vu plusieurs enfants se préparer et marcher vers l'école. Ils semblent heureux. Je me suis levé tôt moi aussi. Mais je me suis préparé pour aller travailler. J'ai aussi le droit d'être heureux. J'ai aussi le droit de m'instruire. Aujourd'hui, moi aussi, je commencerai mes cours.

Antonio repart. Nous marchons vers une boutique de réparation de pneus. À travers la porte arrière, je peux apercevoir un garçon de onze ans en train d'empiler de vieux pneus. Le propriétaire appelle le jeune garçon. Lui et Antonio s'assoient sur le banc devant le comptoir. Le garçon n'a jamais tenu un crayon, n'est jamais allé dans une classe. Antonio lui tend une feuille de papier format lettre comportant le dessin d'un arbre et lui demande de le tracer, d'abord avec son doigt.

« Quelle main prendras-tu ? » demande Antonio.

Le garçon baisse les yeux et regarde ses mains. « La droite, je crois. »

Antonio lui tend un crayon jaune. « Maintenant, tu suis la ligne sans lever le crayon de la feuille. »

Il répète l'opération avec un crayon rouge, puis un crayon vert. Finalement, Antonio sort une autre feuille où est imprimée la caricature d'un visage — un dessin au trait sinueux qui forme le mot « *yo* » (« Je »). Des gouttelettes de transpiration naissent sur le nez du garçon pendant qu'il suit méticuleusement les boucles et les courbes qui l'amèneront plus tard à écrire des lettres et des mots. Dans la boutique, les conversations s'apaisent. Après vingt-cinq minutes de travail intense, le garçon retourne à ses tâches d'empilage de pneus. Il secoue son poignet pour soulager la raideur et esquisse un léger sourire. Le propriétaire regarde le garçon avec fierté et, comme celui-ci passe devant lui, il met son bras autour de ses épaules.

Ce programme plus simple qu'il ne paraît donne la chance à des douzaines d'enfants ouvriers de Guatemala City d'être alphabétisés et de gagner du pouvoir. Lorsque les défis quotidiens de mon travail et les épreuves que traversent certains de mes élèves menacent de m'accabler, je pense à Antonio et aux enfants de la rue de Guatemala City. Je me rappelle leur pauvreté et leurs luttes. Je me souviens des classes improvisées et des leçons impromptues. Je me rappelle la soif des enfants pour la connaissance et leur plaisir d'apprendre. Je me rappelle la fierté de leurs parents et leur persévérance. Je me rappelle l'ingéniosité et le dévouement de leurs professeurs. Et je reçois une leçon d'humilité en même temps que l'inspiration me saisit.

— *Madeleine Enns*

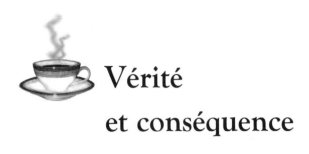 Vérité
et conséquence

C'est l'été en Nouvelle-Angleterre et il est sept heures du matin. Chris Moore est debout dans le pré recouvert de rosée, une enregistreuse en bandoulière autour de son cou, tendant un microphone satellite vers les arbres.

« *Caw, caw* », crie sa voix aiguë, suivi de « *chickadee dee dee dee, chickadee dee dee dee* ».

Il continue ainsi pendant deux ou trois heures, et je l'observe avec admiration alors qu'il bavarde avec les oiseaux cachés dans les arbres. Lorsque la chaleur du jour devient insupportable, nous quittons le pré et nous dirigeons vers le laboratoire.

Quelqu'un m'a fait un jour remarquer que si nous réorganisons les lettres du terme « éducation », nous obtenons les mots « action due ». Ce récit est mon geste de reconnaissance envers Chris.

Chris Moore, Ph.D., est professeur de psychologie spécialisé dans le comportement animal, et les chants d'oiseaux étaient sa passion. Il s'intéressait particulièrement aux oiseaux moqueurs et aux autres oiseaux imitateurs.

« Un soir, j'étais couché dans mon lit et j'ai entendu se déclencher le système d'alarme d'une voiture, m'a-t-il dit un jour. Je suis sorti du lit et je suis allé vérifier ma voiture, mais le bruit ne provenait pas de là. Je suppose que j'aurais dû le savoir, puisqu'il n'y a pas de système d'alarme dans ma voiture et que mon plus proche voisin habite à un kilomètre et demi de chez moi. De toute façon, je suis sorti dans l'allée en pyjama, essayant de découvrir d'où provenait le bruit. »

Sous ses sourcils démesurément longs, ses yeux se sont écarquillés, accentuant la tension dramatique. « Finalement, j'ai levé les yeux et là, en haut du garage, brillant dans la nuit, un oiseau moqueur émettait le son d'un système d'alarme », a-t-il dit, puis il a sifflé le chant familier.

« Maintenant, pensez-y, a-t-il continué, revenant à sa voix de professeur. Si le chant d'un oiseau est censé communiquer quelque chose, comment un oiseau moqueur parle-t-il avec d'autres oiseaux moqueurs s'il imite continuellement d'autres oiseaux ou des criquets ou des systèmes d'alarme de voiture ? Et pourquoi diable lui faut-il tellement de temps pour dire ce que d'autres oiseaux racontent simplement en un bref gazouillis ?

Pour dénouer le mystère des *Mimus polyglottos*, Chris a obtenu une bourse de recherche et a rempli son bureau avec des ordinateurs et de l'équipement d'enregistrement sonore, d'une valeur de plusieurs milliers de dollars. Et Chris — un professeur de cinquante ans qui faisait pousser ses propres légumes dans un jardin organique, remettait chaque jour le même costume et portait toujours un Leatherman — est devenu le professeur le plus techno du campus.

D'après la théorie de Chris sur les oiseaux moqueurs, l'information était contenue dans les motifs de notes, et non dans les notes elles-mêmes. Donc, le message dans la chanson « *a b a b* » se trouvait dans la répétition du « *a b* », « *a* » et « *b* » n'ayant en soi aucune signification.

Les élèves intéressés par le comportement des animaux venaient faire de la recherche dans le bureau de Chris, maintenant rebaptisé le « laboratoire de chants d'oiseaux ». Comme toute recherche universitaire, le projet consistait à tester une hypothèse et à en publier les résultats dans un journal scientifique. Tout professeur sait à quel point il est important de publier des articles pour recevoir des fonds et obtenir sa titularisation. Nous avons supposé que c'était le cas de Chris.

Après ma deuxième année d'université, je me suis jointe pendant l'été au laboratoire de chants d'oiseaux. Cet été-là, j'ai passé vingt-cinq heures par semaine à écouter environ dix-huit minutes de chants d'oiseaux moqueurs. Les enregistrements avaient été convertis en fichiers de sons numériques. Chris et moi, nous nous assoyions devant l'ordinateur, examinant les ondes sonores, rejouant sans arrêt chaque fragment de chant, écoutant les notes à un dixième de la vitesse normale, et nous sifflant alternativement l'un à l'autre les chants d'oiseaux.

Le matin, j'écoutais pour détecter l'arrivée de Chris, le bruit de sa démarche boitillante, et quelque obscur air de Broadway qu'il chantonnait ce jour-là. Nous commencions la journée en bavardant, habituellement sur le comportement animal, pendant qu'il buvait son café au lait matinal.

« Savez-vous pourquoi les papillons monarques sont vénéneux ? demandait-il. Parce qu'ils mangent de la nourriture empoisonnée. »

Il m'a expliqué la raison pour laquelle le trèfle irlandais comporte un nombre de feuilles différent (quelque chose qui a peut-être à voir avec le fait que le bétail mange le trèfle une feuille à la fois), et il m'a parlé des oiseaux qui volaient les nids des autres oiseaux, poussant parfois les œufs hors du nid. Une fois, il m'a montré un article qu'il avait écrit sur la théorie darwinienne de la survie du plus apte telle qu'illustrée dans un bol de soupe à l'alphabet.

Le bureau de Chris ne ressemblait pas à celui d'un professeur d'université. Un immense tapis persan qui avait appartenu à son père recouvrait le tapis industriel gris, et toutes les horloges indiquaient une heure de moins parce qu'il refusait de se plier à l'heure permettant un gain de temps diurne. (Un excellent exemple de l'habileté des humains à se faire des illusions », nommait-il cette mesure.) Sur le mur, étaient affichés un travail à l'aiguille encadré comportant le message : « Je ressens votre douleur », un coup porté aux psychanalystes, et, dans les jours de canicule de l'été, une coupure de journal au sujet d'un blizzard avec le message : « *In memoriam* » gribouillé dessus. J'adorais cet endroit. Parfois, lors du lunch, Chris partageait les pois sucrés de son jardin pendant qu'il expliquait différentes analyses statistiques. Nous nous émerveillions ensemble des motifs qui émergeaient des échantillons de chants d'oiseaux. Je sifflais pour Chris les différents motifs de chants que j'avais identifiés, et il accrochait fièrement mes analyses de données dans le couloir où étaient situés les bureaux. À un certain moment, nous avons commencé à discuter du plan pour le prochain semestre ; ma présence était devenue plus qu'un travail estival.

Cet automne-là, Chris et moi avons assisté à un congrès universitaire portant sur le comportement des animaux. J'étais trop naïve pour être timide à cette époque ; Chris s'est donc tenu à l'écart pendant que je présentais une illustration de nos résultats de recherche — sifflant des chants d'oiseaux moqueurs aux étudiants je-sais-tout des cycles supérieurs et aux sages professeurs âgés. Plus tard, nous sommes allés prendre un café au lait et de la crème glacée. De retour en voiture, nous avons échangé sur nos familles et sur notre enfance. Il m'a parlé de son père qui avait le premier insufflé en lui l'amour des oiseaux lorsqu'il était un jeune garçon, de sa femme, de ses enfants et de la ferme sur laquelle ils vivaient dans l'ouest du Massachusetts. Nous sommes devenus des amis.

Quelques mois plus tard, je suis partie pour un semestre à l'étranger à Londres, en Angleterre. J'ai dit à Chris que je serais de retour pour l'été, et avec une lueur de joie dans les yeux, il a accepté de me réserver une place dans le laboratoire. À mon retour, le projet aurait suffisamment progressé pour que nous commencions à préparer un manuscrit.

Mais quand je suis revenue, le laboratoire de chants d'oiseaux était le moindre de mes soucis. Pendant quatre mois, j'avais travaillé comme stagiaire dans un musée londonien, la plus longue période de ma vie sans cours ni travaux. Après avoir goûté cette liberté, l'idée de reprendre mes cours me remplissait d'appréhension. Il n'était pas question de revenir pour l'été et peut-être même jamais. Les yeux remplis de larmes, j'ai expliqué à Chris que je ne reviendrais pas à l'été pour la recherche. Au lieu de cela, j'ai choisi d'occuper deux emplois dans des restaurants locaux à bon marché.

Très tôt, cependant, la brise d'automne est arrivée, apportant l'odeur des cours et des feuilles tombantes. Je suis revenue au laboratoire de chants d'oiseaux, dans une forme resplendissante et avec l'intention de rédiger un mémoire de fin d'études sur le chant des oiseaux moqueurs.

« Alors la fille prodigue est revenue », a dit Chris.

Nous sommes allés prendre un café au lait et avons discuté du plan de recherche. Chris était plus calme qu'à l'accoutumée, et je me suis silencieusement demandé pourquoi il ne semblait pas heureux de me voir. Me croyant une adulte tout à fait désintéressée, j'ai supposé qu'il y avait peut-être des mauvaises herbes ou des insectes dans son jardin.

« Donc, avons-nous terminé de parler de la recherche ? a dit Chris.

« Oui », ai-je répondu, et je me suis levée pour partir.

« Alors j'ai quelque chose d'autre à dire, a-t-il ajouté, ajustant sa chaise pour me regarder en face.

Écoutez, Jessica. Ça fait réellement mal. Je vous prierais de ne plus jamais me faire ça. »

Mon regard ébahi l'a informé que je n'avais pas compris.

« Je m'attendais à ce que vous travailliez dans le laboratoire cet été », a-t-il dit.

« Je sais, Chris, mais je ne pouvais tout simplement pas », ai-je répondu.

« Oui, je le comprends. Je vous dis seulement que j'ai été blessé et s'il vous plaît, ne recommencez pas. »

J'ai essayé de répondre, mais il n'y avait rien à dire.

« Savez-vous pourquoi j'aime autant le laboratoire de chants d'oiseaux ? » a-t-il demandé.

« Parce que nous découvrons des choses sur les chants d'oiseaux », ai-je répondu bêtement.

« Non, Jessica. Je l'aime parce que, plus que toute autre chose, j'aime enseigner et j'aime voir des étudiants évoluer et en faire partie. »

Je suis restée assise en silence pour un moment, essayant de rassembler le courage de parler. « Je suis désolée, Chris », ai-je dit, m'excusant probablement pour la première fois de ma vie.

« D'accord, a-t-il dit. C'est correct. »

Et ce l'était. Nous avons marché vers le laboratoire.

« Donc, savez-vous pourquoi les singes capucins se nettoient l'un l'autre ? » m'a-t-il demandé.

Devant mes yeux, Chris s'était transformé, passant de professeur à une personne ordinaire. Et je venais juste de recevoir l'une des leçons les plus importantes de ma vie. Mes gestes pouvaient bouleverser d'autres personnes, et ils avaient de surcroît un impact sur des gens que j'aimais beaucoup.

La dernière année est arrivée et s'est écoulée ; à la fin, j'avais rédigé un mémoire sur le chant des oiseaux moqueurs. Chris était présent pour m'encourager lorsque j'ai présenté mon travail devant un jury de professeurs, réussissant malgré ma voix tremblante à siffler le chant des oiseaux. Je leur ai parlé des motifs que nous avions identifiés, et de la façon dont les oiseaux utilisent une succession de cycles de chants pour communiquer. Ils m'ont accordé les plus grands honneurs.

Comme présent de remise des diplômes, Chris m'a offert un livre sur les oiseaux qu'il avait publié sous un nom de plume. Rempli de riches observations racontées sur un ton amical, le livre représentait une partie de la vie de Chris à l'extérieur de l'école, et c'est pourquoi il avait utilisé un autre nom. Par ce cadeau, Chris voulait me dire que je faisais maintenant partie de sa vie.

Chris m'a enseigné maintes choses pendant les trois années que j'ai passées dans le laboratoire de chants d'oiseaux. Il m'a appris à manifester un esprit critique et à m'émerveiller devant la vie et notre habileté à l'appréhender. Il m'a enseigné à examiner les causes et non seulement les résultats. À travers les chants d'oiseaux, il m'a mise en contact avec ce grand univers que j'allais bientôt connaître. Mais peut-être que son plus grand cadeau a été cette simple et merveilleuse leçon que chaque personne est une vie en soi et que la vision fugitive que nous avons l'un de l'autre ne constitue jamais le portrait dans son entier.

Aucun article n'a été publié sur notre recherche. Plus tard, j'ai fini par comprendre qu'il était improbable qu'une revue scientifique publie nos travaux, puisque qu'ils se basaient sur le chant d'une seule espèce d'oiseau. Chris l'avait toujours su.

— *Jessica Wapner*

# De retour
à mon avenir

Il y a longtemps, sur une planète très très loin d'ici, je gagnais ma vie en faisant de la musique. Je chantais, j'écrivais des chansons, je donnais des spectacles. Mais il s'agissait d'une autre époque, avant le mariage, avant les enfants. Avant de comprendre que, pour devenir véritablement adulte, on devait s'adapter et devenir un peu plus sérieux de manière à se conformer au monde des grandes personnes.

Un jour, sur la planète où je vis maintenant, divorcée avec des enfants, et travaillant comme conseillère en affaires très importante, je faisais de la prospection sur Internet pour des clients d'affaires. Mes yeux se sont arrêtés sur une innocente petite annonce qui disait : « Spécialiste en musique à temps partiel demandé pour le préscolaire. » Je pouvais le voir maintenant. Promenade des millionnaires, me voici, j'arrive. Non.

Les conseils d'administration étaient mon domaine de compétences : des chaises de cuir alignées autour de tables de conférence, des bureaux équipés de réseaux, de DSL, de télécopieurs, de téléavertisseurs et de téléphones cellulaires ; et des discussions qui justifiaient rarement leur durée et leur grandiloquence. Je me ruais à la maison afin de retrouver les enfants juste à temps pour que la gardienne puisse partir. Je manquais leurs activités scolaires. Nous commandions beaucoup à l'extérieur. Mais l'hypothèque était payée.

Pendant l'interminable dissolution de mon mariage et les tsunamis subséquents de changements, dans le sillage desquels je suis devenue mère célibataire, la partie de mon cœur d'où naissait la musique a semblé dériver. Jetée par-dessus bord à cause du lestage. Il me fallait vider l'eau, vérifier la quille, réparer les voiles. Je ne pouvais me permettre que les enfants apprennent combien notre nouvelle vie était remplie de fuites. Le moment n'était pas propice ; ce n'était pas le temps pour la musique, pour les choses inutiles.

À la lecture de cette annonce, sept ans après mon divorce financièrement apocalyptique, je me suis souvenue de la pile de factures sur mon bureau, débordant comme le chaudron de pâtes magiques de Strega Nona. Toute ma formation en affaires tournait autour d'activités comme gérer les statistiques et la solvabilité, prédire le revenu par rapport aux coûts, mesurer le travail et la production. Nul doute que le simple fait d'envisager un poste de professeur peu rémunérateur était stupide en soi. Il n'y avait qu'une chose à faire.

J'ai envoyé mon curriculum vitæ.

La directrice de la maternelle m'a téléphoné. Avant même d'avoir pris le temps de retrouver mes esprits, j'ai accepté un rendez-vous le jour suivant pour une entrevue.

Après un bref tête-à-tête, la directrice a suggéré : « Pourquoi n'organisons-nous pas une classe pour vous, afin que vous puissiez chanter avec les enfants ? De cette manière, je pourrais voir comment vous enseignez ? »

« Tout de suite ? » ai-je demandé.

« Certainement », a-t-elle répondu avec le style déterminé d'un administrateur habitué à se jeter sur des corps vivants. Je suppose que les professeurs de musique ne se bousculaient pas aux portes pleines de marques de doigts pour entrer.

Sur notre chemin vers la salle de musique, qui, a expliqué la directrice, servait doublement et même triplement de bibliothèque et de salle de conférences, nous avons passé devant une masse indistincte de minuscules bambins circulant bruyamment dans le couloir de linoléum. Sur les murs, à côté des collages confectionnés avec de la boue et des bâtons trouvés dans la cour, il y avait des murales de papier de boucher éclaboussées de grosses taches colorées en forme d'amibes, étiquetées : « C'est le *tyrannosaurus rex* qui mange mon macaroni » et « Moi dans l'espace avec la pizza à l'envers ».

Quelques minutes après notre arrivée à notre destination, dix petites tornades ont bondi dans la pièce. Je n'avais même pas de panneau blanc ni de vêtement cybernétique pour impressionner les clients. Les enfants se sont assis sur le tapis industriel, chacun sur un bout de carpette lilas, et ils m'ont regardée avec l'air d'attendre quelque chose. Dix avenirs prêts à faire ce que je leur demandais. Pour dix cœurs vierges, les prochains moments seraient ce que je choisirais qu'ils soient. Avec mes jeans, ma queue de cheval, ma blouse ample confortable et mes chaussures plates, je me suis assise sur le tapis et j'ai fait face au comité de juges. De la pièce émanait une odeur de plastique stratifié et de biscuits cuits dans la cuisine adjacente. J'ai levé les deux mains vers le plafond et j'ai commencé à chanter. « Deux mains levées ! » Ils ont suivi comme de parfaits canetons duveteux.

J'ai su immédiatement que, parmi ces yeux curieux, ces cheveux de bébés, ces genoux raclés, ces T-shirts de Batman et ces espoirs intacts, résidait mon propre avenir.

La directrice s'est excusée en me révélant le salaire horaire à temps partiel. Il correspondait à environ le quart de mon revenu actuel. J'ai rassemblé toutes mes habiletés de négociatrice en affaires et j'ai demandé : « Je commence quand ? »

Après quelques mois d'enseignement, j'ai sorti une mystérieuse enveloppe de papier parchemin orange de ma chemise Pendaflex ultramoderne de professeur de musique, suspendue dans une boîte de carton. À l'intérieur, il y avait une carte imprimée qui se lisait ainsi :

Dans cent ans d'ici, tout cela sera accessoire,
La sorte de voiture que je conduisais,
Le type de maison où j'habitais,
La quantité d'argent dans mon compte de banque,
Non plus que l'apparence de mes vêtements.
Mais le monde pourrait être un peu meilleur,
Parce que j'ai été importante dans la vie d'un enfant.

Glissé à côté de la carte, il y avait un chèque American Express de cent dollars. Il provenait de l'association de parents. Malgré les mots un peu mièvres, mon cœur de professeur néophyte a palpité de gratitude pour une reconnaissance si attentionnée. J'ai taqué la carte sur le mur de mon bureau à la maison, rejoignant la récente collection de photographies des enfants chantant et des notes de remerciement de professeurs, d'enfants et de parents. Pour célébrer les cent dollars inattendus et des plus bienvenus, j'ai acheté deux monstrueuses portions de champignons portobello pour accompagner notre souper et j'ai déposé le reste de l'argent dans mon compte d'épargne.

J'ai dû pratiquer le son que donnait le mot « professeur ». Ce n'est pas noble comme « vice-présidente en gestion des affaires ». Ce nom n'impressionne pas beaucoup dans les réceptions. Mais dans la plupart des fêtes auxquelles j'assiste maintenant, il y a nécessairement la chanson du hot dog, les instruments rythmiques en forme d'œufs, et les battements de baguettes de plastique rouge sur les assiettes de carton tenant lieu de tambours. Et je ne remercie jamais personne du fait que nous sommes maintenant vendredi, parce qu'à la fin de chaque semaine, je suis désolée de dire au revoir aux minuscules clients qui m'ont redonné mon avenir. Et dont j'ai pu toucher les avenirs de la même manière.

— *Jolie Kanat*

« Back to my future » a d'abord été publié dans l'édition de mars 2003 de *Skirt Magazine.*

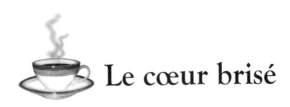 # Le cœur brisé

Quand j'étais enfant, je me souviens que j'étais très intelligent. Il était facile pour moi de comprendre les choses et leur fonctionnement. Mais l'apprentissage de la lecture est devenu une tâche déchirante.

Alors que tous les autres enfants s'assoyaient en grand cercle dans cette classe de deuxième année de Chicago et lisaient leurs livres, je me tortillais sur une chaise isolée contre le mur, le livre de lecture d'Alice et Jerry reposant sur mes genoux. Mlle Johnson, mon professeur d'éducation spécialisée, souriait doucement en même temps que son doigt glissait d'un mot à l'autre, son vernis à ongles rouge contrastant nettement avec les gribouillis noirs alignés sur la page.

« Je vois courir Jerry », disait-elle, avec sa voix si douce et si musicale.

« Je vois courir Jerry », que je répétais mécaniquement pendant que mes yeux suivaient de tracé en tracé
son charmant doigt à travers la page.

Pour moi, ces tracés n'étaient que de mystérieuses
taches. Pour autant que j'en savais, les mots sur cette
page auraient pu être des hiéroglyphes égyptiens.

L'Arkansas étant caractérisé par la pauvreté et les
occasions de s'instruire étant limitées, j'ai manqué mes
deux premières années d'école. Dans les régions
rurales, l'observance des lois sur l'absentéisme était
plutôt laxiste, et l'école la plus près était située à
environ cinquante kilomètres sans possibilité de
transport par autobus. On posait peu de questions
dans ce coin de pays. Personne ne se mêlait vraiment
des affaires des autres.

Mais la famille grandissait ; j'étais le plus vieux de
cinq enfants. Déterminé à ce que ses enfants ne grandissent pas ignorants et illettrés comme lui, Papa a
quitté son emploi sur la ferme et nous sommes tous
déménagés à Chicago. Dans cette ville, grâce au programme d'études du gouvernement américain pour
les vétérans, il a reçu une formation et a trouvé un bon
emploi comme soudeur dans l'une des usines locales.
J'ai commencé l'école en deuxième année à l'âge de
sept ans.

Chaque jour, alors que les autres lisaient à l'intérieur de leur cercle et me regardaient avec soupçon et
haine, Mlle Johnson s'assoyait avec moi et me guidait
à travers mes leçons. Semaine après semaine, page
après page, nous avancions d'un pas lent à travers ce
mince livre de lecture.

Parfois, je reconnaissais un mot par moi-même, et Mlle Johnson devenait tout excitée et me récompensait d'un sourire et d'une petite tape sur la tête. Avec elle, je me sentais si brillant.

Un jour, j'ai récité une ligne entière sans aide, et Mlle Johnson m'a serré dans ses bras. Ses bras minces m'ont enveloppé comme de douces vignes de chèvre-feuille ; sa proximité remplissait mes narines d'une odeur de savon, de parfum et de coton repassé. Sa fierté résonnait dans mes oreilles comme le tintement d'une superbe cloche, annonçant la mort inévitable de mon ignorance.

Mlle Johnson était la plus sublime personne de mon univers. Ses doux cheveux blonds bruissaient autour de ses épaules comme de la paille dorée dans un champ de blé ondoyant. Son charmant sourire et ses yeux remplis de bonté brillaient comme un halo sur la tête d'un ange.

Oui, je l'aimais, et je voulais plus : plus de lecture, plus de fierté, plus d'étreintes. Je voulais beaucoup plus d'étreintes.

Et j'étais intelligent, donc j'ai étudié plus fort. En travaillant avec Maman après l'école, j'ai élargi ma connaissance des mots. J'ai découvert un rythme et une cadence dans une structure de base, et j'ai pratiqué ma prononciation des syllabes. Tout cela pour impressionner mon merveilleux guide de lecture et peut-être pour obtenir une autre étreinte.

Puis un jour, à la fin du printemps, j'ai atteint mon objectif. Sans son aide et totalement par moi-même, j'ai lu une page entière. Mlle Johnson était tellement enthousiaste que j'ai cru qu'elle exploserait de joie.

Excitée par mes progrès, elle a insisté pour que je continue à lire. Mon amour pour Mlle Johnson me portait à me dépasser. Syllabe après syllabe. Mot après mot. Phrase après phrase. J'ai lu jusqu'à ce que j'aie eu terminé plusieurs pages. Mlle Johnson m'a étreint si longuement que mon rythme cardiaque a commencé à s'affoler. Finalement, elle s'est levée, tenant ma main et souriant de ses adorables lèvres.

« Don, a-t-elle dit, je suis si fière de toi. Tu es l'un des élèves les plus brillants à qui j'ai jamais enseigné. Je veux te remercier d'avoir travaillé si fort et de m'avoir permis de t'aider à apprendre à lire. »

Je dois avoir souri jusqu'aux oreilles. Les pattes de la chaise ont crissé sur le plancher comme les autres élèves se retournaient pour me regarder. Je pouvais sentir leur haine grandissante, mais cela ne me dérangeait pas. Mon univers s'illuminait de joie et de bonheur.

Puis Mlle Johnson a dit : « Maintenant que la partie difficile de ta formation est terminée, il est temps pour toi de passer à un niveau plus élevé de lecture. Il est temps pour toi de rejoindre les autres élèves. Et il est temps pour moi de te dire au revoir. »

Le silence a envahi mon univers. Je n'ai rien entendu pendant qu'elle m'emmenait rapidement vers le cercle de lecture. Je n'ai rien senti alors qu'elle me donnait une petite tape sur la tête. Je n'ai rien vu des autres élèves qui avaient cessé de me fixer des yeux.

Une petite fille blonde a apporté une autre chaise, et les élèves ont fait une place pour moi dans leur groupe. Alors que je m'assoyais, ils ont tous commencé à me sourire. Je suis devenu le centre de l'attention.

J'étais maintenant l'un d'entre eux. Dans un nuage de parfum et de coton repassé, Mlle Johnson et ses superbes cheveux blonds sont disparus par la porte de la classe. Je n'ai jamais revu son charmant visage.

Ce jour-là a marqué le véritable commencement de mon éducation. J'ai appris à lire, à me faire de nouveaux amis, et à ne pas pleurer quand mon cœur se brisait. J'ai aussi appris que si j'avais été vraiment intelligent, je ne me serais pas montré si brillant.

Plus tard ce jour-là, la petite fille blonde m'a expliqué comment découper un papillon dans un morceau de papier de construction plié. J'ai essayé trois fois avant de réussir, mais quand j'ai eu terminé, la petite fille blonde a applaudi et elle m'a serré dans ses bras.

— *Don Mitchell*

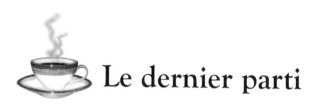 # Le dernier parti

L a circulation est fluide à quatre heures quarante-cinq du matin. Il file d'abord à toute allure vers le parcours de golf. Après une heure et demie consacrée à ce travail, il revient sur l'autoroute vers six heures trente. Il descend dans les quartiers pauvres de Philadelphie pour ramasser un élève et se dirige vers l'école secondaire vers sept heures dix. Il monte trois escaliers, déverrouille la porte de la classe, et à sept heures trente, il a commencé une autre journée au Edison High School. Pas trop mal comme matin pour un homme de cinquante-sept ans.

Le centre-ville de Philadelphie est un endroit rude. Les enfants sont durs parce que la vie ne les a pas choyés avec les privilèges dont bénéficient ceux qui vivent en banlieue. Leur vie quotidienne rime avec familles brisées et changements continuels. Il n'est pas toujours évident de conserver espoir. Les jeunes filles deviennent trop souvent de jeunes mères, et les jeunes garçons ne vivent pas toujours assez longtemps pour devenir de jeunes hommes. Fréquenter l'école pourrait constituer pour eux une porte de sortie, mais ils doivent d'abord passer à travers les quatre années du programme. Ils commencent leur première année avec Bob Schlichtmann comme professeur. Ils ont alors une chance de s'en sortir.

« M. S. », comme on l'appelle dans les corridors, ne serait pas heureux dans les banlieues aisées de la Pennsylvanie. Ces endroits sont réservés à un type différent de professeur. Il choisit d'enseigner dans une école du centre-ville parce que les enfants qui s'y trouvent sont souvent les premiers de leur famille à disposer d'une chance de réussir. Mais il ne vise pas à en faire des diplômés de grandes universités. De sa perspective, obtenir son diplôme, c'est être capable de sortir de la pauvreté et d'éviter l'influence de la rue.

J'ai rencontré Bob Schlichtmann à l'été de 1965. Nous avions grandi dans des villes voisines. Il venait de terminer sa première année d'université, et je venais juste d'obtenir mon diplôme du collège. Il étudiait pour devenir professeur à l'University of Toledo avec une bourse de joueur de baseball. Mais, en 1968, les jeunes hommes fraîchement sortis de l'université qui n'avaient pas les moyens de faire des études supérieures étaient incorporés dans l'armée. Nous nous sommes séparés, et Bob est devenu capitaine dans la marine américaine. Il a servi pendant quatre ans, incluant une période de service au Vietnam. Puis sont arrivés le mariage et six enfants. Un salaire de professeur ne permet pas d'aller bien loin ; il s'est donc tourné vers une autre profession qu'il a pratiquée durant les trente années qui ont suivi.

À cinquante et un ans, il a changé d'orientation et s'est dirigé vers l'enseignement. Mais il ne voulait enseigner qu'à ceux qui en avaient le plus besoin.

La classe de première année au Edison High School est réputée pour être la plus déterminante. Les étudiants y apprennent à fonctionner en groupe, et à dialoguer au lieu de se battre. Bob dispose de neuf mois pour leur enseigner que les mots sont les outils qui permettent de s'exprimer et que l'écriture constitue un moyen leur permettant de définir leurs buts et la manière de les atteindre. Il leur montre que la vie en société se résume à la capacité de s'entendre avec les autres, de s'exprimer avec des mots (non par la violence) et d'obtenir un emploi ouvrant l'accès à l'autonomie. Il leur enseigne à oser penser par eux-mêmes. Il encourage les efforts pour s'améliorer plutôt que le diplôme en soi.

La capacité de concentration de ces enfants peut être brève, il faut donc que le niveau d'énergie de la classe soit élevé. La classe de la première année de ce programme est rattachée à la classe d'histoire du monde de Bob et elle foisonne de projets concrets. Ils construisent des pyramides, cousent des costumes de la Renaissance, et deviennent les acteurs de la signature de la Déclaration d'indépendance. Personne ne s'ennuie dans cette classe.

Au collège, dans sa jeunesse, Bob faisait partie des meilleurs athlètes. Le baseball était sa passion. Maintenant, toujours en forme et actif, les sports ont cédé la place aux ordinateurs. Sa philosophie repose sur la certitude que si chaque élève peut maîtriser et opérer un ordinateur, il ou elle est capable d'obtenir un emploi. Avoir un emploi permet à ces élèves de sortir de la pauvreté. Son objectif est que chaque élève soit initié à l'informatique pour qu'il ou elle puisse prendre sa vie en mains. Et il a un plan.

Travaillant avec la National Cristina Foundation, un organisme sans but lucratif qui accepte des dons d'ordinateurs usagés, Bob passe ses après-midi de week-end et plusieurs soirées de la semaine à rouler à travers la Pennsylvanie, le New Jersey et le Delaware, pour ramasser les dons d'ordinateurs. Il les apporte à l'école et à son domicile et les remet en état de marche. Il invite les étudiants avec qui il a travaillé à l'aider après les heures de classe à réparer les ordinateurs et à les connecter à l'Internet. On utilise un bon nombre de ces ordinateurs en classe, mais le reste sert à quelque chose d'encore mieux.

Bob a mis en place un programme de récompenses. Lorsqu'un élève a accompli un travail méritoire ou qu'il a effectué un effort additionnel ou simplement prouvé qu'il essaie, Bob lui fait don d'un ordinateur. Il donne aux élèves une occasion de se mettre en contact avec le monde et leur apprend que des possibilités et des options inimaginables leur sont accessibles s'ils prennent la peine d'essayer. Cette offre d'un ordinateur de la part de leur professeur augmente leur estime d'eux-mêmes et éveille en eux l'espoir qu'ils peuvent réussir, ce qui constitue le meilleur outil qu'un professeur puisse transmettre à ses élèves. Ils se sont préparés pour obtenir un emploi décent.

Lorsque j'ai entendu dire que Bob Schlichtmann était devenu professeur, je n'ai pas été surprise. Bob a toujours été un leader au collège, à l'université et dans la marine américaine. Il recherchait invariablement les moins fortunés que lui et n'a jamais couru après la gloire. Vous pouviez compter sur Bob pour accomplir le travail. Il était toujours le dernier sorti.

Oh, il y a encore cet autre emploi au parcours de golf. Il y arrive à sept heures le soir, les soirs et encore les week-ends pour y travailler comme caddy. Avec un salaire de professeur, il peut être difficile de joindre les deux bouts, mais vous pouvez vivre votre vie avec fierté et satisfaction. Parce que vous êtes un professeur.

— *Priscilla Whitley*

 # Collaborateurs

Michelle (Mann) Adserias (« Dans la lumière d'un maître ») est née et a grandi à Wisconsin Rapids, au Wisconsin. Elle a obtenu son certificat d'enseignement au secondaire en communications de l'University of Wisconsin, Stevens Point. Elle habite maintenant avec son époux, Peter, à Menasha, au Wisconsin. Ils ont quatre enfants : Ryan, Kyle, Madeline et Hannah.

Greg Beatty (« Parce que c'est important ») a occupé différents emplois bizarres, incluant celui de massothérapeute et de barman sur un bateau nolisé. Sa pratique d'écriture est rendue possible grâce à son travail comme enseignant à l'University of Phoenix Online. Lorsqu'il n'est pas devant son ordinateur, il aime cuisiner, pratiquer les arts martiaux et développer des relations interpersonnelles complexes.

Kathy Briccetti, Ph.D. (« Le pouvoir d'un seul »), travaille comme psychologue scolaire à Oakland,

Californie, et comme rédactrice pigiste depuis sa maison à Berkeley. Ses écrits ont été publiés dans des journaux et des magazines et à la radio publique. Elle travaille actuellement à la rédaction d'un mémoire portant sur sa recherche des origines de trois générations de pères absents et d'adoption dans sa famille.

Harriet Cooper (« Je parle, tu parles, nous parlons tous anglais… finalement ») est un professeur d'anglais langue seconde (ALS) pour le Toronto (Canada) District School Board. Elle a écrit plusieurs articles humoristiques et techniques sur l'enseignement qui ont été publiés dans des journaux nationaux et des bulletins d'éducation, et elle a rédigé et édité plusieurs manuels scolaires.

Vicki Cox (« Des fusils et des roses ») a pris sa retraite de l'enseignement public en 2000. Depuis lors, elle a écrit quatre biographies d'enfants pour Chelsea House Publishing et une anthologie, *Rising Stars and Ozark Constellations*, une collection d'essais sur le cœur de la nation. Elle suspend ses vêtements à Lebanon, au Missouri, mais vit la plupart du temps dans sa voiture.

Jacqueline D. Cross (« La joie d'apprendre ») vit au Connecticut avec son époux, ses enfants, son chien et son chat, où elle travaille comme gestionnaire de bureau dans le domaine des résidences pour personnes âgées. Lorsqu'elle ne joue pas son rôle de mère, on peut la trouver isolée dans sa tanière, en train d'écrire — enfin, quand elle est capable de ravir l'un de ses enfants à l'ordinateur.

Diana Davis (« Un mérite additionnel ») est assistante directrice des admissions à l'University of Missouri-St. Louis. Elle détient des diplômes de baccalauréat et de maîtrise en écriture, et ses poèmes, nouvelles et articles ont été publiés dans de nombreux périodiques. Mère de trois filles adultes et grand-mère de deux petits-enfants, elle vit paisiblement avec son chien à Florissant, au Missouri.

Rita DiCarne (« De l'intro à la coda ») enseigne la musique et les arts du langage à l'école de St. Catherine à Horsham, en Pennsylvanie. Membre du projet Pennsylvania Writing, DiCarne habite à Horsham avec son époux, Chuck, et ses enfants, Angela et Charlie. Ses articles ont été publiés dans le *Today's Catholic Teacher*.

Cecilia M. Dobbs (« La beauté derrière le paysage ») enseigne actuellement les sciences de sixième année dans le South Bronx. Elle projette de commencer une formation à l'école de journalisme et espère écrire pour la division scientifique d'un journal new-yorkais. Elle habite à Manhattan.

Samantha Ducloux (« Le deuil d'un F »), professeur sa vie durant et étudiante dans de nombreux domaines, incluant les langues, les relations familiales, l'écriture et la danse, elle a publié des œuvres de fiction et non romanesques sous les noms de Samellyn Wood et de Samantha Ducloux. Elle habite avec son époux à Portland, en Oregon, où elle apprend à faire le deuil des F et à célébrer les A.

Julie Dunbar (« Les leçons de l'école primaire durent toute la vie ») est une rédactrice pigiste résidant au Colorado. Elle a retrouvé son professeur de quatrième année après avoir eu ses propres enfants. Elle a découvert que les rides d'expression de M. Sparato étaient un peu plus profondes et qu'il était encore plus généreux, authentique et fou qu'elle se le rappelait.

Kathleen Edwards (« La leçon de choses ») a quitté la vie d'enseignante il y a bien des années et est maintenant une épouse et une artiste. Elle vit dans les Blue Ridge Mountains de la Virginie, où elle s'adonne à la céramique, à la peinture et à l'écriture.

James Eisenstock (« Une leçon apprise ») est un vétéran de l'armée de l'air américaine qui a effectué vingt-six missions aériennes durant la Deuxième Guerre mondiale. Il partage avec son épouse de près de soixante ans, deux fils, deux brus et deux petits-enfants une maison à South Hadley, au Massachusetts. Il adore le golf et la création littéraire.

Madeleine Enns (« Marchez sans bruit, enfants au travail »), une enseignante retraitée, vit à Winnipeg, au Canada. Ses histoires ont été publiées dans plusieurs magazines, incluant *Rhubarb* et *Sophia.*

Kathleen Ewing (« Une paire de riens ») était ingénieure en fabrication aérospatiale lorsque le monde a été ébranlé le 11 septembre 2001. Maintenant coordinatrice de bureau, elle habite dans les montagnes centrales de l'Arizona, où elle aime faire de l'équitation, du tir sur cible, et se promener à la campagne dans sa camionnette Dodge quatre roues motrices.

A. Ferreri (« Composez A pour effort ») enseigne l'anglais langue seconde (ALS) dans une école du Wisconsin à des jeunes de onze à quinze ans du Mexique, de Puerto Rico, d'Asie et d'Afrique, qui se battent quotidiennement pour conquérir à la fois une nouvelle langue et une nouvelle culture.

Dawn FitzGerald (« Il n'y a pas de suppléant ») est une rédactrice pigiste et un professeur substitut à Cleveland, en Ohio. Elle est l'auteure de cinq biographies pour enfants : *Angela Bassett*, *Ben Stiller* et *Destiny's Child* pour Chelsea House Publishers ; ainsi que *Julia Butterfly Hill : Saving the Redwoods* et *Robert Ballard : Discovering the Titanic and Beyond* pour Millbrook Press.

Tammy Glaser (« Le saupoudrage de sucre »), une diplômée de 1985 de la United Stated Naval Academy, vit au Minnesota avec son époux, Steve, et ses enfants, Pamela et David. Elle gère une liste de courriels pour les familles qui font l'école à la maison à des enfants autistes.

Whitney L. Grady (« Pourquoi j'enseigne ») réside à Kinston, en Caroline du Nord, avec son époux, James, et leur chien, Shug, où elle enseigne les septième et huitième années au Arendell Parrott Academy. Elle est inspirée dans ses écrits par ses élèves, ses amis, sa famille et les week-ends à la plage. Il s'agit là de sa première histoire publiée.

Michele Griskey (« Le cycle se poursuit ») habite avec sa famille à Orcas Island, Washington, où elle écrit et enseigne l'écriture à l'University of Phoenix. Dans ses temps libres, elle jardine et invente des histoires avec ses deux jeunes fils.

Elisabeth Rose Gruner (« Maman et mentor ») enseigne l'anglais et les études féminines à l'University of Richmond, à Richmond, en Virginie. Ses écrits universitaires ont été publiés dans *SIGNS : Journal of Women in Culture and Society, Children's Literature,* et d'autres périodiques. Ses écrits personnels ont figuré dans des magazines et des anthologies, incluant *Brain, Child: The Magazine for Thinking Mothers* et *Toddler : Real-Life Stories of Those Fickle, Urgent, Irrational, Tiny People We Love* (Seal Press).

Evan Guilford-Blake (« L'excursion scolaire ») est un conteur professionnel et un dramaturge connu à l'échelle nationale, qui a gagné des prix et a aussi publié des nouvelles, de la poésie et des articles. Il habite dans la région d'Atlanta, en Géorgie, avec son épouse (et son inspiration) Roxanna, une conceptrice de bijoux et rédactrice pigiste, et leurs deux colombes, Quill et Gabriella.

Glenn Hameroff (« Une mise à l'épreuve ») est un enseignant retraité qui vit à Delray Beach, Floride. Avec la progression de la maladie de Parkinson, l'écriture est maintenant au centre de sa retraite. Il croit que l'humour est un outil nécessaire pour enrichir la classe.

Mikki Hollinger (« La championne des enfants »), originaire de New Orleans, habite à Atlanta, en Géorgie, avec son époux. Gestionnaire de projets en soins de santé, elle se considère, sans hésitation, comme une écrivaine. C'est son premier travail publié qui est un hommage à son professeur favori, sa mère.

Julie A. Kaiser (« Des rêves spatiaux ») est une écrivaine pigiste qui regarde les étoiles toutes les nuits. Elle vit à Chatham, dans l'État de l'Illinois, avec son mari, Scott, et son fils, Jakob. Elle a obtenu sa maîtrise en beaux-arts en création littéraire de la Southern Illinois University.

Carol L.F. Kampf (« Ce que comprend le professeur ») détient deux diplômes de maîtrise, dont l'un en counseling, et elle est propriétaire d'une entreprise de consultants en ressources humaines. Elle habite avec son époux et ses deux fils à Alpharetta, en Géorgie. Ses écrits ont paru dans plusieurs publications, incluant *Attention Magazine,* le *Harrisburg Patriot News* et ParentToParent.com.

Jolie Kanat (« De retour à mon avenir ») est une spécialiste en musique, une mère, une productrice de deux CD originaux de musique pour enfants, et une auteure. Elle enseigne maintenant tout, à partir de la chanson du hot-dog jusqu'aux œuvres de Beethoven, à des centaines de jeunes enfants dans la région de San Francisco Bay, en Californie.

Erin K. Kilby (« Perdu et retrouvé ») est une rédactrice pigiste qui habite à Kingwood, au Texas. Elle enseigne l'anglais et se plaît à écrire, à lire, à crocheter et à passer du temps avec son époux, Michael, son beau-fils, Tyler, et son chien, Chelsea. Ses histoires ont été publiées dans des anthologies et des magazines, incluant *Reminisce, Obadiah* et *Your Family*.

Debby Klopman (« Ce que je n'ai jamais appris à la maternelle ») est une avocate en immigration à Great Neck, à New York, où elle habite avec son époux, Tom, et son fils de dix-huit ans, Jeremy. Pendant que le reste du monde dort, elle écrit des histoires.

Christine Guidry Law (« L'enfant lézard ») est un professeur d'école primaire, une rédactrice pigiste et l'éditrice du magazine *Baton Rouge Parents*. Elle habite avec son époux et ses trois enfants à Zachary, en Louisiane. Elle enseigne maintenant à la maison à six enfants en maternelle, première et cinquième année.

Emmarie Lehnick (« Des morsures de fourmis »), d'Amarillo, au Texas, est une enseignante retraitée de conversation anglaise qui détient à la fois un baccalauréat et un diplôme de maîtrise. Elle et son époux ont une fille, un fils et quatre petits-fils. Elle est membre de Inspiration Writers Alive.

Beverly Carol Lucey (« Des instantanés »), originaire de la Nouvelle-Angleterre, écrit maintenant du
pays du lard et des pêches, ayant choisi de suivre son
mari dans le sud, vers l'Arkansas. Comme Flannery
O'Connor, elle savait que le vers de la vieille chanson
était vraie : « Il est difficile de trouver un homme
bon. »

George Malsam (« Je ne peux pas lire ») a enseigné
les arts industriels à l'école secondaire de deuxième
cycle pendant vingt-sept ans à Denver, au Colorado. Il
détient un diplôme de maîtrise en éducation, un baccalauréat ès art en enseignement des arts industriels, et
un grade d'associé en technologie de construction des
bâtiments, de l'Oklahoma State University. Maintenant retraité, il enseigne les techniques de menuiserie
à ses neuf petits-fils dans l'atelier de sa maison.

Don Mitchell (« Le cœur brisé »), originaire de
l'Arkansas rural, habite maintenant à West Monroe, en
Louisiane, avec sa charmante femme, Dixie. Comme
ingénieurs pigistes en télécommunications, Don et
Dixie voyagent à travers le pays afin de résoudre des
problèmes dans l'industrie. Dans leurs temps libres, ils
aiment chanter le karaoké, exécuter des monologues
comiques et rédiger des critiques humoristiques de
films.

Mary Paliescheskey (« Une question de confiance ») habite en Californie du Sud avec sa famille. À une
certaine époque, elle était chercheur scientifique.

Aujourd'hui, elle fait l'école à la maison à ses trois fils — espérant suivre les traces de M. Roach.

Tony Phillips (« Ils voulaient enseigner ») est un professeur de sciences à l'école secondaire de deuxième cycle en Indiana. En 2003, il a publié son premier roman *Superior Special : Evolution Defies Creation*, un roman chrétien de science-fiction qui abordait le conflit réel entre la science et la religion, chez Publish America. Il écrit aussi des nouvelles.

Hattie Mae Ratliff (« Le cadeau »), une mère de trois enfants et grand-mère de quatre petits-enfants, écrit depuis de nombreuses années, mais elle ne partage ses histoires — qui portent souvent sur les enfants — avec le monde que depuis six ans. Elle habite à San Marcos, au Texas.

Cheryl Reed, Ph.D. (« La classe de piranhas ») a enseigné aux niveaux secondaire, postsecondaire et universitaire. Elle a publié des articles et présenté des séminaires sur l'enseignement de stratégies et a écrit ou coédité plusieurs livres. Elle aime profondément enseigner aux étudiants à approfondir leur pensée et à communiquer leurs idées à ceux qui ont besoin de les entendre.

Tanya M. Showen (« Le moment de vérité ») habite la région d'East Texas avec son époux, Keith. Elle a écrit cette histoire en hommage à son professeur de deuxième année, Loretta Vancleave.

K. Anne Smith (« L'école de clowns ») est une orthophoniste retraitée qui enseigne actuellement l'art oratoire au niveau universitaire. Ses nouvelles, poèmes et articles ont été publiés dans de nombreux magazines, incluant *BlueRide Country*, *GreenPrints* et *Family Fun*.

Thomas Smith (« L'innocence et le divin ») a une épouse dont il est fou et deux chiens (la plupart du temps) propres. C'est un auteur qui a remporté des prix, un reporter, un producteur de nouvelles télévisées, un dramaturge et un assez bon gratteur de banjo. Il partage son temps entre Raleigh et Topsail Island, en Caroline du Nord.

Paula Sword (« Le bruit d'une porte qui s'ouvre »), orthophoniste depuis vingt-deux ans, vit à McDonough, en Géorgie, avec son époux, Lyle, trois enfants, Noah, Matt et Danielle, et un chien basset, Copper. Elle aime s'exprimer par l'écriture et la photographie et trouve son inspiration chez ses étudiants, ses parents, ses amis, ainsi que dans sa famille.

Annemarieke Tazelaar (« Un petit enfant les guidera »), après des années d'enseignement, possède maintenant sa propre entreprise et passe son temps libre à écrire. Plusieurs de ses histoires ont été publiées dans des livres *Une tasse de réconfort*.

Susan B. Townsend (« Le premier jour ») est une écrivaine et une mère au foyer. Transplantée de la côte ouest du Canada il y a six ans, elle habite maintenant une ferme de trois cents acres dans le sud-est de la Virginie avec son époux, cinq enfants, et un zoo rempli d'animaux. Ses écrits non romanesques ont été publiés dans plusieurs anthologies, incluant d'autres volumes de *Une tasse de réconfort*, et on peut trouver ses textes de fiction dans plusieurs magazines électroniques.

Bonnie L. Walker (« Le type instruit » et « Le dernier jour ») est l'auteure de plusieurs manuels d'art du langage. Ses articles ont été publiés dans le *Washington Post* et d'autres publications. Elle aime beaucoup le yoga, le tennis, et les jeux avec ses petits-enfants. Elle a vécu ses années les plus significatives comme enseignante du deuxième cycle du secondaire.

Jessica Wapner (« Vérité et conséquence ») travaille comme rédactrice en chef d'une publication médicale basée à New York. Elle est aussi l'éditrice de *Fizz*, un bulletin trimestriel dédié à la diffusion de textes de réflexion dans le monde. Elle vit à Brooklyn, dans l'État de New York, avec son amoureux et un chat bagarreur.

Abby Warmuth (« La créative de la famille ») a grandi à Dearborn, au Michigan, et habite maintenant à Fort Mill, en Caroline du Sud. Après avoir obtenu un diplôme de baccalauréat en langue anglaise de l'University of Michigan, Ann Argor, elle a travaillé pendant neuf ans pour une entreprise *Fortune 500*. Comme aspirante écrivaine, elle enseigne maintenant à des élèves « laissés pour compte » au Central Piedmont Community College.

Katherine L.E. White (« Les deux chaises manquantes ») est une anthropologue qui habite à Charlotte, en Caroline du Nord. Quand elle n'écrit pas de la fiction, des essais ou de la poésie, elle est immergée dans le monde des petits comme enseignante de maternelle.

Priscilla Whitley (« Le dernier parti ») a étudié le journalisme à l'University of Missouri et aime écrire des essais autobiographiques et des histoires sur les expériences extraordinaires de « vraies » personnes. Rédactrice pigiste, elle dirige aussi une boutique de cuisine gastronomique et une école de cuisine à Ridgefield, au Connecticut, où elle vit avec un chien, un chat et un cheval. Sa fille poursuit ses études postsecondaires au Massachusetts.

Melissa Scholes Young (« Ce que j'ai appris en enseignant à Justin ») est une éducatrice qui a acquis son expérience en enseignement notamment dans une école internationale au Brésil et auprès d'étudiants dans un programme de formation professionnelle dans les Appalaches. Elle est actuellement professeur adjoint d'anglais à l'Eastern Connecticut State University. Quand elle n'enseigne pas ou n'écrit pas, elle adore lire, pratiquer le yoga et passer du temps avec son époux et sa fille.

À propos de Colleen Sell

Colleen Sell a longtemps cru au pouvoir des histoires pour nous connecter à notre âme, à l'esprit supérieur et les uns aux autres. Sa passion pour la narration d'histoires s'est inspirée et s'est nourrie de nombreux professeurs et mentors, un cadeau qu'elle transmet à d'autres en les aidant à partager leurs histoires.

Éditrice de plus de soixante livres publiés, Colleen a aussi été l'auteure et l'écrivaine anonyme de plusieurs ouvrages. Elle a été éditrice de magazines, journaliste, chroniqueuse, essayiste et rédactrice publicitaire.

Elle habite avec son époux, T.N. Trudeau, dans une maison victorienne du dix-neuvième siècle sur une ferme de lavande et d'arbres dans la région du Pacific NorthWest, où elle écrit des contes à la fois grandioses et vrais.

Dans la même collection
aux Éditions AdA

Pour obtenir une copie
de notre catalogue,
commmuniquez avec :

AdA

1385, boul. Lionel-Boulet
Varennes, Québec
J3X 1P7
Téléc : (450) 929-0220
info@ada-inc.com
www.ada-inc.com

Pour l'Europe, voici les coordonnées :
France : D.G. Diffusion   Tél. : 05.61.00.09.99
Belgique : D.G. Diffusion   Tél. : 05.61.00.09.99
Suisse : Transat   Tél. : 23.42.77.40